KB203255

말씀대로 보물을 쌓아 복을 누리며 사실 분의 책

보물을 어떤 곳에 쌓을까요

강요셉지음

"오직 너희를 위하여 보물을 하늘에 쌓아 두라 거기는 좀이나 동록이 해하지 못하며 도둑이 구멍을 뚫지도 못하고 도둑질도 못하느니라."(마 6:20)

성령

보물을 어떤 곳에
쌓을까요?

성령

들어가는 말

우리는 마태복음 6장 19-21절 말씀에서 말하는 "보물"은 "재물"만 말하는 것은 아닙니다. 주님은 분명히 "너희 보물을 땅에 쌓아두지 말라!"고 하셨지, "너희 재물을 땅에 쌓아두지 말라!"고 하지 않으셨습니다. 보물이란 과연 무엇일가요? 사람마다 추구하는 보물이 있을 것입니다. 성경에 언급된 보물은 재물을 포함하고 있습니다. 그러나 우리가 깨달아야 할 보물은 재물 뿐 아니라 "우리가 귀중히 여기는 모든 것"을 포함하고 있습니다. "보물"은 우리가 귀중하게 생각하는 시간, 재능, 재물, 보석, 집, 식량, 그리고 의복 등을 모두 포함하고, 어떤 사람에게는 남편이나 아내, 그리고 자녀가 보물이 될 수 있고, 명예나 권력이나 재물이 보물이 될 수 있습니다. 깨닫고 보면 최고의 보물은 바로 자기 자신의 온몸입니다.

그러면 보물을 "땅에 쌓아두는 것"은 무엇을 의미할까요? 이것은 "모든 소망을 세상에 두고 사는 것"을 의미합니다. 부자가 모든 소망을 세상의 재물에만 두는 것은 땅에 보물을 쌓는 일입니다. 그러나 가난한 사람이라 해도 그가 세상에 모든 소망을 두고 살아가면, 이것도 땅에 보물을 쌓는 일이라고 할 수 있습니다. 우리가 가진 아무리 작은 것도 그것을 우리를 위해서 사용하고, 하나님을 위해서 사용하지 않는다면, 이것도 역시 땅에 보물을 쌓는 일이라고 할 수 있습니다.

만일 우리가 돈이나 명예, 지식이나 이성을 하나님보다 더 사랑한다면, 우리는 땅에 보물을 쌓으며 살고 있는 것입니다. 이것은 우리가 선한 일을 행할 때에도 마찬가지입니다. 우리가 구제나 남을 도울 때에 하나님의 영광이 아니라 내 영광을 위해 한다면, 이것 역시 땅에 보물을 쌓는 일이 될 것입니다.

그런데 필자가 지난 세월동안 성령의 인도를 받으면서 깨달은 보물은 예수님이라고 말할 수 있습니다. 필자가 예수님을 믿고 성령으로 세례를 받고 성령의 인도를 받으면서 목사가 되어 목회를 하면서 깨닫고 깨달은 것은 예수님이 필자의 온몸에 주인이 되시니 필자가 세상을 살아가면서 필요한 모든 것을 공급해 주신 다는 것을 몸과 마음으로 깨달았다는 것입니다. 예수님께서 주인이시니 제게 필요한 모든 것을 예수님이 알고 채워주시기 때문입니다. 이는 체험하지 못하면 이렇게 말할 수가 없습니다. 필자는 지금 그것을 온몸으로 체험하면서 살아가고 있습니다.

독자 여러분들도 이 책을 통하여 예수님이 보물로 여기시고 예수님을 온몸에 쌓는 분들이 되시기를 바랍니다. 온몸을 하나님의 나라가 되게 해야 합니다. 온몸을 보물 창고가 되게 하시는 기회가 되기를 소원합니다. 필자가 말하는 예수님이 보물이라는 것을 직접체험하시고 하나님께 영광을 돌리시기를 축원합니다.

주후 2023.05.28
충만한교회 성전에서
저자 강요셉 목사

세부적인목차

1부 보물을 어떤 곳에 쌓아야 할까요?

1장 예수님이 말씀하신 보물은 무엇일까요?

(마 13:44-48) "천국은 마치 밭에 감추인 보화와 같으니 사람이 이를 발견한 후 숨겨 두고 기뻐하며 돌아가서 자기의 소유를 다 팔아 그 밭을 사느니라 (45) 또 천국은 마치 좋은 진주를 구하는 장사와 같으니 (46) 극히 값진 진주 하나를 발견하매 가서 자기의 소유를 다 팔아 그 진주를 사느니라."

무엇을 보물이라고 합니까? 아니, 무엇을 보물로 여기고 있습니까? 우리에게 있어서 보물이란 소중하고 귀한 것을 말합니다. 돈이나 값나가는 다이아몬드나 금 덩어리를 소중하고 귀한 것으로 여긴다면 그것들이 보물이 될 것입니다. 본문은 "천국은 마치 밭에 감추인 보화와 같으니 사람이 이를 발견한 후 숨겨 두고 기뻐하며 돌아가서 자기의 소유를 다 팔아 그 밭을 사느니라." 말씀하고 계십니다.

영원히 고갈되지 아니하는 보물 그것은 무엇이라고 생각하십니까? 라고 질문하신다면 바로 예수님이십니다."라고 말하고 싶습니다. 우주를 창조하신 창조주 하나님만이 영원하십니다. 영원하신 하나님에 대한 진리를 깨닫는 것은 성령으로 거듭난 성도들의 일입니다. 필자는 영원하시고 권능이신 하나님에 대해 깨닫는데 25년 이란 세월을 투자하고도 완벽하게 깨닫지 못했다고 생각합니다. 영원한 진리를 깨닫다가 보니까, 필자가 변했다는 것을 몸과 마음으로 체험하게 되었습니다. 성도들이 영육의 고통을 당하는 상태를 진단하여 치유하여 살아계신 하나님의 성전 된 성도로 바꾸는데 쉬워졌다는 것을 깨닫게 됩니다. 그 보물로 목회를 어려움 없이 감당하고 있습니다.

필자가 보물이라고 생각하는 것이 진리를 깨달아 하나님께서 저를 통하여 나타나셔서 영육으로 고통당하는 목회자와 성도들을 치유하시는 것이었기 때문이라고 생각합니다. 하나님께서 저를 통하여 뜻을 이루시는 것이라고 믿고 마음을 투자했기 때문입니다. 25년이 지난 지금 저를 통하여 일하시는 것입니다. 깨닫고 보니 인생은 자신이 추구하는 보물을 찾아 떠나는 여행이라고 생각합니다. 보물이란? 모든 생을 바쳐도 아깝지 않는 "가치 있는 일"입니다. 사람마다 보물을 보는 눈은 다릅니다.

필자와 같이 영혼의 보물을 찾는 사람은 마음 안에 예수님과 성령과 진리로 채워서 보물을 삼으려 합니다. 필자는 저의 온몸 안에 예수님께서 채워져서 날마다 감사하며 살고 있습니다. 예수님은 영원하게 고갈되지 않는 생명수이시기 때문입니다.

예수님께서 말씀하시는 보물은 무엇일까요? 하나님께서 자신을 온전하게 사용하실 수 있도록 몸과 마음이 준비되는 것이 보물이고, 하나는 과부의 엽전 두 푼이고, 또 다른 하나는 소자에게 주는 냉수 한 그릇입니다. 가난한 자라도 낼 수 있는 엽전 두 푼도 하나님 나라에는 보물이 될 수 있다는 뜻이고, 그것도 힘들면 그냥 소자에게 냉수 한 그릇이라도 대접하려고 하는 마음이 보물이라는 뜻입니다. 그 보물은 땅에 쌓을 때 자연스럽게 하늘(예수님)에도 쌓이는 보물입니다. 변하는 것이 아닌 변하지 않는 것을 위해 존재하는 보물입니다. 시간의 한계를 넘어 영원으로 이어지는 보물입니다. 주변에 감동과 뜨거운 눈물을 선사하는 보물입니다. 감추고 숨길 수 없는 향기를 내는 보물입니다. 예수님께서 말하시는 보물은 한마디로 주님의 사랑을 말합니다. "하늘에 보물을 쌓아 두라."는 말씀은 결국 제대로 된 진짜 보물을 예수님이 계신 온몸과 땅이 하늘나라 되는 일에 쌓으라는 말씀입니다. 땅이 하늘나라 되는 일에 보물을 쌓으라는 뜻은 세상에 하나님의 살아계심을 증명하고 하나님의 사랑을 전하는데 보물을 쌓으라는 것입니다. 변하고 어쩔 수 없이 누군가에게 상처를 주는 썩어 없어질 보물에 목숨을 걸지 말고, 삶과 영혼을 풍요롭게 하는 진짜 보물을 쌓으라는 말씀입니다.

첫째, 자신의 보물은 무엇입니까? 우리 인생의 가치는 내가 소유한 보물의 가치만큼 입니다. 딱 그만큼 가치가 매겨집니다. 남과 비교할 정도의 보물에 매이다 보니 열등감에 사로잡히는 것 아니겠어요? 있다가 사라질 것을 보물이라 여기니 그 보물이 없어지면 인생도 끝이라 생각합니다. 사사로운 보물에 얽매이면 사람이 쪼잔 해집니다. 예수님의 보물은 '하늘나라'였습니다. 누구도 세우지 못한 나라가 예수님의 보물입니다. 오늘 예수님의 보물이 자신의 보물이 되기를 축원합니다. 그래서 자신의 인생의 가치가 그 나라만큼 임을 깨닫게 되기를 축원합니다.

마태복음 13장 만 큼 천국이 많이 나오는 장도 드뭅니다. 11 번이나 예수님은 천국을 말씀합니다. 우리는 흔히 천국을 공간으로만 생각하는데 밭에 숨겨진 보화와 장사꾼이 구매하는 진주를 보면, 천국을 공간보다는 가치의 개념으로 말씀하셨습니다. 보화나 진주는 공간이 아니고 가치를 말하기 때문입니다. 공간의 제한에 매인 우리는 천국을 눈에 보이는 3차원 공간으로만 생각하는데 예수님은 천국을 가치의 개념으로 말씀하셨습니다. 예수님에게 하늘은 공간이 아니라, 최고의 가치인 셈입니다. 주님은 우리에게 하늘같은 가치가 무엇이냐고 묻습니다. 모든 것을 팔아서라도 살 수 있는 우리의 하늘이 무엇이냐고 묻습니다.

자식을 하늘처럼 여길 수도 있고, 명예나 물질을 하늘처럼 여길 수 있습니다. 이곳에도 참 다양한 하늘이 있겠습니다. 하늘을 얻으려고 희생까지 감수하는 사람들이 많습니다. 옛날에는 자식 대학 보내려고 소도 팔고 집도 팔았습니다. 물질 때문에 건강도 잃어버립니다. 한번 하늘로 여기면 무슨 대가를 지불해도 얻고 싶어져야 하늘인 것입니다. 밭에 묻힌 보물을 발견한 후 소유를 다 팔아 그 보물이 묻힌 땅을 사버리지 않습니까? 그 정도 돼야 하늘인 것입니다. 자신의 하늘은 무엇입니까? 문제는 잘 사면 좋은데 다 팔아가지고 샀는데 망할 때가 있습니다. 세상에서 매번 잘 사는 사람은 아마 한 사람도 없을 것입니다. 주식이나 보석도 대박을 노리고 샀는데 값이 떨어질 수가 있는 것입니다. 모든 것을 팔정도의 가치보다 새로 구입한 것의 가치가 더 커야 되는데 문제는 거꾸로 새로 구입한 것의 가치보다 모든 것을 팔았던 것의 가치가 훨씬 크다는 것입니다. 실컷 다 팔았는데 사고 보니 팔았던 것이 훨씬 더 큰 가치였다는 것입니다. 이것이 세상만사입니다.

천국은 땅에 묻힌 보물을 사는 것과 같다고 하셨습니다. 한 사람이 이 보물을 발견하면 숨겨두고 모든 소유를 팔아 그 밭을 통째 산다는 것입니다. 모든 소유보다 보물이 훨씬 가치 있지 않고서 이렇게 무모한 행동을 할 리가 없습니다. 예수님에게 보물은 하늘나라 입니다. 밭에 묻혀 있는 보물이 천국, 하늘인 것입니다. 하늘이 땅에 묻혀 있는 겁니다. 예수님은 천국, 하늘나라가 땅이 묻혀 있다고 말씀하신 겁니다. 그런데 어떻게 하늘이 땅에 묻힙니까? 땅보다 큰 것이 하늘인데 말입니다. 그래도 이 정도 돼야 모든 소유를 팔아도 손해 보지 않는 보물이라 말할 수 있지 않겠습니까? 땅 보다 값진 것이 묻혀 있어야 다 팔아서라도 그 땅을 살 수 있을 것입니다. 예수님은 하늘에서 이 땅에 오셨습니다. 하늘이 땅에 오신 것입니다. 그리고 예수님은 십자가에 죽으시고 땅에 묻혔다가 부활하여 승천하셨습니다. 하늘이 땅에 묻혀있을 수가 없었기 때문입니다. 땅에 묻혔다가 부활하신 하늘은 예수 그리스도입니다. 땅에 있는 어떤 보물보다 훨씬 가치 있는 보물은 예수님 밖에 없지 않겠습니까? 예수님 사랑보다 더 가치 있는 보물이 세상에 어디 있습니까? 어디나 예수님이 계시시면 천국이 됩니다. 예수님이 있는 나라가 하늘나라입니다. 예수님은 우리 안에 계십니다. 모든 것을 팔더라도 사야 될 보물이 있습니까? 오직 예수인 것을 믿으시길 바랍니다. 예수님만 자신의 주인으로 계시면 보물이나 돈이나 하늘나라나 무엇이나 다 가질 수 있기 때문입니다. 그 예수님만 자신 안에 주인으로 계시면 다 이루어 진다는 것을 믿기를 바랍니다. 믿어야 소유합니다.

둘째, 우리의 보물은 어디에 있나요? 이제 보물의 위치를 살펴야 합니다. 하늘인 예수님은 땅에 있었습니다. 땅은 히브리어로 '아다마' 입니다. 그리고 사람을 히브리어로 아담이라 합니다. 그래서 첫 사람이 아담인 것입니다. 아담과 '아다마'는 같은 뿌리입니다. 사람이 흙에서 온 거니까요. 즉 땅은 사람이네요. 땅에 묻힌 하늘은 결국 우리 안에 하늘(예수님)이 묻힌 것입니다. "우리가 아직 연약할 때에 기약대로 그리스도께서 경건하지 않은 자를 위하여 죽으셨도다"(롬5:6). 경건하지 않은 우리 안에 주님이 십자가에 죽으셔서 묻히셨습니다. 연약한 제 인생에 감히 주님께서 묻히셨어요. 이것이 신비입니다. 하늘이 땅에 묻히는 놀라운 신비입니다. 세리의 인생에도 예수님이 묻혔고, 간음하다 잡혀 온 여인에게도 주님은 묻혔으며, 십자가 옆의 한 강도조차 예수님은 묻혔습니다. 보물이 어디에 있나요? 하늘이신 예수님이 어디에 있나요? 각자의 온몸에 주인으로 묻혀 있음을 믿기 바랍니다. 이 죄인의 땅에 하늘이 묻혔다는 것보다 더 신비가 어디에 있나요? 그래서 우리는 하늘을 품고 살아가는 신비로운 자들입니다.

하늘은 우리의 직장에도 묻혀 있습니다. 밭에 감춘 보물, 진주를 산 장사꾼, 물고기를 잡는 그물은 한 결 같이 유대인의 당시 직업입니다. 밭이 나오면 농사꾼일 테고, 값진 진주를 산다면 장사꾼일 테며, 그물을 친다면 어부 아니겠습니까? 유대인의 3대 업종이 모조리 동원되었습니다. 결국 하늘이 어디에 묻혀 있었느냐? 자신이 일하는 직장에도 그 하늘(예수님)이 묻혀 있는 것을 믿기 바랍니다. 그런데 예수님이 말씀한 당시의 그 땅들은 한 결 같이 힘없는 사람들이 겨우 살아가는 땅이었습니다. 아무리 열심히 농사를 지어도, 아무리 열심히 장사를 해도, 아무리 열심히 그물을 쳐도 이스라엘을 다스리던 로마제국만 좋게 하는 셈이었습니다. 그러나 예수님은 그 힘없는 땅에 묻혀 있겠다고 하셨습니다. 그 힘없는 땅이 하늘을 품어 버림으로 거룩한 땅, Holy Land가 되었습니다. 예수님을 주인으로 모시면 우리가 살아가는 광야같은 세상이 거룩한 땅 하늘이 된다는 것을 믿으시기를 바랍니다.

예수님 때와 오늘날 우리 사이에 가장 큰 차이 가운데 하나가 무엇일까요? 예수님은 그러지 않으셨는데 우리는 자꾸 하늘나라와 세상나라를 나누어 생각합니다. 땅과 하늘을 구분합니다. 일요일의 하나님은 있는데 월요일의 하나님은 없습니다. 주일에 교회에서 만난 예수님이 월요일 우리 직장에서도 만나야 되는데 없습니다. 예수님 기도에 힌트가 있습니다. "나라가 임하시오며 뜻이 하늘에서 이루어진 것같이 땅에서도 이루어지이다"(마6:10). 나라가 임하는데 그 나라는 하늘에서 이룬 뜻이 땅에서도 이루어지는 나라입니다. 하늘이 땅에 임하는 나라입니다. 저는 마태복음서 전체가 특이한 구조임을 발견했습니다. 마태복음 맨 처음 1장을 보면, "보라 처녀가 잉태하여 아들을 낳을 것이요, 그의 이름은 임마누엘이라 하리라 하셨으니, 이를 번역한즉 하나님이 우리와 함께 계시다 함이라"(23절). 마태복음 맨 마지막 28장 20절에 "볼지어다. 내가 세상 끝날 까지 너희와 항상 함께 있으리라" 임마누엘은 하나님이 예수님을 주인으로 모신 우리와 함께 하신다는 뜻인데 마태복음은 임마누엘로 시작해서 임마누엘로 끝이 납니다. 예수님을 주인으로 모신 우리들과 하늘이신 예수님께서 항상 임마누엘 하십니다.

셋째, 보물에 대한 우리의 반응입니다. 한 사람은 보물이 묻힌 밭을 발견했습니다. 발견은 지식입니다. 이 지식은 기쁨을 주었습니다. 발견하고 숨겨 둔 후 기뻐했습니다. 기뻐한 것은 감정입니다. 대개 지성에만 머물던지, 기껏해야 지성을 지나 감성까지 가고 끝나는데 이 사람은 밭을 살리고 소유까지 다 팔았다는 것입니다. 팔았던 것은 의지입니다. 지성, 감성, 의지가 다 동원되었습니다. 이 정도 되어야 보물이라 하지 않겠습니까? 먼저 땅에 묻힌 하늘을 발견해야 합니다. 이는 성령으로 발견이 됩니다. 머리를 써서 발견할 수가 없습니다. 이미 있는 것을 성령으로 발견하면 됩니다. 그런데 이 위대한 보물이 평범한 땅에 숨겨졌기에 보물을 보물인줄 모릅니다. 내 인생에 묻혀 있는 예수님을 발견할 수 있는 지식이 아무에게나 없는 것입니다. 성령으로 깨달으면 자연스럽게 기쁨이 찾아오게 됩니다. 말로 표현하기 힘든 기쁨입니다. 하늘이 내 몸에 있는 기쁨입니다. 예수님을 모시고 살면 이 넉넉한 기쁨이 찾아옵니다. 기쁨은 모든 상황을 다르게 만들어 줍니다. 기쁘면 안 될 것도 될 것처럼 보이지만, 기쁨이 없으면 될 것도 안 될 것으로 보입니다. 어떤 환난과 역경도 이겨낼 기쁨이 자신에게 충만하기를 소원합니다.

땅에 보물이 있다는 것을 알고, 기뻐한다고 다 끝난 것이 아닙니다. 아직 내 것이 아니라는 것입니다. 나의 것으로 소유해야 되겠다는 의지가 필요합니다. 내 소유를 전부 팔아서라도 그 하늘이 묻힌 땅을 사는 겁니다. 그래서 천국은 침노하는 자의 것이라 하는 것입니다. 밭에 묻힌 보물이 내 소유한 모든 것보다 더 가치 있는 것을 안다면 반드시 행동합니다.

넷째, "오직 너희를 위하여 보물을 하늘에 쌓아두라" 예수님께서는 마태복음 6장 20절에 "오직 너희를 위하여 보물을 하늘에 쌓아두라 거기는 좀이나 동록이 해하지 못하며 도적이 구멍을 뚫지도 못하고 도적질도 못 하느니라"고 말씀하셨습니다. 이 말씀, "보물을 하늘에 쌓아두라"는 말씀의 의미는 무엇입니까? 먼저 하늘은 예수님이 계신 곳입니다. 지금 예수님은 우리 몸 안에 주인으로 계십니다. "보물을 하늘에 쌓아두라"는 말씀을 헌금을 많이 하여 하늘에 보물을 쌓아두라고 이해하는 사람들이 있습니다. 물론 그런 뜻도 있습니다. 하지만 이 말씀은 단순히 헌금을 많이 하여 하늘에 보물을 쌓아두라는 뜻을 갖고 있는 것이 아니라, 하늘에 있는 것에 영원한 목표와 가치를 두고 살라는 뜻입니다. 하나님이 자신에게 주신 전인격을 성전 만들어 하나님의 뜻을 이루기 위해서 살라는 것입니다. 자신이 하나님의 나라가 되는 일에 영원한 가치와 목표를 두라는 뜻입니다.

우리는 성령을 받은 신령한 사람들입니다. 신령한 사람들은 온몸이 살아계신 하나님의 성전이 되어야 합니다. 온몸을 성전 만드는 일에 보물을 사용하라는 것입니다. 우리 몸은 가만히 앉아 있기만 하고 대접만 받고 싶어 합니다. 너희를 위하여 보물을 하늘에 쌓아두라는 것은 교회예배당에 헌금을 많이 하는 것만을 의미하는 것이 아니라 내 몸과 내가 가진 모든 것을 사용하여 먼저 자신의 온몸을 하늘나라가 되게 하고 다른 사람을 섬기고 회복시키는 일에 몰두하라는 것입니다.

예수님께서는 이 세상에 있는 보물들 곧 지식이나 돈이나 권력이나 기술이 다 쓸데없는 것이라고 하지 않으셨습니다. 이런 것들은 우리가 살아가는데 매우 중요한 수단들이기에 요긴한 것들입니다. 문제는 모으는 일에만 급급 한다면 사람들은 어떻게 생각할지 모르지만 하나님 앞에서는 욕심 많은 스크루지 영감님으로 밖에는 안 보이게 되는 것입니다. 얼마나 많은 돈을 갖고 있느냐가 중요한 것이 아닙니다. 그 돈을 얼마나 자신의 온몸이 살아계신 하나님의 나라가 되는 일과 이웃과 나라와 가난한 사람들을 위해서 사용했느냐가 더 중요합니다. 얼마나 배웠느냐가 중요하지 않습니다. 배우면 배운 만큼 더 많은 책임이 따라오는 것이기에 다른 사람을 위하여 얼마나 봉사했느냐가 훨씬 더 소중한 것입니다.

그래서 예수님께서는 이어서 "네 보물 있는 그곳에는 네 마음도 있느니라"고 말씀하신 것입니다. 내가 가진 보물을 지금 어디에 쓰고 있느냐는 것입니다. 누구를 위해서 사용하느냐에 따라서 그 사람의 마음이 지금 어디에 가 있는지를 알 수 있다는 것입니다. 내 보물이 있는 그 곳에 내 마음이 있고 거기에 내 몸이 따라가며 결국 그것을 위하여 내가 가진 돈이나 시간이나 재능을 쓰게 되어 있는 것입니다.

하나님으로부터 무엇을 받으셨습니까? 그 받은 것을 어디에 가장 많이 투자하고 계십니까? 그것을 보면 그 사람이 땅에 속한 사람인지 하늘에 속한 사람인지 쉽게 알 수가 있습니다. 내 시간이나 물질이 어디에 가장 많이 사용되고 있는지 점검해 보시기 바랍니다. 물론 육신을 갖고 있기에 세상에서 돈과 시간을 가장 많이 사용할 것입니다. 그러나 예수님이 말씀하시는 것은 양이 아니라 질입니다. 단 만원을 쓰더라도 마음을 다해서 먼저 자신이 하나님나라가 되는 일과 다른 사람을 위해서 사용하면 되는 것입니다. 뭐 하나라도 생기면 하나님 나라를 생각하고 사람들이 변화되는 일에 마음과 돈과 시간이 가면 됩니다.

예수님은 우리에게 땅의 것을 가지고 위엣 것을 추구하라고 말씀하셨습니다. 몸을 가지고 살면서도 하나님이 원하시는 영원한 것에 마음을 두로 살라고 명령하셨습니다. 그럼 보물을 하늘에 쌓아두는 신령하고 아름다운 삶을 살려면 어떻게 해야 합니까? 온몸이 성령으로 충만하여 살아계신 하나님의 성전이 되어야 합니다. 온몸이 성령으로 건강해야 합니다. 말씀의 빛을 흡수할 수 있도록 성령으로 영적인 눈이 열려야 합니다. 그래서 예수님께서는 "눈이 성해야 온 몸이 밝고 건강하게 살 수 있다"고 눈과 몸의 비유를 갑자기 말씀하신 것입니다. 마태복음 6장 22~23절에 보면 "눈은 몸의 등불이니 그러므로 네 눈이 성하면 온 몸이 밝을 것이요 눈이 나쁘면 온 몸이 어두울 것이니 그러므로 네게 있는 빛이 어두우면 그 어두움이 얼마나 하겠느냐"라고 말씀하셨습니다. 눈이란 무엇입니까? 눈이란 외부의 빛을 받아들이는 유일한 기관으로써 사물의 실체를 보게 하는 기능이 있습니다. 여기서 눈이라는 것은 비유로서 "말씀의 빛을 받아들이는 기능"을 상징하는 것입니다. 우리의 눈이 열려야 온 몸이 밝아지는 것을 경험하고 빛 가운데 건강하게 살아갈 수 있듯이 영적인 눈이 활짝 열려 있어야 말씀의 빛을 받아들일 수 있고 그 때에야 비로소 우리의 몸이 하늘의 것을 추구할 수 있는 것입니다. 성령으로 영적인 눈이 열려야 하나님의 말씀을 흡수하며 하늘의 것을 추구할 수 있는 것입니다.

우리는 육신의 눈이 온전치 못하면 얼마나 답답하고 위험한지 모릅니다. 그러나 더욱 위험한 것은 영적인 세계를 전혀 보지 못하고 말씀도 가까이 하지 않는 영적인 소경으로 살아가고 있는 것입니다. 그래서 많은 수의 사람들이 지옥을 향해 줄을 맞추어 걸어가고 있는 것입니다. 돈이 있다고 명예를 얻었다고 지식이 있다고 자랑하지만 힘들게 얻기만 했을 뿐 바른 곳에 사용하지 못하고 무겁게 짊어지고 가고 있는 것입니다. 눈이 열려야 합니다. 하나님의 뜻을 볼 수 있는 영적인 눈이 활짝 열려야 합니다. 그래야 보물을 하늘에 쌓아두는 존귀한 삶을 살 수 있습니다. 보물은 실제 보물 뿐 아니라, 보물로 여기는 모든 것을 말한다고 볼 수 있습니다. 재물, 소유, 직장, 사업, 건강, 시간, 마음, 그 외에 보물처럼 아끼고 사랑하는 사람도 포함됩니다. 이 모든 보물들은 다 땅에 있는 동안 필요한 것이고 죽으면 소용없는 것인데, 왜? 하나님은 이 보물을 땅에 쌓아 두지 말고 하늘에 쌓아 두라고 할까요? 땅에 보물을 쌓아두는 방법은 안 가르쳐 줘도 너무도 잘 알지만, 하늘에 쌓아 두는 방법은 잘 모르는데 왜 그러실까요? 그래서 "예수께서 대답하시되 진실로 진실로 네게 이르노니 사람이 물과 성령으로 나지 아니하면 하나님의 나라에 들어갈 수 없느니라."(요 3:5). 말씀하시는 것입니다. 성령으로 세례를 받아 하늘의 사람으로 거듭나면 성령께서 보물이 무엇인지 깨닫게 하시고, 왜 온몸에 쌓아야 되는 지를 깨닫게 하신다는 것입니다.

세상 사람들이 말하는 보물이란 예뻐지기 위해 성형 수술하는 것을 마다하지 않는 이들, 몸에 좋다면 가리지 않고 먹어대는 이들에게는 미모나 젊음, 그리고 건강이 보물이 될 것입니다. 사랑하는 가족이나 친구들, 아니면 가치 있다고 믿는 삶을 보물로 여기면 그 사람이 추구하는 삶이 보물이 됩니다. 성령으로 거듭나면 성령께서 보물을 바르게 알고 깨달아 보물을 온몸에 쌓게 하신다는 것입니다. 보물을 온몸에 쌓는다는 것은 다른 것이 아니고, 하나님의 나라와 그의 의를 먼저 구하는 것입니다. 여기서 말하는 하늘은 예수를 믿고 성령으로 거듭난 성도들을 말합니다. 지금 하나님께서 믿는 자를 성전삼고 주인으로 계십니다. 그러니까, 자신이 살아계신 하나님의 성전이 되고 하나님의 나라가 되는 일에 보물을 쌓으라는 것입니다. 자신 안에 하나님의 나라 천국이 견고해지기 위하여 주기적으로 영적검진을 하고, 성령으로 세례를 받고, 성령의 지배와 장악되기 위하 관심을 집중하고, 잠재의식을 정화하기 위하여 내적치유를 하고, 육체적인 질병 육체적인 문제 혈통적인 문제를 해결하기 위하여, 진리를 성령으로 깨달아 알기 위하여 시간과 마음과 보물을 투자하라는 말씀입니다. 그리고 하늘나라 천국이 견고해지기 위하여 예배에 빠짐없이 참석하고, 기도생활을 하며, 진리의 말씀을 깨달아 아는데 시간과 마음과 물질을 투자하라는 것입니다. 자신의 잠재의식을 정화하고 세상적인 것을 배출하려면 시간과 마음과 물질을 투자해야 합니다. 그것도 상당한 기간 동안 관심을 집중해야 자신 안의 하나님의 나라가 견고해집니다.

예수를 믿고 성령으로 거듭난 자신을 하늘나라 천국을 만들기 위해서 교회 건물이 필요하면 건축헌금을 하는 것입니다. 자신의 내면을 정화하려면 교회가 있어야 되기 때문입니다. 교회 건물을 짓는 것은 성도들을 하나님의 성전 하늘나라를 만들기 위해서 건축하는 것이 목적인 되어야 합니다. 먼저는 자신이 살아계신 하나님의 성전이 되고, 하늘나라 천국으로 견고하게 하는데 보물을 사용하는 것입니다. 자신은 성전이 되지도 않았는데 보이는 성전을 건축하는데 헌금하였다고 자신이 천국 되는 것이 아니라는 것을 깨달아 알아야 합니다.

먼저 자신이 살아계신 하나님의 성전 하늘나라가 되는 것입니다. 말로만 먼저 구하는 것이 아니라, 실제로 하나님의 나라와 하나님의 의와 뜻을 위해, 내 보물들을 최우선적으로 쓰고 사용하고 헌신하는 것을 말합니다. 온몸 안에 있는 하나님의 나라에 보물을 쌓으라는 말입니다. 내 보물의 용도를, 하늘에 먼저, 곧 최우선 순위를 두라는 것입니다. 하나님의 나라는 하나님이 통치하는 모든 영역을 말합니다. 하나님 왕국입니다. 예수를 믿는 자가 하나님의 나라 왕국입니다. 내 나라는 내가 통치하는 모든 영역을 말합니다. 내 왕국입니다. 대부분의 사람들은 내 왕국을 건설하기 위해 자기의 모든 보물을 쏟아 붓습니다. 그래도 모자란데 어디 보이지도 않는 하늘 왕국을 위해서 쏟으라고요? 하고 물을 것입니다. 말도 안 된다는 것입니다. 땅의 계산법으로, 땅의 경제학으로 풀면 당연한 결론입니다. 하늘에 보물을 쌓아두는 것은 하늘의 경제학 성령으로만 풀 수 있는 것입니다. 하나님은 그의 나라와 그의 의를 위해 최우선으로 그 보물을 쓰면, 네가 염려하고 구하는 모든 것을 더하여 주십니다.

"하늘에 보물을 쌓아 두라."는 말씀은 결국 제대로 된 진짜 보물을 예수님이 계신 자신의 온몸인 하늘에 쌓으라는 말씀입니다. 예수님이 계신 온몸에 보물을 쌓으라는 뜻은 세상에 하나님의 살아계심을 증명하고 하나님의 사랑을 전하는데 보물을 쌓으라는 것입니다. 변하고 어쩔 수 없이 누군가에게 상처를 주는 썩어 없어질 보물에 목숨을 걸지 말고, 삶과 영혼을 풍요롭게 하는 진짜 보물을 쌓으라는 말씀입니다.

2장 하늘이란 어떤 곳을 말씀하시는 걸까?

(마6:19-21)"너희를 위하여 보물을 땅에 쌓아 두지 말라. 거기는 좀과 동록이 해하며 도둑이 구멍을 뚫고 도둑질하느니라. 오직 너희를 위하여 보물을 하늘에 쌓아 두라. 거기는 좀이나 동록이 해하지 못하며 도둑이 구멍을 뚫지도 못하고 도둑질도 못하느니라. 네 보물 있는 그 곳에는 네 마음도 있느니라."

"오직 너희를 위하여 보물을 하늘에 쌓아 두라.""하늘에 계신 우리 아버지라"고 합니다. 하늘이란 어디를 말하는 것일까요? 우리 머리 위의 공중인가, 아니면 끝없이 펼쳐져 있는 높고 푸른 하늘을 말하는가? 만일 높고 푸른 하늘만 하늘이라면 지금 내가 서 있는 곳도 하늘일 것입니다. 이 공간이 하늘로 이어진 때문입니다. 이해하기 쉽게 예수님께서 말씀하시는 하늘이 어디를 말할까요? 예수님께서 '하늘', '하늘나라'라는 말을 쓰신 것을 이해하기 위해서 구약에서의 사용한 예를 알아볼 필요가 있습니다. 다니엘 4장 26절에서 "하나님이 다스리시는"이라고 할 때, '하나님'은 원래 '하늘'이라고 씌어있습니다. 유대인들은 '하나님'이라는 말을 쓰려 하지 않았습니다. 두려운 하나님이시기 때문입니다. 그래서 '하늘'이라고 썼습니다. '하늘'은 '하나님' 대신 쓰는 말이었습니다. 예수님 시대에도 마찬가지입니다. 예수님께서 쓰신 '하늘', '하늘나라'는 '하나님 나라'인 것입니다.

그래서 성경 말씀 안의 하늘이란, 세상과 대칭 되는 곳으로, 하나님이 계시고 하나님의 뜻이 이루어지는 곳이 곧 하늘입니다. 하늘 아버지가 계신 곳은 어디나 하늘이요. 주의 신성이 말없이 흐르고 있습니다. 무소부재(無所不在) 하신 하나님은 어디나 계십니다. 무소부재라는 뜻은 하나님의 적극적 품성 가운데 하나로, 그 존재와 섭리가 있지 않는 곳이 없이 어디에나 다 있음을 이르는 말입니다. 이로 보아 어디나 하나님이 계신 하늘입니다.

하늘은 하나님이 계신 곳을 말합니다. 하나님의 통치가 이루어지는 곳입니다. 하늘은 장소를 가리키는 말이 아니라, 시간과 공간을 초월하시는 하나님의 현존을 의미하는 말입니다. 우리는 구름 너머에서 하늘을 찾아서는 안 됩니다. 우리가 영광에 싸인 하나님과 곤경에 빠진 이웃을 향할 때, 우리가 사랑의 기쁨을 체험할 때 그리고 우리가 회개하여 하나님과 화해할 때면 언제나 하늘이 열립니다. 이에 대해 독일의 학자인 게르하르트 에벨링(1912~2001년)은 "하늘이 있는 곳에 하나님이 계신 것이 아니라, 하나님이 계신 곳에 하늘이 있습니다."라고 말했습니다. 들에 피는 이름 모를 꽃 속에, 흘러가는 구름에, 시냇물에, 뙤약볕에서 일하는 농부의 땀방울 속에, 깊은 산속 옹달샘, 물속의 물고기에도 공중 나는 새, 그 어디서나 하나님은 통치하고 계십니다. 그러므로 이곳들 모두가 '하늘나라'라고 할 수가 있습니다.

그리고 하늘에 있는 것들은 모두 저들을 지으신 하나님의 뜻에 따라 존재합니다. 하늘이란, 하나님의 통치가 실행이 되고, 주의 질서와 순리가 아버지의 뜻을 따라 그대로 흐르는 곳을 말합니다. 사람도 거듭나서 하나님을 알고, 하나님의 통치를 받아들이고, 주의 질서와 순리가 그 사람 안에 흐른다면 그 사람은 하늘에서 사는 자요, 그의 마음은 이미 하늘에 있습니다. 그 사람을 통하여 하나님께서 나타나는 것입니다. 그 사람의 마음에 하나님께서 주인으로 계시는 것입니다. 예수님을 믿어 주인으로 모시고 성령세례받은 자신의 온몸이 하나님의 나라인 것입니다.

그러나 슬프게도 대부분의 사람들이 하나님에 대하여 무지하여 하나님의 통치를 모릅니다. 자신들은 이미 하나님의 통치를 받아 부부의 연을 맺고, 자녀를 사랑하고, 이웃과 더불어 사회생활을 하고 있으면서 그와 같은 것들은 하나님의 통치인줄을 모르고 살아갑니다. 신성한 생명을 육체로 마치고 있는 것입니다. 하나님을 모르면 그것은 세상이고, 육체입니다. 예수님께서는 요한복음 14장 27절에서 "평안을 너희에게 끼치노니 곧 나의 평안을 너희에게 주노라 내가 너희에게 주는 것은 세상이 주는 것 같지 아니하리라" 여기에서 세상을 말씀하시는 것은 일반적으로 생각하는 세상이 아닙니다. 즉 부정과 부패가 난무하는 저 '로마'의 백성들이 아니라, 하나님을 향하여 기도하던 '유대' 백성들이 곧 '세상(눅 12:30)'입니다. 말로는 하나님을 사랑한다고 하면서 그의 계명을 가지고(e[cw,에코) 지키는(threvw,테레오) 것(요 14:21)을 무엇인지 모르는, 그래서 진리의 영을 받지 못하는 대상이 곧 세상이라는 말입니다(요14:17). 다른 말로 하면 '자기 목숨을 위하여' 신앙 생활하는 사람들이 성경적 '세상 사람'들입니다. 성령으로 거듭나 하나님이 자기 생명의 근원임을 알게 되면 위로 상승의 삶을 살수가 있을 터인데, 날개가 있어도 위로 날 생각을 못하고 있습니다.

돼지처럼 더러운 시궁창만 뒤지기 때문입니다. 그래서 예수께서 성령으로 거듭나라고 하신 것입니다. 성령으로 거듭나지 못하면 하늘을 알 수가 없습니다. 거듭나지 못하면 보이는 것은 세상이요, 육체와 보이는 형상이 전부입니다. 치열한 생존경쟁과 약육강식의 마당만 보입니다. 교회라고 여기서 제외되지는 않을 것입니다. 그러나 일단 그의 눈에서 비늘이 떨어져 나가고 생각이 바뀌게 되면 여기가 바로 하늘이요, 우리는 이미 하늘에서 살고 있다는 사실을 깨닫게 됩니다. 우리는 한 하늘에서 한 생명으로 존재하며 한 아버지의 소생임을 알게 됩니다. 그렇게 될 때 생존경쟁이 아니라, 생존 나눔, 사로사랑의 삶을 살게 됩니다. 이것이 진정 하늘에서 하늘을 사는 자들의 면모입니다.

첫째, 하나님께서 '하늘'이다. 하나님은 천지에 충만하십니다. 어디에나 계시는 분입니다. "여호와가 말하노라 나는 천지에 충만하지 아니하냐(렘 23:24下)" 하나님은 무소부재하십니다. 즉 환경, 시간, 공간에 제한 받지 아니하시고 초월적으로 활동 하시는 하나님을 말할 때 무소부재 하신 하나님, 혹은 편재하신 하나님이라고 합니다. 다윗은 그와 같이 무소부재하신 하나님을 고백하되 "내가 주의 영을 떠나 어디로 가며 주의 앞에서 어디로 피하리이까"(시139:7). 라고 했습니다. 이처럼 무소부재하신 하나님은 그 사실을 믿는 성도들에게 큰 힘이 되어 주시고, 불신자들에게는 엄중한 심판주가 되십니다.

그렇다면 성경의 무소부재라는 의미는 무엇일까요? 여기에서 주의할 것은 어떤 공간만을 의미하는 것이 아님을 유의해야합니다. 즉 인간의 유한성과는 달리 전능 무한하신 하나님께서 모든 환경, 시간, 공간을 초월하심을 강조하는 말입니다.

첫째로 환경에 무소부재하십니다(욥11:7-10, 시145:3). 인간은 환경에 따라 제약을 받는 존재입니다. 그러나 하나님께서는 어떤 악한 세력이나 환경에도 제한 받지 아니하고 자신의 뜻을 이루시는 분이십니다.

둘째로 시간에 무소부재하십니다(시90:2, 102:12). 인간은 시간에 제한 받는 존재이기에 영원한 존재가 아니라 유한한 존재입니다. 그러나 하나님께는 인간적 시간은 의미가 없습니다. 영원자 이시기에 어제나 오늘이나 영원토록 시간에 제약 받지 아니하시고 자신의 뜻을 이루십니다.

셋째로 공간에 무소부재하십니다(왕상8:27, 사66:1). 이와 같은 무한성을 편재성이라고도 합니다. 하나님께서는 하늘보좌에서 자신의 신적인 본질을 지키시면서도, 만유의 주로서 만유 안에(고전12:28) 계시는 분이십니다. 이 또한 신비에 속하는 사실입니다. 그러나 신비는 인간 편에서 볼 때나 신비이지 하나님 편에서는 자연스러운 일일 뿐입니다.

하나님은 무소부재하시면서 예수를 믿고 성령으로 거듭난 성도가 찾는 곳을 하나님 나라가 되게 하십니다. 성도들에게 보혜사기 되어주십니다. 하나님께서는 "네가 물 가운데 …불 가운데"(슥2:10) 지날 때도 함께 하사 보호해 주신다고 하셨으며, "두세 사람이 내 이름으로 모인"(마18:20) 곳에도 함께 계실 것이며, "세상 끝날 까지"(마28:20) 곁에서 지켜 주실 것이라고 하셨습니다. 우리가 때로는 고집쟁이 야곱처럼, 루스 광야에서 고난의 돌베개를 베고 공포와 슬픔에 젖어 있을 때 바로 그 환경과 장소마저도 무소부재하신 하나님의 전(창28:17)임을 고백하도록 도우실 것입니다. 예수님을 믿는 자신이 하늘나라입니다.

불신자들에게는 엄중하신 섭리주요 심판주가 되십니다. 하늘, 음부, 바다 끝, 흑암(시139:8,9)에서 하나님의 손길을 피하려고 해도 소용없습니다. 오직 무소부재하신 하나님의 주권을 인정하고 회개하는 길밖에는 하나님의 심판을 피할 길이 없습니다. 왜냐하면 "창세로부터 그의 보이지 아니하는 것들 곧 그의 영원하신 능력과 신성이 그가 만드신 만물에 분명히 보여 알려졌나니"(롬 1:20). 어디에나 계시면서 감찰하시고 통치하시기 때문입니다.

둘째, 예수님께서 '하늘'이다. 마태복음 3장 16~17절에 보면 "예수께서 세례를 받으시고 곧 물에서 올라 오실쌔 하늘이 열리고 하나님의 성령이 비둘기 같이 내려 자기 위에 임하심을 보시더니 하늘로서 소리가 있어 말씀하시되 이는 내 사랑하는 아들이요 내 기뻐하는 자라 하시니라" 예수님께서 요단강에서 세례 받으시고 올라오실 때 성령이 그 위에 임하신 것입니다. 그래서 하나님의 아들로 하나님께로부터 증거를 얻게 된 것입니다. 하나님께서 예수님이 '하늘나라(천국)'라는 것을 음성으로 증명하신 것입니다. 예수님이 이 땅에 '하나님의 나라'를 건설하러 오셨다고 하나님께서 입증하신 것입니다. 예수님은 빌라도 앞에서 "내 나라는 이 세상에 속한 것이 아니니라"(요 18:36)고 말씀하셨습니다. 내 나라가 이 세상에 속한 것이 아니라는 말씀은 하나님 나라는 이 세상에서는 찾아 볼 수 없다, 세상 정치, 사회, 경제 영역과는 무관하다는 말이 아닙니다. 하나님 나라는 세상이 아닌 하나님(예수님)에게서 비롯되었다는 뜻입니다. 하나님에게서 비롯된 나라는 하나님의 창조 계획이 담고 있는 나라입니다.

그리고 그 나라는 하늘에만 있지 않고 땅으로 내려와 땅을 창조의 본래 모습대로 변화시킬 것을 지향합니다. 땅을 무력으로 정복하는 것이 아니라, 말씀대로 회복하는 것입니다. 이것이 하나님 나라의 목적입니다. 주기도문도 "당신의 나라가 이 땅에 임하소서"라고 기도하게 합니다. 이 하나님의 나라는 세상 나라들처럼 정해진 땅과 백성을 갖고 있지 않습니다.

민족과 상관이 없이 하나님의 다스림을 받는 사람들이 곧 하나님의 자녀들이 되고, 지역과 상관이 없이 하나님의 말씀을 따르는 곳이 하나님의 나라입니다. 하나님의 다스림이 가정에 임하면 그곳이 천국이 되고, 하나님의 말씀이 가르치는 공의와 사랑이 다스리면 그 사회는 작은 천국이 됩니다. 찬송가 가사처럼 "내 주 예수 계신 곳이 그 어디나 하늘나라"가 되는 것입니다.

우리가 이 땅에서 하나님 나라를 소망한다는 것은 죽은 이후에 그곳에 갈 것을 소망하는 것만이 아니라, 지금 이곳에서 하나님의 다스림을 받음으로 하나님의 나라를 경험한다는 것이기도

합니다. 이 땅에서 하나님 나라를 경험하다가 영원한 하나님 나라로 들어가게 되는 것입니다. 우리가 교회에서 하는 봉사와 섬기는 일들은 다 하나님의 다스림을 받는 것이며, 하나님의 나라가 이 땅에 임하게 하는 통로입니다. 교회의 여러 부서에서 서로를 세우는 섬김 등은 다 하나님의 다스림을 이 땅에서 하나님 나라를 맛보면서 걸어가다가 그 걸음으로 완성된 하나님 나라 천국으로 들어가는 것이 지금 우리가 가는 신앙의 길입니다.

셋째, 성령으로 거듭난 크리스천이 '하늘'이다. 크리스천은 그리스도와 함께 하늘에 앉힌 사람들(엡2:1-7)입니다. 내가 누구인가? 나는 어떤 사람인가? 등의 질문처럼 각 사람이 자기 자신에 대해서 스스로 갖고 있는 생각을 가리켜서 자기 인식 또는 자의식이라고 합니다만, 이 자의식이 긍정적이고 건전한 사람이 건전한 인격을 갖게 되고 건전한 삶을 살 수 있습니다. 반면 이 자의식이 부정적이고 불건전한 사람은 잘못된 인생을 살 수밖에 없습니다. 초등학교나 중학교 아동들을 대상으로 이 자의식에 관해서 조사를 해보면 공부를 못하는 아이들일수록 자아 개념이 낮다고 합니다. 즉 자기 스스로를 못났다고 생각한다든지, 사람들이 자기를 사랑하거나 받아 주지 않을 거라는 생각 등의 부정적인 자아 개념에 사로잡혀 있다는 겁니다. 그러니까 많은 학습 지진아의 경우 굳이 머리가 나빠서가 아니라 자의식이 잘못되고 자아 개념이 낮기 때문에 그렇다고 하는 말입니다.

그런데 이것은 우리 그리스도인들의 신앙생활에서도 마찬가지입니다. 하나님께서는 우리 그리스도인들에게 구원의 기쁨과 감격을 누리며 사는 생활과 세상과 마귀와 싸워서 승리하는 생활을 특권으로 주셨습니다. 그러나 많은 그리스도인들은 그런 기쁨과 승리의 확신 가운데 살기보다는 근심과 염려와 불안과 두려움을 안고 살아가고 있습니다. 그런데 그 이유가 무어냐 하면 자기 자신이 그리스도인이라고 하면서도 그리스도인이 어떤 존재냐 하는데 대한, 즉 그리스도인의 신분에 대한 바른 인식이 부족하기 때문이라고 할 수가 있습니다.

많은 교인들이 교회는 다니고 있습니다만, 그리스도인이란 과연 어떤 존재인가에 대한 깊은 성경에 기초한 올바른 인식이 없습니다. 즉 그리스도인의 신분에 대한 자부심과 긍지가 없습니다. 그 결과로 신앙생활이 별로 재미가 없을 때가 많습니다. 그러나 우리 그리스도인들은 자존심을 가지고 당당한 삶을 살아야만 할 것입니다. 그리고 그렇게 우리 그리스도인들의 삶이 적극적이고 당당한 것이 되려면 우리들에게 반드시 일어나야만 할 일이 있는데 그것은 우리가 그리스도인이 된 것이 얼마나 영광스런 사건인가를 깨달아 아는 일입니다. 그러한 가운데 오늘 앞서 읽은 에베소서 2장에 보면 우리가 그리스도를 영접하여 구원을 받았을 때 우리에게 일어난 놀라운 변화들에 대한 말씀이 나옵니다. 먼저 본문의 에베소서 2장 1절에 보면 우리 그리스도인들은 허물과 죄로 죽었다가 다시 살아난 사람들이라는 사실을 선포하고 있습니다. 교회에서 공중 기도를 할 때 "죄로 말미암아 죽을 수밖에 없는 우리를 구원해 주신 은혜에 감사합니다." 라고 기도하는 분들이 있는데, 그렇게 기도하는 것은 틀린 표현입니다. 우리는 죄로 말미암아 죽을 수밖에 없는 가운데 있다가 구원받은 게 아닙니다. 우리는 죽을 수밖에 없었던 게 아니라 죽어 있다가 살아난 것입니다. 이것은 이미 우리가 부활한 존재라는 말입니다. 물론 우리 육체는 아직 부활하지 않았지만, 우리의 영혼은 이미 부활한 것입니다(요 5:24,25). 그런 의미에서 볼 때 우리 믿는 자들에게 있어서 부활이란 미래의 일이 아니라 이미 우리에게 일어나서 현재 진행 중인 사건이라는 사실을 알아야 할 것입니다. 이것을 요한계시록에서는 첫째 부활이라고 합니다(계 20:4,5).

다음으로 에베소서 2장 2절을 보면 "그 때에는 우리도 이 세상 풍속을 좇고 공중의 권세 잡은 자를 따랐으니 곧 지금 불순종의 아들들 가운데서 역사하는 영이라"고 했는데, 이것은 우리가 거듭나기 이전에는 마귀의 종이 되어 마귀를 좇아가는 삶을 살았다는 말입니다. 그렇습니다. 우리가 하나님의 은혜로 예수를 믿고 거듭나기 이전에 우리의 신분은 종이요 노예였습니다. 때로는 마귀에게 속아서 마귀가 좋아하는 일들을 했었고, 또 더러는 마귀에게 사로잡혀서 어둠의 일을 행하며 살 수밖에 없었습니다. 그런데 그런 우리를 하나님께서는 살리셨고 마귀의 속박으로부터 해방시켜 주신 것입니다.

그런데 하나님께서는 우리를 단순히 마귀의 속박에서 풀어 주신 것뿐만 아니라 그것보다 더 크고 놀라운 일을 우리에게 베풀어 주셨는데 그것이 6절에 나오는 내용입니다. 에베소서 2장 6절에 보면 하나님께서는 "우리를 그리스도 예수와 함께 살리시고 그리스도 안에서 그리스도와 함께 하늘에 앉히셨다"고 했습니다. 여기 보면 장차 앉히실 것이라고 한 게 아니라 앉히셨다고 했습니다. 즉 완료형으로서 이미 우리는 하늘에 앉힌 바가 된 사람들이라고 하는 말입니다. "하나님의 나라"라는 것입니다.

그렇다면 우리 그리스도인들이 이처럼 그리스도와 함께 하늘에 앉아 있다는 말은 무슨 뜻입니까? 예. 이것은 우리가 하늘 보좌에 앉아 있는 왕과 같은 존재들이라는 말입니다. 성경에서 하늘은 이 세상 만물을 다스리는 하나님의 통치 보좌가 있는 곳을 말합니다. 그런데 예수님께서 하늘로 올라가셔서 하나님 보좌 우편에 앉으셨다는 말은 이제 마귀의 권세를 결박하시고 사망의 권세를 깨뜨리고 승리하신 예수님께서 하나님 아버지로부터 이 세상 만물을 다스릴 수 있는 왕으로서의 권세를 위임받게 되셨다는 말입니다. 그런데 오늘 이 본문에 보면 하나님께서는 예수님만 하늘에 앉히신 것이 아니라 예수 그리스도 안에 있는 자들, 즉 우리 모든 믿는 자들도 함께 하늘에 앉히셨다고 되어 있습니다. 다시 말씀해서 우리가 거듭나서 그리스도와 연합되는 순간에 우리는 이미 그리스도와 함께 하늘에 앉게 하는 "하나님의 나라" 존재가 된 것이라는 사실을 깨달아야만 하는 것입니다.

오늘 우리는 육신적으로는 세상 사람들과 마찬가지로 이 땅에 두 발을 딛고서 살아갑니다. 그러나 우리의 본질적 자아는 이미 영광중에 그리스도와 함께 하늘에 앉혀진 자로서 비록 이 땅에서 살고 있지만, 영적으로는 그리스도와 함께 하늘에 앉아서 그리스도와 함께 이 세상을 다스리는 존재가 이미 되었다는 사실을 분명히 기억하시기 바랍니다(벧전 2:9; 계 20:4). 우리가 그리스도의 진리의 말씀을 듣고 그에 순종할 때 우리는 진리로써 세상을 다스리고 있는 것입니다. 또한 우리가 예수님의 사랑과 섬김의 삶을 본받아 우리 이웃들을 사랑하며 약한 자들을 섬기며 살아갈 때 우리는 사랑으로써 세상을 통치하고 있는 것입니다. 그리고 그러한 우리 성도들의 진리와 사랑의 통치를 통하여 이 세상에는 점차 하나님 나라가 세워져 가는 것입니다. 오늘도 귀하는 그리스도와 함께 하늘에 앉힌 왕과 같은 통치자가 되었다는 자의식을 가지고 비록 세상에서 환난을 당하더라도 진리와 사랑 안에서 담대하고 당당하게 살아가시기를 축원합니다.

넷째, 유대인들은 삼층천 개념을 가지고 있었다. 하늘은 히브리어로 쉐마엠인데 복수로 하늘들이라고 말합니다. 그냥 하늘이 아니고 하늘들인 것입니다. 히브리인의 마음속에는 하늘이 삼층천으로 되어 있다고 그들은 믿고 있었습니다. 첫째 하늘은 대기층 하늘입니다. 대기층 하늘은 공중의 새, 구름, 공기, 수증기가 있는 성층권, 오존층, 중간권, 절리층 같은 이런 하늘입니다. 성경은 창세기 1장 20절에 "하나님이 이르시되 물들은 생물을 번성하게 하라 땅 위 하늘의 궁창에는 새가 날으라 하시고"고 했습니다. 새가 날아다니는 이러한 궁창을 말하는 것입니다.

그다음 둘째 하늘은 별들의 세계인 우주 층 하늘입니다. 대기층이 아니고 그 위에 올라가면 해와 달과 별들이 있는 별들의 하늘이 있지 않습니까? 우리 태양계가 소속한 곳은 은하성자입니다. 이 은하성자에 별이 2천억 개가 있는데 우리 지구는 그중에 조그마한 별입니다. 우리 태양계는 수성, 금성, 지구, 화성, 목성, 토성, 천왕성, 해왕성, 명왕성으로 되어 있는데 그중에 지구는 태양을 중심으로 365일 한 바퀴 도는 조그마한 별입니다. 창세기 1장 14절과 16절에 "하나님이 가라사대 하늘의 궁창에 광명이 있어 주야를 나뉘게 하라 또 그 광명으로 하여 징조와 사시와 일자와 연한이 이루라 하나님이 두 큰 광명을 만드사 큰 광명으로 낮을 주관하게 하시고 작은 광명으로 밤을 주관하게 하시며 또 별들을 만드시고"라고 성경은 말하고 있는 것입니다.

그러면 도대체 셋째 하늘은 무엇일까요? 우리가 성경에 보면 셋째하늘은 영적인 하늘인 것을 알 수 있습니다. 첫째와 둘째는 시간과 공간을 가지고 있는 하늘이지만, 셋째 하늘은 3차원을 뛰어 넘은 영적인 세계를 말하고 있습니다. 바울은 이 셋째 하늘에 갔다 왔다고 말씀하고 있는 것입니다. 셋째 하늘에는 천사와 먼저 간 성도가 있고 하나님의 보좌가 있는 처소인 것입니다.

고린도후서 12장 1절로 2절에 보면 "무익하나마 내가 부득불 자랑하노니 주의 환상과 계시를 말하리라. 내가 그리스도 안에 있는 한 사람을 아노니 그는 십사 년 전에 셋째 하늘에 이끌려 간 자라 (그가 몸 안에 있었는지 몸 밖에 있었는지 나는 모르거니와 하나님은 아시느니라)" 그렇게 말씀하고 있는 것입니다. 셋째 하늘에 올라갔다가 내려온 분은 사도요한 뿐 아니라, 바울 선생도 올라갔다가 내려왔으며, 그 이후로도 하나님이 특별히 택한 많은 사람들이 셋째 하늘에 올라갔다가 내려온 간증을 한 것을 우리가 듣기도 하고 읽어 보기도 한 것입니다. 그런데 우리 보통사람들은 이 셋째 하늘에 올라가 볼 수 없잖아요? 그러면 이 셋째 하늘인 영적인 하늘이 우리 일반사람이 다 접할 수 있고 누릴 수 있는 주소가 어디 있겠습니까? 예수님을 믿고 영혼이 구원받아 하나님의 자녀가 되면 우리의 온몸이 성전이 되고, 그 우리의 온몸 속에 아버지와 아들과 성령이 와서 계시기 때문에 바로 하늘나라가 우리 온몸 속에 있다는 것을 알아야 되는 것입니다. 우리의 온몸이 "하나님의 나라"라는 것입니다. 하나님의 주소가 어디 있냐고 하면은 우리의 마음속이 하나님의 주소가 되는 것입니다. 예수님이 우리 안에 주인으로 계십니다. 보물을 우리 안에 계신 예수님에게 쌓으라는 것입니다. 이는 자신이 살아계신 하나님의 성전되는 일에 보물을 쌓으라는 것과 같은 것입니다.

그렇기 때문에 주님께서 주기도문 중에 "나라가 임하옵시며," 그렇게 말씀하신 것은 하나님의 나라가 예수 그리스도의 십자가 보혈 공로 이후로 우리의 마음속에 임하여 계시기를 원했던 것입니다. 주님이 십자가에서 몸 찢고 피 흘려 죽으시고 난 이후로 주님께서는 하늘나라가 우리의 마음속에 임하게 하신 것입니다. 우리에게 기도할 때 빨리 죽어서 하늘나라에 올라가게 하옵시며, 그렇게 기도하라고 말씀하지 아니하시고 하늘나라가 우리에게 임하시라고 기도하는 것입니다. 그러므로 예수님을 구주로 모시고 구원받은 사람들 마음 속에는 성령으로 말미암아 하나님의 나라가 지금 임하여 계신 것입니다.

3장 보물을 온몸 안에 쌓으라는 영적의미

(마 6:19-20)"너희를 위하여 보물을 땅에 쌓아 두지 말라. 거기는 좀과 동록이 해하며 도둑이 구멍을 뚫고 도둑질하느니라. 오직 너희를 위하여 보물을 하늘에 쌓아 두라 거기는 좀이나 동록이 해하지 못하며 도둑이 구멍을 뚫지도 못하고 도둑질도 못하느니라."

"오직 너희를 위하여 보물을 하늘에 쌓아 두라."는 진리의 말씀을 바르게 깨닫고 적용해야 합니다. 바르게 깨닫지 못하면 예수님의 의중과는 상관없는 방향으로 적용이 될 수가 있습니다. 하나님은 이렇게 말씀하십니다. "먼저 알 것은 성경의 모든 예언은 사사로이 풀 것이 아니니 예언은 언제든지 사람의 뜻으로 낸 것이 아니요, 오직 성령의 감동하심을 받은 사람들이 하나님께 받아 말한 것임이라"(벧후 1:20-21). 그렇기 때문에 하나님의 말씀은 성령의 감동하심에 따라 풀어서 깨달아야 합니다. 본문을 바르게 깨달으려면 하늘에 대하여 바르게 알아야 합니다. 예수님께서 '하늘', '하늘나라'라는 말을 쓰신 것을 이해하기 위해서 구약에서의 사용한 예를 알아볼 필요가 있습니다. 다니엘 4장 26절에서 "하나님이 다스리시는"이라고 할 때, '하나님'은 원래 '하늘'이라고 씌어있습니다. 유대인들은 '하나님'이라는 말을 쓰려하지 않았습니다. 두려운 하나님이시기 때문입니다. 그래서 '하늘'이라고 썼습니다. '하늘'은 '하나님' 대신 쓰는 말이었습니다.

하늘은 하나님의 통치가 이루어지는 곳입니다. 예수님 시대에도 마찬가지입니다. 예수님께서 쓰신 '하늘', '하늘나라'는 '하나님 나라'인 것입니다. 그래서 성경 말씀 안의 하늘이란, 세상과 대칭되는 곳으로, 하나님이 계시고 하나님의 뜻이 이루어지는 곳이 곧 하늘입니다.

그럼 하늘이신 하나님께서 지금 어디에 계십니까? 하나님은 고린도전서 3장 16-17절에서 "너희는 너희가 하나님의 성전인 것과 하나님의 성령이 너희 안에 계시는 것을 알지 못하느냐? 누구든지 하나님의 성전을 더럽히면 하나님이 그 사람을 멸하시리라 하나님의 성전은 거룩하니 너희도 그러하니라." 분명하게 성도가 하나님께서 주인으로 계시는 성전이라고 말씀하시고 계십니다. 그런데 성전계념을 달리 생각하면 건물교회를 성전이라고 할 수도 있습니다. 여기에 대하여 하나님께서 분명하게 말씀하여 주셨습니다. "우주와 그 가운데 있는 만물을 지으신 하나님께서는 천지의 주재시니 손으로 지은 전에 계시지 아니하시고, 또 무엇이 부족한 것처럼 사람의 손으로 섬김을 받으시는 것이 아니니 이는 만민에게 생명과 호흡과 만물을 친히 주시는 이심이라(행 17:24-25)" 분명하게 하나님은 손으로 지은 전에 계시지 않는다고 말씀하십니다. 그리고 "무엇이 부족한 것처럼 사람의 손으로 섬김을 받으시는 것이 아니니 이는 만민에게 생명과 호흡과 만물을 친히 주시는 이심이라" 말씀하고 계십니다. 하나님은 영이시면서 인격이십니다. 상식적으로 생각해 보시기를 바랍니다. 인격이신 하나님께서 벽돌로 지어진 건물교회와 교통할 수가 없습다. 인격체인 예수를 믿는 사람 안에 성전삼고 주인으로 계시는 것입니다. 그러니까, 예수님을 주인으로 영접한 성도들이 하늘나라입니다. 예수님께서 하늘나라이시기 때문입니다.

예수님은 하늘나라에 대하여 이렇게 말씀을 하셨습니다. "바리새인들이 하나님의 나라가 어느 때에 임하나이까 묻거늘 예수께서 대답하여 이르시되 하나님의 나라는 볼 수 있게 임하는 것이 아니요, 또 여기 있다 저기 있다고도 못하리니 하나님의 나라는 너희 안에 있느니라."(눅 17:20-21). 바로 바리새인들의 중앙에 서있는 예수님이 하늘나라이시라는 말씀입니다. 이 말씀을 좀더 쉽게 설명한다면 예수님을 주인으로 영접한 사람 안에 계신다는 것입니다. 예수님을 주인으로 영접한 사람은 어떤 사람입니까? 예수를 믿을 때 죄인이던 자신은 죽고 다시 예수님으로 태어난 사람을 말합니다.

하나님은 이렇게 말씀을 하십니다. "그리스도의 사랑이 우리를 강권하시는 도다. 우리가 생각하건대 한 사람이 모든 사람을 대신하여 죽었은즉 모든 사람이 죽은 것이라. 그가 모든 사람을 대신하여 죽으심은 살아 있는 자들로 하여금 다시는 그들 자신을 위하여 살지 않고 오직 그들을 대신하여 죽었다가 다시 살아나신 이를 위하여 살게 하려 함이라"(고후 5:14-15). 예수를 주인으로 영접한 성도들은 모두가 예수를 믿을 때 죽었습니다. 그리고 순간 예수님으로 태어났습니다. 이제 예수님이 자신을 통하여 살고 계시는 것입니다. 예수님이 자신을 통하여 살고 계시기 때문에 믿는 자가 하늘나라가 되는 것입니다. 따라서 자신의 모든 소유역시 예수님의 소유가 되는 것입니다. 예수 믿을 때 죽은 사람이 소유권을 주장할 수가 없는 것입니다. 세상에서도 부모가 죽으면 자녀들에게 재산이 상속되는 것을 잘 알고 계실 것입니다.

하나님은 이전 것은 지나갔으니 새것이 되었다고 말씀하십니다(소후5:17). 이제는 육신을 따라 알려고 하지 말아야 합니다. 성령으로 깨달아야 합니다. 성령으로 진리의 말씀을 깨달아 순종해야 합니다. 히브리서 5장 12-14절에 보면 "때가 오래 되었으므로 너희가 마땅히 선생이 되었을 터인데 너희가 다시 하나님의 말씀의 초보에 대하여 누구에게서 가르침을 받아야 할 처지이니 단단한 음식은 못 먹고 젖이나 먹어야 할 자가 되었도다. 이는 젖을 먹는 자마다 어린 아이니 의의 말씀을 경험하지 못한 자요, 단단한 음식은 장성한 자의 것이니 그들은 지각을 사용함으로 연단을 받아 선악을 분별하는 자들이니라." 예수를 믿었으면 믿음이 자라야 합니다. 믿음이 자라는 자들은 성령으로 진리를 깨닫는 성도들입니다. 그런데 믿음이 자라지 않는 자들은 "너희가 다시 하나님의 말씀의 초보에 대하여 누구에게서 가르침을 받아야 할 처지이니"라고 하십니다. 이 말씀은 누구(사람)에게 가르침을 받아야 할 처지라고 하십니다. 예수를 믿고 시간이 경과하면 할수록 사람을 통하여 진리의 말씀을 가르침을 받아 깨닫는 자로 머물러서는 안 됩니다. 성령으로 진리를 깨달아야 합니다. 예수를 믿고 성령의 지배와 장악이 되고 성령으로 인도를 받으면서 "단단한 음식을 먹는 장성한 자"가 되어야 합니다. 그래서 성령으로 "선악을 분별하는 자들이"되어야 합니다.

이정도로 설명을 했으니까, 예수님께서 "오직 너희를 위하여 보물을 하늘에 쌓아 두라 거기는 좀이나 동록이 해하지 못하며 도둑이 구멍을 뚫지도 못하고 도둑질도 못하느니라."(마 6:20). 말씀을 바르게 깨달아 적용할 수가 있을 것입니다.

우리 인생의 지향점, 즉 성도인 우리가 나아가야 할 바른 방향은 무엇일까요? 오늘 본문 마태복음 6장 19~20절 말씀에서 예수님은 우리에게 보물을 어디에 쌓을 것인가에 대해서 말씀해 주고 있습니다. 여기서 보물이란 단지 눈에 보이는 재물만을 뜻하는 것이 아니라, 우리가 인생을 살면서 가장 중요하게 생각하는 것을 가리키는 것입니다. 그것이 어떤 사람에게는 돈이 될 수도 있고, 권력이 될 수도 있고, 명예나 인기 등이 될 수도 있을 것입니다. 그런데 우리 모두는 우리에게 중요하다고 생각하는 이런 것들을 추구하면서 살아가기 때문에, 결국 보물을 어디에 쌓는가는 우리가 무엇을 추구하며 사는지를 보여주는 것이라 할 수 있습니다. 예수님은 우리가 보물을 쌓아둘 수 있는 곳이 두 곳이라고 말씀합니다. 바로 땅과 하늘입니다.

즉 우리들은 땅에 우리의 보물을 쌓아두든지, 아니면 하늘에 보물을 쌓아두든지 할 수 있다는 것입니다. 그러면서 예수님은 땅에 보물을 쌓아두지 말고, 하늘에 보물을 쌓아야 된다고 말씀합니다. 그 이유가 무엇 때문입니까? 마6:19절 하반 절에 보면 이렇게 말씀합니다. "거기는 좀과 동록이 해하며 도둑이 구멍을 뚫고 도둑질하느니라." 우리가 보물을 이 땅에 쌓아두어서는 안 되는 분명한 이유가 있습니다. 그것은 우리의 가장 귀한 보물을 쌓아두기에는 이 땅이 너무나 위험하기 때문입니다. 이 땅에 보물을 쌓아두면 좀 벌레가 파먹고, 녹이 슬고, 도둑이 와서 훔쳐간다고 말씀합니다.

그런데 아무리 귀중한 보물이 있더라도 그것을 안전하게 보관할 수 없다면 그것은 아무 소용없는 일입니다. 그래서 예수님은 뭐라고 말씀합니까? 우리가 보물을 쌓아야 할 곳은 이 땅이 아니라, 하늘이라고 말씀합니다. 하늘은 이 땅과 달리 안전하기 때문입니다. 마6:20절을 다시 보시기 바랍니다. "오직 너희를 위하여 보물을 하늘에 쌓아 두라 거기는 좀이나 동록이 해하지 못하며 도둑이 구멍을 뚫지도 못하고 도둑질도 못하느니라." 하늘에 보물을 쌓는 것은 안전합니다. 왜냐하면 하늘에는 좀 벌레도 없고, 녹도 슬지 않으며, 더욱이 보물을 훔쳐갈 도둑도 없기 때문입니다. 그렇기 때문에 예수님은 우리에게 위험한 이 땅이 아니라, 하늘에 보물을 쌓으라고 말씀하는 것입니다. 여기서 하늘은 예수님을 주인으로 모시고 사는 성도들의 온몸이 '하늘'인 것입니다.

첫째, 거기는 좀과 동록이 해하며 도둑이 구멍을 뚫고 도둑질 하느니라. 이 말씀을 바르게 깨닫고 이해해야 합니다. 분명하게 우리들은 예수를 믿고 성령으로 거듭난 하나님의 자녀들입니다. 분명하게 예수를 믿을 때 예수님과 함께 죽었습니다. 그리고 예수님으로 다시 살아났습니다. 그래서 성경은 이렇게 말씀하십니다. "그리스도의 사랑이 우리를 강권하시는 도다. 우리가 생각하건대 한 사람이 모든 사람을 대신하여 죽었은즉 모든 사람이 죽은 것이라. 그가 모든 사람을 대신하여 죽으심은 살아 있는 자들로 하여금 다시는 그들 자신을 위하여 살지 않고 오직 그들을 대신하여 죽었다가 다시 살아나신 이를 위하여 살게 하려 함이라"(고후 5:14-15). 이제 우리는 예수님의 인생을 사는 것입니다. 그렇기 때문에 보물역시 예수님을 믿을 때 죽은 자신의 소유가 아니라, 예수님의 소유가 되어야 마땅합니다.

그런데 자신의 소유로 알고 보물을 땅에 쌓아 두니 예수를 믿기 전에 주인행세를 하던 마귀와 귀신들이 구멍을 뚫고 도적질해 가는 것입니다. 죄인인 자신의 소유이기 때문입니다. 그래서 하나님은 "거기는 좀과 동록이 해하며 도둑이 구멍을 뚫고 도둑질 하느니라." 말씀하시는 것입니다. 소유권이 땅의 사람인 자신에게 있으니 마귀와 귀신들이 빼앗아 가는 것입니다. 소유권이 하늘나라이신 예수님에게 있느냐, 자신에게 있으냐의 문제입니다. 쉽게 설명하면 아담인 자신이 예수를 믿을 때 죽었느냐, 죽지 않았느냐의 문제도 됩니다. 하나님을 믿는 유대인과 같은 존재이냐, 예수를 믿을 때 죽고 예수로 다시 태어나 성령세례받아 성령의 인도를 받는 '하늘나라' 성전이냐의 차이입니다.

이는 굉장하게 중요한 사안입니다. 예수를 믿었다고 큰소리치면서 교회를 다니지만, 죄인인 자신이 죽지 않아 옛 사람 아담이 여전하게 주인으로 살고 있다면 땅에다가 보물을 쌓는 것입니다. 보물을 가지고 자기 왕국을 건설하는 것입니다. 영적으로 하나님과 상관이 없기 때문에 마귀 귀신이 주인행세를 하면서 보물을 빼앗아가거나 훔쳐가는 것입니다. 그래서 하나님은 "너희를 위하여 보물을 땅에 쌓아 두지 말라. 거기는 좀과 동록이 해하며 도둑이 구멍을 뚫고 도둑질하느니라."하시는 것입니다. 이 말씀을 엄연하게 성령으로 거듭난 성도들만 성령으로 깨닫고 적용할 수가 있는 것입니다. 자신을 성찰하고 빨리 돌아서야 할 것입니다.

둘째, 보물을 하늘에 쌓아두라. 하나님은 "오직 너희를 위하여 보물을 하늘에 쌓아 두라 거기는 좀이나 동록이 해하지 못하며 도둑이 구멍을 뚫지도 못하고 도둑질도 못하느니라."(마6:20). 말씀하십니다. 그렇다면 하늘에 보물을 쌓는다는 것은 구체적으로 무엇을 말씀하는 것일까요? 우리는 어떻게 하늘에 보물을 쌓을 수 있을까요? 이 질문에 답하기 위해서 우리가 알아야 할 가장 중요한 것이 있습니다. 그것은 하늘이 어떤 곳이냐 하는 것입니다.

우선 예수님이 여기서 말씀하신 하늘은 그저 우리 눈으로 볼 수 있는 그런 하늘이 아닙니다. 예수님이 말씀하신 하늘은 바로 하나님이 계신 곳을 뜻합니다. 즉 하나님의 나라, 천국입니다. 우리는 이것을 예수님께서 가르쳐주신 기도, 즉 주기도에서 분명히 알 수 있습니다. 주기도문은 어떻게 시작됩니까? "하늘에 계신 우리 아버지여"입니다.

그러므로 하늘에 보물을 쌓으라는 것은 결국 하나님께 보물을 쌓아야 된다는 뜻입니다. 그럼 하늘이신 하나님께서 지금 어디에 계십니까? 하나님은 고린도전서 3장 16-17절에서 "너희는 너희가 하나님의 성전인 것과 하나님의 성령이 너희 안에 계시는 것을 알지 못하느냐? 누구든지 하나님의 성전을 더럽히면 하나님이 그 사람을 멸하시리라 하나님의 성전은 거룩하니 너희도 그러하니라." 분명하게 하나님께서 계시는 성전이 성도라고 말씀하시고 계십니다. "너희는 너희가 하나님의 성전인 것과" 예수님은 하늘나라에 대하여 이렇게 말씀을 하셨습니다. "바리새인들이 하나님의 나라가 어느 때에 임하나이까 묻거늘 예수께서 대답하여 이르시되 하나님의 나라는 볼 수 있게 임하는 것이 아니요, 또 여기 있다 저기 있다고도 못하리니 하나님의 나라는 너희 안에 있느니라."(눅 17:20-21). 바로 바리새인들의 중앙에 서있는 예수님이 하늘나라이시라는 말씀입니다. 이 말씀을 좀 더 쉽게 설명한다면 예수님을 주인으로 영접한 사람 안에 계신다는 것입니다. 예수님을 주인으로 영접한 사람은 어떤 사람입니까? 예수를 믿을 때 죄인이던 자신은 죽고 다시 예수님으로 태어난 사람을 말합니다. 예수님으로 다시 태어났기에 예수님이 자신의 주인이십니다. 예수님이 자신의 주인으로 역사하시며 계시기에 지장이 없도록 보물을 쌓아야 합니다. 예수님께서 역사하실 수 있는 사람은 주님의 뜻과 일치된 마음과 몸을 가진 사람입니다. 마음과 몸이 예수님과 일치되는 일에 보물을 쌓으라는 것입니다. 자신이 생각하는 모든 보물이 예수님의 소유입니다. 자신의 모든 소유가 예수님이 주인이십니다. 자신 안에 예수님께서 주인으로 역사하시며 계실 수 있도록 마음과 몸을 변화시키는데 보물을 쌓아야 할 것입니다. 그래야 모든 소유가 하나님이시기 때문에 마귀와 귀신들이 얼씬하지 못하는 것입니다. 그래서 예수님께서 "오직 너희를 위하여 보물을 하늘에 쌓아 두라 거기는 좀이나 동록이 해하지 못하며 도둑이 구멍을 뚫지도 못하고 도둑질도 못하느니라."(마6:20) 강조하시는 것입니다.

많은 분들이 하늘을 바르게 깨닫지 못하여 보이는 하늘과 건물교회로 착각하는 목회자와 성도들이 있습니다. 그래서 모든 소유를 팔아서 건물교회에 바치라고 하는 목회자도 있습니다. 어떤 여 목사는 자기 교회 여성도가 이혼하여 집을 위자료로 받았는데, 하나님께서 과부의 두렙돈을 받으셨다고, 하나님께 바치면 축복해주신다고 감언이설로 속여서 집을 팔아 교회에 바치고 교회 안에서 기거한다고 들었습니다. 이는 완전한 사기인 것입니다. 그렇게 말함으로 믿음이 성숙되지 못한 성도들이 시험 거리를 만들고 있습니다. 아니 교회를 떠나게 하는 일도 있습니다. 성경에 아브라함이 모든 소유를 하나님께 바치고 빈궁하게 살았다고 되어있지 않습니다. 오히려 은과 금과 소유가 풍부했다고 말씀합니다. 바르게 행해야 합니다. 분명하게 교회는 예수를 믿은 성도입니다. 하나님께서 교회에 대하여 바르게 알려주셨습니다. 고린도전서 3장 16-17절에서 "너희는 너희가 하나님의 성전인 것과 하나님의 성령이 너희 안에 계시는 것을 알지 못하느냐? 누구든지 하나님의 성전을 더럽히면 하나님이 그 사람을 멸하시리라 하나님의 성전은 거룩하니 너희도 그러하니라." 분명하게 하나님께서 계시는 성전이 성도라고 말씀하시고 계십니다.

그런데 성전개념을 달리 생각하면 건물교회를 성전이라고 할 수도 있습니다. 여기에 대하여 하나님께서 분명하게 말씀하여 주셨습니다(행 17:24-25). 분명하게 하나님은 손으로 지은 전에 계시지 않는다고 말씀하십니다. 하나님은 만물을 친히 주시는 분이라고 말씀하십니다. 하나님은 영이시면서 인격이십니다. 상식적으로 생각해 보시기를 바랍니다. 인격이신 하나님께서 건물교회와 교통할 수가 없습니다. 인격체인 예수를 믿는 사람 안에 성전삼고 주인으로 계시는 것입니다. 그러니까, 예수님을 주인으로 영접한 성도들이 하늘나라입니다. 예수님께서 하늘나라이시기 때문입니다. "오직 너희를 위하여 보물을 하늘에 쌓아 두라." (마6:20上) 라고 말씀하시는 것은 모든 소유를 예수님께 돌리라는 말씀입니다. 하늘나라이신 예수님께 보물을 쌓으라는 것입니다. 예수님은 "네 보물 있는 그 곳에는 네 마음도 있느니라."(마6:21). 예수님이 어디에 계십니까? 마음에 예수님이 계십니다. 하늘인 예수님께 보물을 쌓아두었습니다. 그래서 "네 보물 있는 그 곳에는 네 마음도 있느니라."(마 6:21). 말씀하시는 것입니다. 모든 소유를 예수님께 돌리고 보물을 사용할 때 주인이신 예수님의 승인을 받고, 마음과 몸이 주님과 인치되는 일에 보물을 사용해야 합니다.

예수님께서 말씀하시는 보물은, 실제 보물 뿐 아니라, 보물로 여기는 모든 것을 말한다고 볼 수 있습니다. 재물, 소유, 직장, 사업, 건강, 시간, 마음, 그 외에 보물처럼 아끼고 사랑하는 사람도 포함됩니다. 이 모든 보물들을 자신 안에 성전에 계시는 예수님께서 주인으로 역사하실 수 있도록 쌓으라는 것입니다. 많은 목회자와 성도들이 예수만 믿으면 자동으로 마음과 몸이 하늘나라가 되는 것으로 이해하는 경우가 많습니다. 그러나 그렇지 못합니다. 예수만 믿으면 바로 "그런즉 누구든지 그리스도 안에 있으면 새로운 피조물이라 이전 것은 지나갔으니 보라 새 것이 되었도다."(고후 5:17). 가 이루어진다면 얼마나 좋겠습니까? 그렇게 쉽게 마음과 몸이 하늘나라로 바뀌지 못합니다. 그래서 아브라함은 25년 동안 연단의 훈련을 받았습니다. 야곱은 20년 동안 연단의 훈련을 받았습니다. 그래도 완전하게 변화되지 못하여 얍복강가에서 하나님의 사자와 밤이 새도록 씨름하다가 허벅지 관절이 어긋나 장애인이 되고서야 무서운 형에서를 만나 화해하고 자유하게 되어 하나님의 말씀에 온전하게 순종하는 사람이 된 것입니다. 요셉은 13년, 다윗도 13년 모세는 40년이 걸렸습니다. 그렇기 때문에 그렇게 쉽게 하늘나라가 될 수가 없는 것입니다.

필자는 보물을 자신이 온전하게 하늘나라가 되는 일에 쌓아야 한다고 생각합니다. 예수님이 온전하게 자신을 통하여 일하시도록 자신을 준비하는 일에 보물을 쌓아야 합니다. 자신의 잠재의식을 정화해야 온전하게 예수님이 주인으로 일하실 수가 있습니다. 자신 안에 섞인 세상 것을 정화하고 배출하는 일에 보물을 사용해야 합니다. 자신 안을 정화하는 일이 말과 같이 쉽지 않습니다.

자신 안에 하나님의 나라가 견고해지기 위하여 주기적으로 영적검진을 하고, 성령으로 세례를 받고, 성령의 지배와 장악되기 위하 관심을 집중하고, 잠재의식을 정화하기 위하여 내적치유를 하고, 육체적인 문제 혈통적인 문제를 해결하기 위하여, 진리를 성령으로 깨달아 알기 위하여 시간과 마음과 보물을 사용하라는 것입니다. 그리고 하늘나라 천국이 견고해지기 위하여 예배에 빠짐없이 참석하고, 기도생활을 하며, 진리의 말씀을 깨달아 아는데 시간과 마음과 물질을 사용하라는 것입니다. 자신의 잠재의식을 정화하고 육체의 질병을 고치며 세상적인 것을 배출하려면 시간과 마음과 물질을 사용해야 합니다. 그것도 상당한 기간 동안 관심을 집중해야 자신 안의 하나님의 나라가 견고해집니다.

많은 수의 목회자와 성도들이 자신이 하늘나라 되는 것이 자동으로 되는 것으로 생각하는 경향이 있습니다. 필자가 20년 이상 성령사역을 하면서 체험한 바로는 그렇게 말과 같이 쉬운 것이 아니더라는 것입니다. 자신의 내 외면이 온전하게 하나님의 나라가 되기 위해서는 관심이 아주 중요합니다. 관심을 가지고 자기 관리를 해야 합니다. 상당한 시간과 노력과 관심이 있어야 가능한 일입니다. 자신을 온전하게 예수님이 주인 되게 하는 일에 보물을 사용해야 합니다. 자신의 내면을 정화하려면 전문적인 치유가 필요할 경우도 있습니다. 전문적인 치유를 받으려면 시간을 내야 합니다. 가서 치유 받으면서 헌금도 해야 할 것입니다. 장소가 멀리 있다면 교통비도 들 것입니다. 숙박이 필요하면 숙박비도 식사비도 들것입니다. 이 모든 것이 하늘나라에 보물을 쌓는 일입니다. 이렇게 자신이 하늘나라가 되는 일에 보물을 사용하면 하나님께서 반드시 보상해주십니다. 꼭 건물교회에 십일조하고 헌금하고 봉사하는 것만이 하늘에 보물을 쌓은 일이 아닙니다.

예수를 믿고 성령으로 거듭난 자신을 하늘나라 천국을 만들기 위해서 교회 건물이 필요하면 건축헌금을 하는 것입니다. 자신의 내면을 정화하려면 교회가 있어야 되기 때문입니다. 교회 건물을 짓는 것은 성도들의 마음이 하나님의 나라를 만들기 위해서 건축하는 것이 목적인 되어야 합니다. 먼저는 자신이 온전하게 하나님의 성전(하늘나라 천국)으로 견고하게 하는데 보물을 사용하는 것입니다. 예수님이 자신을 통하여 온전하게 나타나시는데 보물을 쌓으라는 것입니다. 자신은 성전이 되지도 않았는데 보이는 성전을 건축하는데 헌금하였다고 자신이 천국 되는 것이 아니라는 것을 깨달아 알아야 합니다. 말로만 먼저 구하는 것이 아니라, 실제로 하나님의 나라와 하나님의 의와 뜻을 위해, 내 보물들을 최우선적으로 쓰고 사용하고 헌신하는 것을 말합니다. 자신의 온몸인 하나님의 나라에 보물을 쌓으라는 말입니다. 모든 소유를 예수님께 돌리라는 말씀입니다. 내 보물의 용도를, 하늘에 먼저, 곧 최우선 순위를 두라는 것입니다. 하나님의 나라는 하나님이 통치하는 모든 영역을 말합니다. 하나님 왕국입니다. 예수를 믿는 자가 하나님의 나라 왕국입니다.

내 나라는 내가 통치하는 모든 영역을 말합니다. 내 왕국입니다. 대부분의 사람들은 내 왕국을 건설하기 위해 자기의 모든 보물을 쏟아 붓습니다. 그래도 모자란데 어디 보이지도 않는 하늘 왕국을 위해서 쏟으라고요? 하고 물을 것입니다. 말도 안 된다는 것입니다. 땅의 계산법으로, 땅의 경제학으로 풀면 당연한 결론입니다. 하늘에 보물을 쌓아 두는 것은 하늘의 경제학으로만 풀 수 있는 것입니다. 하나님은 그의 나라와 그의 의를 위해 최우선으로 그 보물을 쓰면, 네가 염려하고 구하는 모든 것을 더하여 주신다고 하십니다.

4장 보물을 온몸 안에 쌓는 효과적 방법

(마 6:19-21)"너희를 위하여 보물을 땅에 쌓아 두지 말라. 거기는 좀과 동록이 해하며 도둑이 구멍을 뚫고 도둑질하느니라. 오직 너희를 위하여 보물을 하늘에 쌓아 두라. 거기는 좀이나 동록이 해하지 못하며 도둑이 구멍을 뚫지도 못하고 도둑질도 못하느니라. 네 보물 있는 그 곳에는 네 마음도 있느니라."

보물을 예수님이 계신 하늘에 쌓으라는 것은 하늘나라 천국, 살아계신 하나님의 성전되는 일에 소망을 두고 보물을 사용하라는 말입니다. 지금 천국이 되어 예수님 재림 시에 휴거될 수 있는 전인적인 온몸 관리에 보물을 사용하라는 것입니다. 예수님은 분명하게 재림하시는데 그때 하늘로 들림을 받을 수 있도록 하나님의 나라가 되는 일에 보물을 사용하라는 것입니다. 예수님 재림 시에 들림받는 일에 보물을 쌓으라는 것입니다.

자신이 하늘나라가 되는 일에 보물을 사용하는 습관을 들이시기를 바랍니다. 그러면 지금 천국을 누리며 살아갈 수가 있습니다. 하나님은 "너희를 위하여 보물을 땅에 쌓아 두지 말라."하십니다. "오직 너희를 위하여 보물을 하늘에 쌓아 두라." 예수님께서 말씀하시는 하늘이 어디를 말할까요? 예수님께서 '천국', '하늘', '하늘나라'라는 말을 쓰신 것을 이해하기 위해서 구약에서의 사용한 예를 알아볼 필요가 있습니다. 다니엘 4장 26절에서

"하나님이 다스리시는"이라고 할 때, '하나님'은 원래 '하늘'이라고 씌어있습니다. 유대인들은 '하나님'이라는 말을 쓰려 하지 않았습니다. 그래서 '하늘'이라고 썼습니다. '하늘'은 '하나님' 대신 쓰는 말이었습니다. 예수님 시대에도 마찬가지입니다. 예수님께서 쓰신 '하늘', '하늘나라'는 '하나님 나라'인 것입니다. 성령이 역사하는 교회시대인 지금은 '하늘'은 예수를 믿고 성령으로 거듭나 성전된 성도들의 온몸에 하나님께서 주인으로 계십니다. "너희는 너희가 하나님의 성전인 것과 하나님의 성령이 너희 안에 계시는 것을 알지 못하느냐(고전 3:16)" 그렇기 때문에 보물을 자신을 성전(하늘나라) 만드는 일에 쌓으라는 말입니다.

필자는 자신 안에 하나님께서 주인으로 계시도록 성령으로 정화하고 진리의 말씀으로 채워서 하나님께서 자신을 통하여 나타나는 영적상태를 만드는 것이 보물을 하늘에 쌓는 것이라고 믿습니다. 그런데 일부 목회자나 성도들은 자신의 온몸을 성전삼고 계시는 하나님께는 관심도 없고, 보이는 일에만 관심을 집중하고 살아가는 분들이 많습니다.

욥을 생각해야 합니다. 욥은 자녀와 재산을 한꺼번에 날렸습니다. 그러나 욥은 "이르되 내가 모태에서 알몸으로 나왔사온즉 또한 알몸이 그리로 돌아가 올지라. 주신 이도 여호와시요 거두신 이도 여호와시오니 여호와의 이름이 찬송을 받으실지니이다(욥 1:21)" 하며 원망하지 아니하고 회개하며 기도하여 "내가 주께 대하여 귀로 듣기만 하였사오나 이제는 눈으로 주를 뵈옵나이다(욥 42:5)" 하는 수준이 되니, 자녀들과 재산을 모두 갑절로 돌려받았습니다. "여호와께서 욥의 말년에 욥에게 처음보다 더 복을 주시니 그가 양 만 사천과 낙타 육천과 소 천 겨리와 암나귀 천을 두었고, 또 아들 일곱과 딸 셋을 두었으며(욥 42:12-13)" 자신의 온몸 안에 계신 하나님과 친밀하게 지내는데 물질을 사용해야 합니다. 성령으로 치유되어 하나님과 관계만 열리면 전인적인 복(건강-물질-정신)이 따라오는 것입니다. "오직 너희를 위하여 보물을 하늘에 쌓아 두라." 말씀하십니다.

물질을 땅에 쌓아두지 말라는 말씀은 보이는 외형에 물질을 투자하지 말라는 의미도 포함됩니다. 자신의 몸인 하나님의 성전과 자신의 내면을 하나님의 나라 만들고 관리하는데 물질을 투자하라는 의미도 포함이 됩니다. 무엇보다도 하나님께서 주인으로 계시는 성전인 자신을 관리하는데 물질을 투자하라는 말씀으로 이해하는 것도 틀리지 않다고 생각합니다.

일부 목회자들은 자신을 내면을 천국 만드는 일에 시간과 마음과 물질을 투자하는 일에 게으른 분들이 있습니다. 자신이 성전 되는 일에는 등한히 하고 밖으로 나타나는 것만을 추구하며 달려가는 분들이 많습니다. 자신을 성전 만들어 하나님으로 채워진 다음에 외형을 추구해도 될 것인데, 자신의 내면은 지옥인 사람들이 보이는 교회성장이나 교회를 건축하려고 관심을 갖는 것입니다. 그러니 자연스럽게 이루어지지 않는 것입니다. 탈진에 빠지기도 합니다. 번아웃 신드롬에 걸리기도 합니다. 자신을 성전 만들기를 게을렀기 때문에 당하는 고통입니다. 자신이 성령하나님으로 채워지면 무엇이든지 다 이루어집니다. 자신이 성전이 되고 예수님으로 채워지면 예수님께서 자신을 통하여 일하시기 때문에 되지 않는 일이 없을 것입니다. 보이는 면을 이루려고 하지 말고 온몸이 하나님의 나라가 되게 해야 할 것입니다. 그러면 자연스럽게 외부적인 일들이 이루어 질 것입니다. 성도들도 마찬가지입니다. 자신의 온몸이 천국이 되는 일에 시간과 마음과 물질을 투자하라는 것입니다. 이렇게 하는 것이 하늘에 보물을 쌓는 것이 될 것입니다. 자신이 성전 되는 일에 보물을 사용하라는 것입니다. 필요하면 내적치유도 받아야 합니다. 질병도 치유받아야 합니다. 성령으로 영성훈련도 받아야 됩니다. 그냥 온몸이 천국이 되는 것이 아니기 때문입니다. 자신의 전인격이 성전 되는 일에 시간과 마음과 물질을 투자해야 합니다. 이런 성도가 지금 천국을 만끽하며 살아가게 되는 것입니다.

첫째, 보물을 땅이 아닌 하늘에 쌓아두라고 하십니다. 보물은 실제 보물 뿐 아니라, 보물로 여기는 모든 것을 말한다고 볼 수 있습니다. 재물, 소유, 직장, 사업, 건강, 시간, 마음, 정신, 그 외에 보물처럼 아끼고 사랑하는 사람도 포함됩니다. 이 모든 보물들은 다 땅에 있는 동안 필요한 것이고 죽으면 소용없는 것인데, 왜? 하나님은 이 보물을 땅에 쌓아 두지 말고 하늘에 쌓아 두라고 할까요? 땅에 보물을 쌓아두는 방법은 안 가르쳐 줘도 너무도 잘 알지만, 하늘에 쌓아 두는 방법은 도무지 모르는데 왜 그러실까요? 알아서 쌓더라도, 이 땅에서는 어찌 살라고 그러실까요?

그런데 하나님은 아무 염려하지 말라고 하십니다. "그러므로 내일 일을 위하여 염려하지 말라 내일 일은 내일이 염려할 것이요 한 날의 괴로움은 그 날로 족하니라"(마6:34). 염려하여 이르기를 무엇을 먹을까 무엇을 마실까 무엇을 입을까 하지 말라고 하십니다. 이는 다 이방인들이 구하는 것이고, 너희 하늘 아버지께서 이 모든 것이 너희에게 있어야 할 줄을 아신다는 것입니다.

그런즉 너희가 구할 것은 따로 있습니다. "먼저 그의 나라와 그의 의를 구하라 그리하면 이 모든 것을 너희에게 더하시리라"(마6:33). 보물을 하늘에 쌓는다는 것은 다른 것이 아니고, 하나님의 나라와 그의 의를 먼저 구하는 것입니다. 여기서 말하는 하늘은 예수를 믿고 성령으로 거듭난 성도들을 말합니다. 지금 하나님께서 믿는 자를 성전삼고 주인으로 계십니다. 그러니까, 자신이 하나님의 나라가 되는 일에 보물을 쌓으라는 것입니다.

자신이 하나님의 나라로 견고해지기 위하여 주기적으로 영적 검진을 하고, 성령으로 세례를 받고, 성령의 지배와 장악되기 위하여 관심을 집중하고, 잠재의식을 정화하기 위하여 내적치유를 하고, 육체적인 질병, 혈통적인 문제를 해결하기 위하여, 진리를 성령으로 깨달아 알기 위하여 시간과 마음과 보물을 투자하라는 말씀입니다. 그리고 하늘나라 천국이 견고해지기 위하여 예배에 빠짐없이 참석하고, 기도생활을 하며, 진리의 말씀을 깨달아 아는데 시간과 마음과 물질을 투자하라는 것입니다. 성령으로 자신의 잠재의식을 정화하고 세상적인 것을 배출하려면 시간과 마음과 물질을 투자해야 합니다. 그것도 상당한 기간 동안 관심을 집중해야 자신 안의 하나님의 나라가 견고해집니다.

예수를 믿고 성령으로 거듭난 자신을 하늘나라 천국을 만들기 위해서 교회 건물이 필요하면 건축헌금을 하는 것입니다. 자신의 내면을 정화하려면 교회가 있어야 되기 때문입니다. 교회 건물을 짓는 것은 성도들의 전인격을 하나님의 나라를 만들기 위해서 건축하는 것이 목적인 되어야 합니다. 먼저는 자신이 하나님의 성전(하늘나라 천국)으로 견고하게 하는데 보물을 사용하는 것입니다. 자신은 성전이 되지도 않았는데 보이는 성전을 건축하는데 헌금하였다고 자신의 온몸이 천국 되는 것이 아니라는 것을 깨달아 알아야 합니다.

본문 6장의 결론입니다. 말로만 먼저 구하는 것이 아니라, 실제로 하나님의 나라와 하나님의 의와 뜻을 위해, 내 보물들을 최우선적으로 쓰고 사용하고 헌신하는 것을 말합니다. 온몸 안에 있는 하나님의 나라에 보물을 쌓으라는 말입니다. 내 보물의 용도를, 하늘에 먼저, 곧 최우선 순위를 두라는 것입니다. 하나님의 나라는 하나님이 통치하는 모든 영역을 말합니다. 하나님 왕국입니다. 예수를 믿는 자가 하나님의 나라 왕국입니다.

내 나라는 내가 통치하는 모든 영역을 말합니다. 내 왕국입니다. 대부분의 사람들은 내 왕국을 건설하기 위해 자기의 모든 보물을 쏟아 붓습니다. 그래도 모자란데 어디 보이지도 않는 하늘 왕국을 위해서 쏟으라고요? 하고 물을 것입니다. 말도 안 된다는 것입니다. 땅의 계산법으로, 땅의 경제학으로 풀면 당연한 결론입니다. 하늘에 보물을 쌓아 두는 것은 하늘의 경제학으로만 풀 수 있는 것입니다. 하나님은 그의 나라와 그의 의를 위해 최우선으로 그 보물을 쓰면, 네가 염려하고 구하는 모든 것을 더하여 주신다고 하십니다. 믿으시면 분명하게 체험합니다.

둘째, 구멍을 뚫지 못하고 도둑질을 못한다고 하십니다. 자신이 하나님의 나라로 견고해지니 좀과 동록이 해하며 도둑이 구멍을 뚫고 도둑질을 하지 못하는 것입니다. 먼저 자신이 하나님의 나라로 견고해지는데 보물을 사용했기 때문입니다. 하나님께서 주인이 되었기 때문입니다. 땅에는 좀과 동록이 해하며 도둑이 구멍을 뚫고 도둑질하지만 하늘에는 좀이나 동록이 해하지 못하며 도둑이 구멍을 뚫지도 못하고 도둑질도 못하기 때문입니다. "너희를 위하여 보물을 땅에 쌓아 두지 말라 거기는 좀과 동록이 해하며 도둑이 구멍을 뚫고 도둑질하느니라"(마6:19). 좀과 동록은 자연 재해를 말하고 도둑은 사람 재해를 말합니다. 좀은 의류와 종이와 나무를 갉아먹어서 못쓰게 만드는 작은 곤충입니다. 동록은 구리의 표면에 녹이 슬어 생기는 푸른빛의 물질 독이 있습니다. 돈에 대한 욕심을 비유적으로 이르는 말로도 사용됩니다. '돈 동록에 마음이 젖어 있다', '눈에 동록이 슬어서 돈밖에 아무것도 보이지 않는다'고 합니다.

내 아끼는 모든 보물을 투자해서 나를 위하여 보물을 쌓아 두었는데, 내가 원치 않는 좀이 와서 갉아 먹고, 자체에 동록이 끼어서 못쓰게 만든다는 것입니다. 거기다가 도둑이 와서 구멍을 뚫고 도둑질해 간다는 것입니다. 땅에 쌓아 둔 보물을 없애고 마는 대표적인 재해를 말한 것이, 바로 좀과 동록과 도둑입니다.

좀이 해먹고 동록이 해먹고 도둑이 해먹고 나면 남는 것이 없다는 말입니다. 좀과 동록 좋은 일 하고, 도둑 좋은 일하고 만다는 것입니다. 좀은 좀처럼 보이지 않는 작은 벌레인데 그것이 쌓아둔 보물을 무너뜨립니다.

개인 사업을 하는 아무개 집사님이 늘 시간에 쫓겨서 교회생활을 제대로 하지 못했고, 봉사도 하지 못했고, 성령으로 세례도 받지 못했습니다. 그러다 보니 자신의 온몸관리와 하나님께서 주인으로 계시는 성전을 관리할 기회가 별로 없었습니다. 아니 자신이 하나님의 성전이라는 것과 하나님께서 주인으로 계신다는 것도 알지 못했습니다. 더구나 돈 버는 것이 매우 힘들어서 그런지 헌금에도 아주 인색했습니다. 그러던 어느 날 담임 목사님이 "기독교와 물질"이라는 제목으로 설교를 했습니다. 설교의 내용은 첫째, 돈을 많이 벌어라! 둘째, 돈을 많이 저축하라! 셋째, 그 돈을 하나님 나라를 위해 쓰라! 는 것이었습니다. 그러자 이 집사님은 "돈을 많이 벌어라! 그리고 저축하라!"는 말씀에 은혜를 받아 마음이 무척 기뻤습니다. 그러나 "그 돈을 하나님 나라를 위해 쓰라"는 말씀에 이르러서는 실망이 되어 조금 전까지 받았던 은혜를 다 잊어버리고 말았다고 합니다. 돈을 하나님을 위해 쓰라는 것은 자신의 온몸이 성전 되는 일에 돈을 사용하는 것도 포함이 되었습니다. 자신의 온몸관리에 물질을 사용하라는 말도 됩니다. 그런데 영적인 면에 무지하여 자기 관리에 물질을 사용하라는 말씀인 줄 알지 못한 것입니다.

그런데 문제는 아무개 집사님이 사업이 되지 않아 스트레스를 받다가 우울증에다가 악성 두통에다가 불면증까지 찾아와 장사를 제대로 하지 못했습니다. 급기야 병원에 입원을 하게 되었습니다. 장사를 못하게 된 것입니다. 그때서야 이곳저곳을 수소문하여 충만한 교회에 와서 2달여 동안 집중치유를 받게 된 것입니다. 다행스럽게 치유가 잘되어 본업으로 돌아갔습니다. 돌아가면서 하는 말이 이제는 자신이 하나님께서 주인으로 계시는 성전 되는 온몸관리에 관심을 가져서 이번과 같은 고통을 당하지 않겠다고 말했습니다. 참으로 하나님은 사랑이십니다. 고통을 통하여 자신을 관리해야 한다는 것을 알게 하신 것입니다. 이렇게 자기 관리를 등한히 하면서 돈을 벌려고 하면 정신적인 문제가 발생하여 벌어놓은 돈이 모두 허비될 수도 있습니다.

학개서에서 관련된 말씀을 볼 수 있습니다. "너희가 많은 것을 바랐으나 도리어 적었고 너희가 그것을 집으로 가져갔으나 내가 불어 버렸느니라. 나 만군의 여호와가 말하노라 이것이 무슨 까닭이냐 내 집은 황폐하였으되 너희는 각각 자기의 집을 짓기 위하여 **빨랐음이라**. 그러므로 너희로 말미암아 하늘은 이슬을 그쳤고 땅은 산물을 그쳤으며 내가 이 땅과… 땅의 모든 소산과… 손으로 수고하는 모든 일에 한재를 들게 하였느니라"(학 1:9-11). 한재는 가뭄으로 인한 재앙입니다. 하늘이 이슬을 그치고 땅이 산물을 그치고 한재를 들게 하시는 분도 하나님이십니다. 집으로 가져갔으나 불어버리신 분도 하나님이십니다.

무슨 까닭이냐? 내 집은 황폐하였으되 너희가 각각 자기의 집을 짓기 위해 **빨랐다**는 것입니다. 이 당시는 포로 귀환 후 성전을 다시 짓는 상황이었습니다. 이 말씀을 문자 그대로 해석해서 오늘날 교회 건축에 악용하는 것은 문제가 있습니다. 대형 교회를 짓다가 부도나고 세워서는 사회 지탄 받는 일이나 하고 있습니다. 진정한 하나님의 나라와 그의 의를 위해서 교회와 성도는 존재하는 것입니다. 큰 교회들은 재정을 성도들의 온몸관리와 주변 어려운 교회를 돕는데 물질을 사용해야 하나님께서 기뻐하실 것입니다. 무엇보다도 성도 한 사람, 한사람이 성전이 되어야 합니다. 그래야 성도들이 지금 천국을 만끽하며 살아갈 수가 있을 것입니다. 그러나 일부 교회에서는 자신들의 교회 건물을 준비하고 부동산을 구입하는데 물질을 사용하는 교회도 있습니다. 이런 교회들도 성도들이 전인격이 성전 되는 일과 성전을 견고하게 짓는 일과 내면을 강하게 하는 데 물질을 사용하면 하나님께서 기뻐하실 것입니다. 이렇게 성도들의 온몸을 관리함으로 지금 천국을 만끽하며 살아갈 수가 있을 것입니다. 참으로 성도들의 온몸의 건강을 위하여 물질을 사용하는 것이 좋을 것이라고 생각합니다. 그런데 이 하나님의 나라와 그의 의를 위해서는 인색하고, 자기 집 곧 자기 왕국을 건설하는 데는 빨랐기에, 불어 버리고 한재가 들게 했다는 것입니다. 땅에 보물을 쌓았기에 하나님이 좀과 동록과 도둑을 보내어 해하게 하셨다는 것입니다.

수확이 많게 하시는 분도 하나님이시고 배부르고 흡족하고 따뜻하게 하시는 분도 월급 넣은 전대가 구멍 뚫리지도 새게도 하지 않는 분도 하나님이신 것을 알아야 합니다. 자기를 위하여 이 땅에 쌓아 두는 보물은 좀과 동록이 해하고 도둑이 도둑질해가고 맙니다. 자신의 것이니 하나님의 보호가 없기 때문입니다.

셋째, 보물 있는 곳에는 네 마음도 있다고 했습니다. 당연합니다. 집에 귀중품을 두고 다니는 분들은 늘 마음이 집에 있습니다. 지금 예배시간인데도 정말 하나님이 보물인 줄 믿으면 마음도 가져왔겠지만 그렇지 않으면 마음을 어디에다 두고 온 분들도 있을 것입니다. 우리의 마음이 어디 있습니까? '하나님께 있습니까? 보물에 있습니까?' '하늘에 있습니까? 땅에 있습니까?' 마음이 이 땅의 보물에 있는 사람은 하나님도 그 보물을 위해 필요로 합니다. 즉 이 땅에서 그 보물을 지키고 안전하기 위해서 하나님을 필요로 하는 사람들입니다. 이 땅에서 자기 뜻을 이루고 형통하기 위해 하나님을 필요로 하는 사람이 많습니다. 우리는 마치 하나님이 나를 따라다니며 안전하게 경호하고 경비 서 주는 분으로 여겨서는 안 됩니다. 우리가 하나님을 이렇게 한다면 결코 하나님을 주인으로 모시는 것이 아니라, 하나님을 마치 종처럼 부리는 것에 불과합니다. 하나님을 무시하는 것 일뿐입니다. 우리가 먼저 하나님을 인격적으로 대우하여 잘 섬기면 하나님께서 우리를 축복하시고 인도하시는 것이지, 하나님을 인격적으로 섬기지 않으면서 하나님이 도우시기를 기다리는 것은 분명 잘못된 것입니다.

또한 보물 있는 곳에 네 마음도 있다는 말씀은 하나님이 정말 너의 보물이면 너의 마음이 땅에 있는 것이 아니라, 하나님께 있다는 것입니다. 땅에 있는 보물도 하나님께 쌓아두면 네 마음도 하나님께 있게 되는 것입니다. 우리의 마음이 진정 하나님께 있어야 세상에 마음을 빼앗기지 않는 것입니다. 보물을 하나님께 드린다는 것은 하나님을 사랑한다는 표현을 하는 것이고 그 보물에 담긴 마음까지 하나님을 향해 드리는 의미가 있는 것입니다. 십일조를 드리는 분들은 자신의 모든 소유가 하나님이시라는 것을 인정한 것입니다. 우리도 보물과 함께 마음까지 하나님께 드릴 수 있기를 소원합니다. 우리가 주일날 하나님께 물질을 드리고 시간을 드리는 의미는 이와 같은 분명한 의미를 담고 있습니다. 즉 "하나님! 내 마음이 하나님께 있습니다. 내 마음을 세상에 빼앗기지 않겠습니다!"라는 고백입니다.

넷째, 눈이 성해야 몸이 성하다고 했습니다. 눈은 몸의 등불이라고 합니다. 먼저는 자신을 정확하게 보는 눈이 되어야 합니다. 다음은 하나님을 정확하게 보는 눈이 되어야 합니다. 건강하고 진실한 눈이라면 세상을 바로 볼 줄 알아야 하고 사물을 바로 볼 줄 알아야 합니다. 즉 가치를 볼 줄 알아야 하고 무엇이 소중한 것인가를 발견할 줄 아는 눈입니다. 자신 안의 하나님을 보물로 볼 줄 아는 눈이 성한 눈입니다. 재물이 하나님보다 더 귀하게 보인다면 그게 난시입니다. 하나님을 단순히 재물 얻는 수단으로 본다면, 내가 형통하기 위한 도구로 본다면 그게 시각장애가 온 것입니다. 눈이 등불이라는 말은 빛의 역할을 하는 것을 말합니다. 등불을 켰는데 하나님보다 세상 것에 길이 보이고 일이 보이기 시작하면 하나님 앞에서 등불은 점점 꺼져가는 것입니다. 영혼은 점점 어두워지고 메말라가고 죽어가는 것입니다. 세상 것을 따라가면 재물을 버는 게 아니라 하나님 앞에 매를 법니다.

우리는 믿음의 눈이 열리길 바랍니다. 단순히 세상 보는 눈이 아니라 믿음으로 세상을 보는 눈이 열려야 합니다. 하나님의 영광을 보는 눈, 세상 속에 우리를 통해 일하실, 교회를 통해 하시고자 하는 하나님의 계획과 섭리를 보는 눈이 열려야 합니다. 육신의 눈으로는 무엇을 먹을까 입을까 마실까를 보겠지만 영의 눈으로는 하나님의 영광을 보게 됩니다.

다섯째, 두 주인을 섬기지 말라고 했습니다. 이 말씀이 본문의 결론이기도 합니다. 단순히 재물을 사랑하는 것이 잘못이 아니라 재물 자체가 하나님의 자리에, 주인의 자리에 올라 갈 수 있다는 것을 경고한 것입니다. 하나님과 재물을 겸하여 섬기지 못하리라고 한 것은 본문 말씀대로 하나를 중히 여기면 하나를 경히 여기게 되고 하나를 사랑하면 하나를 미워하게 되는 것이지 둘 다 사랑할 수 없다는 것입니다. 곧 재물을 사랑하지 말고 하나님을 사랑하라는 것이고 재물을 주인삼지 말고 하나님을 주인삼으라는 것입니다. 그러면서 예수님은 말씀합니다. "목숨을 위하여 무엇을 먹을까 무엇을 마실까 몸을 위하여 무엇을 입을까 염려하지 말라… 공중의 새를 보라 심지도 않고 거두지도 않고 창고에 모아들이지도 아니하되 너희 하늘 아버지께서 기르시나니 너희는 이것들보다 귀하지 아니하냐"고 했습니다. '새는 누가 주인이냐? 하나님이 주인이 아니냐? 하나님이 주인이시니 책임지지 않느냐?'는 것입니다. 너희도 진정 하나님이 주인인지 답하라는 것입니다. 아직도 내가 주인 되어 살아간다면? 재물이 내게 주인 되어 있다면? 그러지 말고 정말 하나님을 주인으로 모시라는 것입니다. 이것이 참된 신앙입니다.

결론적으로 자신이 하나님의 성전, 하나님나라로 견고하게 되는데 보물을 쌓으시기를 바랍니다. 그래야 지금 천국을 만끽하며 살아갈 수가 있습니다. 창세기 13장을 보면 롯은 자기의 지혜로운 선택을 기뻐하며, 아브람을 떠났지만, 하나님께서는 롯이 떠난 후에, 아브람에게 네가 눈을 들어 바라보는 모든 땅을 주시겠다고 약속하신 것입니다. 아브라함이 하나님의 나라가 되니 은과 금이 풍부하고 군사 318명을 거느렸습니다. 그런데 이를 어디에 사용했습니까? 하나님의 영광을 나타내는데 사용했습니다. 군사를 데리고 가서 포로된 조카 롯을 구출하였습니다.

반대로 롯의 마음에는 하나님께서 계시지 않았습니다. 하나님께서 원하시는 뜻보다는, 자신의 이익을 취하기 위해서 인생을 결정한 롯은, 자신의 인생과 가정을 불행으로 이끌었습니다. 하나님께서 무엇을 원하시는지 생각하고, 또 생각하면서 살아간다면, 세상의 열매인 아내도 두 딸도 잃지 않았을 것입니다.

자신이 온전하게 하나님으로 채워지면 어디가나 하늘나라라는 것을 깨닫게 됩니다. 자신 안에 계신 하나님과 친밀하게 지내는데 물질을 사용해야 합니다. 먼저 하나님의 나라가 되는 것을 보물을 사용하라는 것입니다. 자신이 하나님의 나라가 되어 하나님과 관계만 열리면 전인적인 복이 따라오는 것입니다. 분명하게 일에는 경중완급(輕重緩急)이 있다는 것을 잘 아실 것입니다.

5장 예수님과 온몸은 관련이 있을까, 없을까?

(마 6:9-10)"그러므로 너희는 이렇게 기도하라. 하늘에 계신 우리 아버지여 이름이 거룩히 여김을 받으시오며, 나라가 임하시오며 뜻이 하늘에서 이루어진 것 같이 땅에서도 이루어지이다"

예수님은 믿는 사람들을 성전삼고 주인으로 계십니다. "너희는 너희가 하나님의 성전인 것과 하나님의 성령이 너희 안에 계시는 것을 알지 못하느냐"(고전 3:16). 성도들의 온몸은 하나님께서 주인으로 계시는 곳입니다. 예수님께서는 "네 보물 있는 그곳에는 네 마음도 있느니라."(마6:21). 말씀하셨습니다. 마태복음 6장 20절上에서는 "오직 너희를 위하여 보물을 하늘에 쌓아두라." 보물을 하늘에 쌓아두라고 하십니다. 이 말씀을 곱씹어보면 하늘에 보물이 있고, 보물이 있는 곳에 마음이 있는 것입니다. 마음이 하늘이고 하늘이 마음이라는 뜻입니다. 하나님께서 역사하실 수 있는 사람은 하나님의 뜻과 일치된 마음과 몸을 가진 사람입니다. 마음과 몸이 하나님과 일치되어 있지 않으면 성령님이 역사하실 수 없습니다. 하나님께서는 일치된 몸과 마음을 가진 사람과 함께 이상세계를 실현하고자 하십니다. 하나님께서 바라시는 이상세계에 내가 마음과 몸을 일치시키면 성령하나님은 역사하십니다. 피곤치 않는 마음과 몸을 주십니다. 어떤 고난과 시련도 이겨낼 수 있는 힘과 용기를 주십니다.

하나님께서는 하나님과 일치된 마음과 몸을 가진 분으로 마음이 성전 된 성도를 찾으십니다. 하나님과 일치된 마음과 몸을 가진 사람은 평화와 행복과 이상이 정착됩니다. 자신에게 평화와 행복과 이상이 없다면 자신은 하나님과 일치된 마음과 몸을 가지지 않고 있음을 뜻합니다. 나는 과연 하나님과 일치된 마음과 몸을 가지고 있는지 성찰해 보아야 합니다. 지금 자신의 마음은 어떤 뜻을 품고 있는지 성령으로 성찰해야 합니다. 하나님이 원하시는 뜻이 무엇인지 질문합니다. 하나님께서 자신에게 바라시는 뜻이 무엇일까요? 어떤 삶을 바라고 계시는지 성령님께 질문해 보기를 바랍니다. 그 뜻대로 마음과 몸이 하나 되어 살면 자신에게 평화와 행복과 이상이 정착될 것입니다.

첫째, 하늘은 어디를 말씀하실까? 주님께서 주기도문 중에 나라가 임하옵시며 그렇게 말씀하신 것은 하나님의 나라가 예수 그리스도의 십자가 보혈 공로 이후로 우리의 마음속에 임하여 계시기를 원했던 것입니다. 주님이 십자가에서 몸 찢고 피 흘려 죽으시고 난 이후로 주님께서는 하늘나라가 우리의 마음속에 임하게 하신 것입니다. 우리 마음이, 아니 온몸이 하늘나라입니다. 우리에게 기도할 때 빨리 죽어서 하늘나라에 올라가게 하옵시며. 그렇게 기도하라고 말씀하지 아니하시고 하늘나라가 우리에게 임하시라고 기도하는 것입니다. 그러므로 예수님을 구주로 모시고 구원받은 온몸 속에는 성령으로 말미암아 하나님의 나라가 온몸 속에 지금 임하여 계신 것입니다.

요한일서 4장 15절에 "누구든지 예수를 하나님의 아들이라

시인하면 하나님이 저 안에 거하시고 저도 하나님 안에 거하느니라" 하늘나라의 임금이신 하나님! 그 아들 예수 그리스도가 우리 안에 거하시면 나라가 우리 속에 와있는 것입니다. 골로새서 1장 13절에 "그가 우리를 흑암의 권세에서 건져내사 그의 사랑의 아들의 나라로 옮기셨으니" 지금 우리는 예수 그리스도 나라에 입적을 해서 있습니다. 우리는 예수 그리스도 나라 자녀인 것입니다. 고린도전서 3장 16절에 "너희가 하나님의 성전인 것과 하나님의 성령이 너희 안에 거하시는 것을 알지 못하느뇨" 우리 안에 하늘나라가 건설되었습니다.

그러므로 아버지도 아들도 성령도 삼위일체 하나님이 우리 속에 와서 온몸에 보좌를 배설하고 계십니다. 그러므로 하나님의 주소가 바로 자신의 주소인 것입니다. 하나님은 우리를 떠나서 구만리장천에 계시지 않습니다. 3차원의 세계는 시간과 공간 개념으로 생각하지만 3차원의 세계를 떠난 4차원 이상의 영원의 차원 세계는 시간과 공간의 차이가 없습니다. 영원은 언제나 우리와 같이 있는 것입니다. 우리 안에 하늘나라가 임하여 있다는 사실을 우리가 알아야 되는 것입니다. 한국의 무디로 불리는 이성봉 목사님은 1950년 6월 25일 한국전쟁 때 목포에서 피난 생활을 했습니다. 먹을 것이 없어 죽 세 숟가락으로 견디면서 공산치하에 열심히 복음을 전파하다가 잡혀서 인민 소에 들어가서 신문을 받게 된 것입니다. 빨치산에 의해 무시무시한 고문을 받고 이성봉 목사님이 심문을 당했습니다. 그때 공산군 두목이 이성봉 목사님을 취조하면서 "당신 예수쟁인데 천국 봤냐? 천국이 어디 있느냐?" 그렇게 물었습니다. 목사님은 "천국은 여기에 있다 저기에 있다 못하리니 내 마음에 있습니다." 이 말에 "천국이 내 마음에 있는 것을 어떻게 아느냐? 증명해 봐라. 보여 봐라. 어디 네 마음에 천국이 있느냐?" 그때 이성봉 목사님은 "나는 이미 천국에 들어와 있기 때문에 당신들을 미워하지 않습니다. 또한 나는 천국이 들어와 있기 때문에 죽어도 걱정이 없습니다. 평안합니다. 이것이 천국이 내속에 들어와 있다는 증거가 아닙니까? 나를 잡아서 취조하며 고민하는 당신들을 내가 미워하지도 아니하고 당신이 죽이겠다고 협박하는데 두렵지도 않고 마음이 편안하니 이것이 천국이 내속에 들어와 있는 증거요, 이것을 내가 당신에게 보여주고 증거 할 수 있습니다." 그러니까 그 두목이 하는 말이 "허~ 예수쟁이 말 잘한다더니 참 말 잘하는 구나!" 그러면서 정말 희한하게 그 공산군 두목이 목사님을 석방시켜 주었습니다. 그래서 이성봉 목사님은 순교를 당하지 않고 살아서 수복된 이후에 열심히 전국 방방곡곡에 다니면서 복음을 증거 했습니다. 하나님의 나라는 우리 온몸 안에 있습니다. 그래서 일찍이 성 어거스틴은 말하기를 "밖으로 나가지 말라. 내 자신에게로 들어가라. 진리는 속사람 안에 거한다."고 말한 것입니다. 하나님 나라를 찾아서 우리가 동분서주할 필요가 없습니다. "저 산에 하늘나라가 있다. 이 동리에 하늘나라가 있다. 저 교회에 하늘나라가 있다." 그렇게 방황해서는 안 됩니다. 하늘나라는 하늘나라의 주인이신 예수를 구주로 모신 그곳에 임하여 계신 것입니다.

둘째, 하늘나라는 어디에 임하시나. 하늘나라는 예배 공동체 안에 임하십니다. 성경에는 너희 두 세 사람이 내 이름으로 모인 곳에는 나도 너희 안에 있겠노라 했었습니다. 예수님이 하늘나라 통치자이신데 통치자가 계신 곳에 하늘나라가 임하여 있는 것입니다. 그러므로 "나는 나 혼자 집에서 예배드린다. 나는 산에 가서 나 혼자 예배드린다." 그러면 안 됩니다. 예배 공동체 속에 하늘나라가 강하게 임하는 것입니다. 두 세 사람이 주님 이름으로 함께 모일 때 그 가운데 하늘나라가 임하시는 것입니다. 성경에 보면 우리가 모여서 찬양하면 찬양을 통하여 하늘나라가 임하시는 것입니다. 시편 22편 3절에 "이스라엘의 찬송 중에 거하시는 주여 주는 거룩하시니이다." 역대로 부흥이 일어날 때는 언제나 힘차게 찬양을 부를 때였습니다. 사람들이 성령님의 감동을 받아서 힘차게 찬송을 부를 때 그 가운데 하늘나라가 임하여 계신 것입니다. 시편 103편 22절에 "여호와의 지으심을 받고 그 다스리시는 모든 곳에 있는 너희여 여호와를 송축하라 내 영혼아 여호와를 송축하라"

기독교 신앙의 특이한 점은 찬양이 있습니다. 혼자 있어도 찬양하고 두 세 사람이 모여도 찬양하고 좋을 때도 뛰고 춤추며 찬양하고 슬플 때는 눈물을 흘리면서 가슴을 치면서도 찬양하는 것이 우리 기독교 신앙의 특성인 것입니다. 왜냐하면 찬양은 하나님의 보좌인 것입니다. 하나님은 찬양이란 보좌에 왕림하여 계신 것입니다. 성경에는 이 백성은 내가 나를 위하여 지었나니 나의 찬송을 부르게 하려 함이라고 말했습니다. 왜 하나님이 우리들을 지으셨습니까? 하나님을 찬송하기 위해서 지었고 부름을 받으신 것입니다. 그러므로 입을 딱 다물고 찬송을 안 하는 사람은 하늘나라가 임하여 있지 아니한 증거인 것입니다. 찬송이 함께 기쁘게 박수치며 찬미하는 사람은 하늘나라에 들어와 있다는 것을 증명해 주고 있는 것입니다. 찬송은 언제나 하나님의 큰 영광을 나타내는 것입니다.

인도 선교사로 갔던 스캇 목사님이 한번은 복음을 한 번도 들어보지 못한 원주민 얘기를 듣고 그들을 찾아간 적이 있습니다. 목사님은 간단한 짐과 바이올린을 챙겨서 무작정 그들이 사는 곳으로 갔습니다. 그런데 며칠 후 그곳에 도착하자마자 원주민들이 나오더니 대뜸 창을 들이대며 목사님을 둘러쌌습니다. 시퍼런 창 끝이 목 밑에서 번쩍였습니다. 목사님은 말 한마디 못해보고 "야 ~ 이제는 죽었구나" 그렇게 생각했습니다. 그래서 그는 죽기 전에 찬양이라도 부를 심산으로 가지고 간 바이올린을 끄집어내어서 찬양을 시작했습니다. 찬송가 36장인 '주 예수 이름 높이어 다 찬양 하여라 금 면류관을 드려서 만유의 주 찬양' 이 찬양을 눈을 감고 바이올린을 켜면서 불렀습니다. 그런데 1절을 부르고 2절을 부르는데 아무런 반응이 일어나지 않아서 혹시 이 사람들이 나를 죽이려나 하고 느낌이 이상해서 눈을 떠봤는데 놀랍게도 원주민들이 창을 전부 내려놓고 눈물을 흘리고 있더라는 것입니다. 찬양 속에 하나님이 임재하신 것입니다. 하나님이 임하니까 모든 마음속에 적개심과 미움이 다 사라지고 그 은혜가 그 원주민들의 마음을 녹여 버리고 만 것입니다. 우리가 하나님을 찬양할 때 그 속에 하나님의 나라가 힘차게 임하시는 것입니다.

찬송할 때 임하는 하늘나라는 빛의 나라이기 때문에 어두움의 나라인 귀신은 빛을 보고 견디지를 못하는 것입니다. 찬송을 힘차게 부를 때 흑암의 세력이 물러가고 하나님의 역사가 일어나는 것입니다. 또 성령의 역사에 의하여 회개기도 속에 하늘나라가 임하시는 것입니다. 마태복음 4장 17절에 "이때부터 예수께서 비로소 전파하여 가라사대 회개하라 천국이 가까왔느니라 하시더라" 천국이 아무리 우리 곁에 와있어도 회개하지 아니한 마음속에는 천국이 들어올 수 없습니다. 아무리 비가 쏟아져도 장독 뚜껑을 닫아 놓으면 장독 속에 물 한 방울도 안 들어오는 것과 같은 것입니다. 마음이 깨어져서 성령의 역사로 회개해야 하늘나라가 마음 안에 임하는 것입니다.

요한계시록 3장 19절로 20절에 "무릇 내가 사랑하는 자를 책망하여 징계하노니 그러므로 네가 열심을 내라 회개하라 볼찌어다. 내가 문밖에 서서 두드리노니 누구든지 내 음성을 듣고 문을 열면 내가 그에게로 들어가 그로 더불어 먹고 그는 나로 더불어 먹으리라" 성령의 역사로 회개하며 마음 문을 열면 주님께서 우리에게 들어와 우리와 더불어 먹고 우리와 더불어 마시리라고 한 것입니다. 유명한 그림 보면 예수님이 대문밖에 두드리고 서 있는 것 보셨을 것입니다. 문고리가 안에 있습니다. 문고리가 밖에 있으면 예수님이 열고 들어오십니다. 주 예수 대문밖에 기다려 서있으나 단단히 잠가두니 못 들어오시네… 우리 문고리가 안에 있기 때문에 회개를 통해서 문고리만 열어 제키면 주님은 언제든지 우리 속에 들어와서 우리와 더불어 먹고 우리와 더불어 마시게 되는 것입니다.

　말씀이 전파되는 곳에 하늘나라가 임재 하는 것입니다. 내가 말씀을 읽든지 말씀을 듣든지 말씀 속에 하늘나라가 임하시는 것입니다. 마태복음 13장 19절과 23절에도 "아무나 천국 말씀을 듣고 깨닫지 못할 때는 악한 자가 와서 그 마음에 뿌리운 것을 **빼앗나니** 이는 곧 길 가에 뿌리운 자요, 좋은 땅에 뿌리웠다는 것은 말씀을 듣고 깨닫는 자니 결실하여 혹 백배, 혹 육십배, 혹 삼십 배가 되느니라 하시더라"고 말한 것입니다. 말씀 속에 하늘나라가 임하기 때문에 마귀는 어찌하든지 말씀을 **빼앗으려**고 하는 것입니다. 말씀 읽지 말라. 말씀을 **빼앗고** 말씀을 못 보게 하는 것입니다. 어느 개척교회 목사님이 목회하실 때 모 대학 교수 사모님이 예수를 믿고 열심히 교회 나왔답니다. 그러던 어느날 목사님에게 찾아와서 "우리 집 심방 좀 해주십시오. 우리 남편은 마음이 착하고 좋은 분인데도 하나님 말씀이 눈에 안보입니다." 그래서 목사님이 "가짜겠지. 거짓말로 그러지 마세요." "아니에요. 우리 남편이 신문을 읽으라면 술술술 잘 읽는데 성경을 펼쳐서 같이 읽자면 캄캄해서 못 읽습니다." 희한하다. 그래서 그 집에 목사님이 찾아갔습니다. 가서 예배를 드리고 찬송을 하고, 그 다음 "교수님 이 성경을 좀 읽어 주십시오." 그러니까 눈을 자꾸 비비면서 "성경을 못 읽는답니다." 그래서 이 부인이 "이거 보세요. 이 성경 못 읽는다고요…" 그러면서 그 부인이 신문을 딱 가지고 와서 "여보 이 신문 읽어 보세요."하니 줄줄줄 잘 읽는 겁니다. 그래서 목사님이 "왜 그렇습니까?" 그랬더니 "모르겠어요. 신문은 눈에 잘 들어오는데 성경만 펼치면 눈이 캄캄해 집니다. 전혀 안보입니다." 귀신이 말씀이 들어가지 못하도록 말씀에 눈을 가린 것입니다. 그래서 예배드리고 성령의 임재를 요청하고 안수하며 원수 귀신아 물러가라! 예수 이름으로 쫓아낸 다음, 그 다음에 성경을 읽으라니까 보더니만 성경을 줄줄 읽기 시작하는 것입니다. 말씀이 천국을 가져오기 때문에 어찌하든지 마귀는 말씀 증거를 훼방합니다. 말씀의 능력이 얼마나 큰지 말로 표현할 수가 없습니다. 말씀이 임하면 천국이 임하면 성령께서 사람을 변화시키기 때문입니다.

예수님을 주인으로 영접하고 물과 성령으로 거듭난 사람은 이미 하늘나라에 들어오게 된 것입니다. 로마서 14장 17절에 "하나님의 나라는 먹는 것과 마시는 것이 아니요, 오직 성령 안에서 의와 평강과 희락이라"고 말한 것입니다. 먹고 마시는 세계가 아닌 성령이 오시면 하늘나라가 우리 속에 임하신다고 말한 것입니다. 그러면 이와 같이 하늘나라는 우리가 함께 모일 때 임하시고 찬양할 때 임하시고 회개하고 기도할 때 임하시고 말씀을 전할 때 임하시고 성령님을 인정하고 환영하고 모시어드리고 의지할 때 하늘나라가 임하시는데 이 하늘나라가 무슨 문자적인 하늘나라요, 그림에 그려 넣은 하늘나라가 아닙니다. 하늘나라는 하나님의 권세와 능력과 위엄이 따르는 것이 하늘나라인 것입니다.

그렇기 때문에 주님께서 "나라에 임하옵시며" 라고 기도하라고 하는 것은 하늘나라가 이미 갈보리 십자가에서 예수님이 몸찢고 피흘려 죽었다가 부활하심으로 거기에서 임하셨습니다. 하늘나라가 임하셔서 우리가 예수 믿을 때 우리 속에 임하시고 두 세 사람이 모일 때 강력하게 임하시고, 찬양 속에 임하시고, 기도 속에 임하시고 회개 속에 임하시고, 말씀 증거 속에 임하시고, 성령 안에 임하셨을 때 그 하늘나라의 권세와 능력과 위엄이 나타나야만 되는 것입니다. 하늘나라의 권세와 능력과 위엄은 죄인이 구원받는 역사가 일어나야 된다는 것입니다. 회개하며 귀신이 떠나가는 역사가 일어나야 합니다. 새카맣게 세상 때가 묻은 사람을 하늘나라에 들어오면 하늘나라가 임재하시면 회개하고 통회하고 자복하게 해서 말씀과 성령으로 깨끗이 씻어주는 역사가 일어나는 것입니다. 성령의 역사로 회개운동이 일어나야 하늘나라의 역사가 나타나는 것입니다. 하늘나라가 죽은 나라가 아니기 때문인 것입니다.

요한일서 2장 2절에 "저는 우리 죄를 위한 화목 제물이니 우리만 위할 뿐 아니요 온 세상의 죄를 위하심이라" 죄를 위해서 죽으셨다가 부활하신 예수님의 능력이 하늘나라를 통해서 우리 가운데 나타나야 되는 것입니다. 내가 통회하고 자복 할 수 있는 것은 하늘나라가 우리 가운데 임하여 있기 때문인 것입니다. 하늘나라가 임하시면 또한 귀신이 쫓겨나야 됩니다. 오늘날 우리는 귀신에 대한 소리를 별로 듣지 않잖아요. 예수님 당시에 예수님이 하신 사역 중에 가장 많은 사역이 귀신 쫓아낸 것입니다. 주님이 회개하라. 천국이 가까웠다 하시고 가장 먼저 행하신 것이 귀신을 쫓아냈다고 말하고 열두제자와 칠십인의 제자를 불러서도 회개하라 천국이 가까웠다고 하고 귀신을 쫓아내라고 말했고 주님이 마지막 세상을 떠날 때 예수 믿는 사람 중에 유언으로 남긴 것도 제일 처음 대목이 너희가 내 이름으로 귀신을 쫓아내라고 말한 것입니다. 그러므로 실제로는 온 세상이 귀신으로 꽉 들어차 있어요. 더러운 귀신, 악한 귀신, 음란한 귀신, 담배 피는 귀신, 술 마시는 귀신, 미워하는 귀신, 살인귀신, 온갖 귀신이 꽉 들어차 있습니다. 오늘날은 더 문명하게 되었다고 해서 사람들이 이성과 과학을 주장하므로 말미암아 '귀신같은 소리하지 마라.' 그렇게 말을 해서 귀신이 있음에도 없는 것처럼 합니다. 그것은 귀신의 미혹입니다. 오늘날도 예수 그리스도가 역사하던 그 당시와 똑같이 사탄 밑에서 귀신들이 도적질하고 죽이고 멸망시키는 일을 수없이 하는 것입니다. 오늘 그러므로 우리는 예수님의 뜻을 따라 하늘나라가 임하셨으므로 귀신을 쫓아내야 되는 것입니다. 우리의 마음속에 우리가 알지 못하는 사이에 귀신이 와서 미워하고 분노하고 시기하고 질투하게 만들고 염려, 근심, 불안, 초조, 절망, 좌절, 자살하고 싶은 마음이 생기게 하고 이런 것들이 현실적으로 내 심리적인 변화라고 생각하지만 배후에 귀신이 와서 흑암의 역사를 하고 있다는 것을 알아야 되는 것입니다. 그렇기 때문에 귀신을 우리는 예수 이름으로 늘 밥 먹듯이 성령 안에서 쫓아내야 합니다. 성령의 지배속에서 살아가면서 아침부터 저녁까지 항상 귀신을 쫓아내야 되는 것입니다. 그러므로 우리에게 천국이 임하면 천국의 열매는 귀신을 쫓겨나가는 것입니다. 귀신과 함께 밥을 먹으면 안 됩니다. 성령으로 충만하여 귀신을 몰아내야 하늘나라가 서게 되는 것입니다.

마태복음 12장 28절에 "그러나 내가 하나님의 성령을 힘입어 귀신을 쫓아내는 것이면 하나님의 나라가 이미 너희에게 임하였느니라" 하나님 나라가 임하여 있으면 귀신은 쫓겨 나가야 돼요. 사도행전 10장 38절에 "하나님이 나사렛 예수에게 성령과 능력을 기름붓듯 하셨으매 저가 두루 다니시며 착한 일을 행하시고 마귀에게 눌린 모든 자를 고치셨으니 이는 하나님이 함께 하셨음이라"라고 말씀을 하신 것입니다. 그리고 하늘나라가 임하여 있으면 불치 병이 나아야 합니다. 병 고침은 바로 하늘나라의 기초입니다. 하늘나라의 기초는 치료에 있는 것입니다. 하늘나라가 임하여 있는데 치료가 없으면 그 하늘나라는 종이 하늘나라인 것입니다. 우리 속에 지금 하늘나라가 임하여 있습니다.

예배 공동체 속에 하늘나라가 임하였으면 교회 예배드릴 때 병이 나아야 합니다. 내적치유가 되어야 합니다. 그래서 나라가 임하는 것은 하늘나라가 치료하는 권세와 능력과 위엄으로 임하라고 주님이 기도하라고 한 것입니다. 하늘나라는 병 고치는 나라인 것입니다. 내면을 치료하는 나라가 하늘나라인 것입니다. 그리고 하늘나라가 임하여 계시면 영육간에 가난이 사라지는 것입니다. 가난은 하늘나라에 소속된 것이 아닙니다. 아담과 하와가 타락했을 때 세상나라로 쫓겨났을 때 가시와 엉겅퀴가 나고 저주가 따랐습니다. 세상나라에서 하늘나라로 들어오면 하늘나라에는 예수 그리스도께서 저주를 속량하는 넘치는 은혜가 따르게 되어 있는 것입니다.

갈라디아서 3장 13절에 "그리스도께서 우리를 위하여 저주를 받은바 되사 율법의 저주에서 우리를 속량하셨으니 기록된바 나무에 달린 자마다 저주 아래 있는 자라 하였음이라"라고 말한 것입니다. 예수님이 받은 저주를 우리가 왜 받으면서 살아가나요. 예수님의 나라, 하늘나라에 들어왔으니 우리는 저주에서 속량되었다는 사실을 알아야 되는 것입니다. 우리가 예배드리는 이곳이 하늘나라인데 예배 공동체 속에 하늘나라가 임하면 이속에서 저주가 낙엽 떨어지듯이 떨어져 나가는 것입니다.

고린도후서 8장 9절에 "우리 주 예수 그리스도의 은혜를 너희가 알거니와 부요하신 자로서 너희를 위하여 가난하게 되심은 그의 가난함을 인하여 너희로 부요케 하려 하심이니라"고 말한 것입니다. 우리 위해서 예수님이 풍찬노숙을 하셨다는 것입니다. 주님이 능력과 권세가 없어서 헐벗고 굶주리고 산과 들에서 주무시고 고통을 당하셨나요? 주님께서 말하기를 너희를 위해서 내가 가난하게 된 것은 나의 가난함으로 인하여 너희로 부요케 하려 함이라고 말씀하신 것입니다.

시편 46편 1절에 "하나님은 우리의 피난처시요 힘이시니 환난 중에 만날 큰 도움이시라"고 말한 것입니다. 그러므로 우리의 가슴속에 풍랑이 일어나고 가정에 풍랑이 일어나고 생활에 풍랑이 일어났을 때 교회예배당에 와서 우리가 예배드리고 회개하고 말씀 듣고 찬양하고 성령의 은혜를 받으면 풍랑이 잠잠해지는 것입니다. 집에 돌아가서도 기도해야 합니다. 하나님의 나라는 우리에게 평안을 주는 나라 여호와 샬롬이 되시는 것입니다. 하늘나라에 들어오면 하늘나라 역사는 죽은 심령을 되살립니다.

한주일 내내 세상살이에 너무나 힘들고 지치고 피곤하고 마음이 가라앉았을지라도 주일에 교회예배당에 나와서 하나님 나라 공동체 속에 들어오면 영혼이 살아납니다. 마음이 상쾌해지고 아주 기분이 좋아지는 것입니다. 왜냐 세상 나라가 떠나가고 마귀가 떠나가고 하나님의 생기가 임하기 때문인 것입니다.

셋째, 크리스천의 마음이 하늘나라이다. 우리가 잘살고 못사는 것은 마음에서 나옵니다. 마음이 하늘나라이기 때문입니다. 하나님께서 주신으로 계시는 곳이기 때문입니다. 그러므로 우리가 마음을 지켜야 합니다. 긍정적인 생각으로 마음을 지켜야 한다는 사실입니다. 마음에 부정적인 생각이 있으면 마음에 하늘나라가 약해지기 시작하는 것입니다. 그러므로 빌립보서 4장 13절에 "내게 능력 주시는 자 안에서 내가 모든 것을 할 수 있느니라"고 기록된 대로 믿고 행하면 마음 하늘이 역사하기 시작해서 모든 것을 할 수 있습니다. 우리 스스로 "예수 안에서 할 수 있다. 하면 된다. 해 보자"로 마음먹고 입술로 고백해야 되는 것입니다.

로마서 8장 28절에 "우리가 알거니와 하나님을 사랑하는 자 곧 그의 뜻대로 부르심을 입은 자들에게는 모든 것이 합력하여 선을 이루느니라"고 기록된 것처럼, 우리의 마음 천국을 잘 지키고 있으면 어떤 일이 와도 우리 마음에 천국이 역사하므로 결국에는 모든 것이 협력하여 유익이 되고 축복이 되는 것입니다. 이와 함께 마음에 언제나 마음 천국을 지킬 수 있는 방법은 희망찬 꿈을 바라보는 것입니다. 꿈이 없는 백성은 망합니다. 하나님께서 "네 입을 넓게 열라. 내가 채우리라"고 말씀한 것입니다. 우리가 채우는 것이 아니라, 하나님께서 채우시니 입을 넓게 열라는 것입니다. 요즘은 꿈이 없는 사람이 너무나 많습니다. 너무나 이 세상에 취해가지고서 세속을 따라 살다보니 내일에 대한 희망이 없습니다. 꿈이란 것은 내일에 대한 희망인 것입니다. 그러므로 오늘 마음속에 꿈꾸는 것은 내일 이루어지는 것입니다. 꿈은 하나님이 우리를 축복하기 위해서 만든 축복을 담는 그릇입니다. 그릇이 없으면 하나님께서 꿈을 담아주실 수가 없습니다. 그러므로 우리 마음의 꿈은 그릇인 것입니다. 큰 그릇 중심으로 삼아서 적은 그릇 많이 구하면 하나님께서 모두 다 채워주십니다. 그러므로 항상 희망찬 꿈을 바라보아야 되는 것입니다.

항상 마음 하늘을 죄가 들어오지 못하게 진리의 말씀과 성령으로 정리정돈하고, 늘 회개하고 성령의 역사로 용서하고 마음에 거룩함이 있도록 성령으로 충만해야 합니다. 그리고 마음 하늘을 주님의 능력으로 굳세게 지켜 긍정적이고 적극적이고 창조적인 생각이 늘 마음을 점령하게 만들며, 언제나 치료와 축복이 넘치는 자기 모습을 생각하고 꿈꾸고 입술로 고백해야 됩니다. 그렇게 마음을 지키면 하나님께서 우리의 삶에 놀라운 축복을 허락하여 주십니다.

종교개혁자 마틴 루터는 "날마다 수염을 깎듯이 날마다 우리 마음을 관리해야 한다"고 말하였습니다. 이처럼 우리 마음하늘도 날마다 관리해야 한다는 의미입니다. 집의 마당이나 텃밭도 매일 관리하지 않으면 어느새 잡초가 무성하게 자랍니다. 그러므로 우리도 날마다 우리의 마음 밭을 청소하고 관리해야 됩니다.

6장 보물은 호흡이 있을 때 온몸 안에 쌓아라.

(눅 12:13-21)"(19) 또 내가 내 영혼에게 이르되 영혼아 여러 해 쓸 물건을 많이 쌓아 두었으니 평안히 쉬고 먹고 마시고 즐거워하자 하리라 하되 (20) 하나님은 이르시되 어리석은 자여 오늘 밤에 네 영혼을 도로 찾으리니 그러면 네 준비한 것이 누구의 것이 되겠느냐 하셨으니 (21) 자기를 위하여 재물을 쌓아 두고 하나님께 대하여 부요하지 못한 자가 이와 같으니라."

하나님은 자신의 호흡이 건강할 때 온몸에 하나님께서 주인으로 계시도록 온전하게 하는 일에 보물을 사용하고 쌓으라는 말씀입니다. 호흡이 건강할 때 온몸이 영원한 하나님의 나라가 되도록 하는 데 보물을 사용하라는 권면입니다. 보물인 예수님께서 온전하게 자신의 주인으로 계시면 돈이나 금이나 재물이나 명성이나 무엇이든지 자신이 하나님의 나라가 되는 것에 필요한 것들은 예수님께서 모두 채워주신다는 믿음이 중요한 것입니다. 자신이 온전하게 하나님이 나라가 되는 것이 중요한 것입니다.

오늘 본문을 보면 예수님께서 한 바리새인의 초대를 받으시고 그의 집에 식사하시러 들어가셨을 때, 많은 사람이 모여들었습니다. 그러나 예수님은 그들보다는 제자들을 가르치시고 훈련하시는 데 집중하셨습니다. 제자들에 대한 교훈을 마치실 무렵, 무리 가운데서 한 사람이 나와 예수님께 이렇게 말했습니다.

"무리 중에 한 사람이 이르되 선생님 내 형을 명하여 유산을 나와 나누게 하소서 하니"(눅12:13). 아마도 두 형제가 유산을 놓고 논쟁을 벌이고 있었던가 봅니다. 모세의 율법에 따르면 부모의 재산을 상속할 때 형에게 2/3를, 아우에게는 1/3을 주도록 규정하였습니다. 그러므로 자기 형을 명하여 유업을 함께 나누게 해 달라는 청원은 ① 형이 탐심이 많아 동생의 몫까지 가로채려 했다든지, ② 이 같은 규정을 무시하고 예수님의 권위를 이용해서 50:50으로 유산을 나눠주기를 원했는지 모르겠지만, 이 형제는 재산 문제로 큰 불화 관계에 있었던 것만은 사실입니다.

그런데 예수님은 유산 분배 논쟁의 중재자가 되기를 한마디로 거절하셨습니다. 그 이유는 12장 전체의 배경을 보면 명확해집니다. 지금 예수님은 십자가를 지시러 예루살렘으로 향하여 가시는 길입니다. 그리고 거쳐 가시는 마을마다 생명의 복음을 전하기 위해 최선을 다해 가르치셨습니다. 그리고 그 과정에서 이런저런 방해를 놓은 바리새인들과 치열한 논쟁도 하셨습니다. 그리고 그들의 위선, 곧 하나님은 안중에 없고 사람 앞에 잘 보이려고만 하고 자신들의 기득권만 앞세우는 그들의 '외식'을 공개적으로 비판하셨습니다. 즉 예수님은 겉으로 드러나는 현상보다는 그 내면의 진실성을 강조하셨습니다. 그 결과로서 육체를 죽일 수 있는 사람을 두려워하지 말고, 육체와 더불어 그 영혼을 멸하실 수 있는 하나님을 두려워하라고 가르치셨습니다.

이렇듯 지금 신앙의 본질적인 가르침이 진행되고 있을 때 그 무리 가운데서 한 사람이 등장해 "선생님 내 형을 명하여 유산을 나와 나누게 하소서"하고 말했던 것입니다. 한 마디로 예수님의 설교와는 아무 상관도 없는 질문을 던지고 있는 것입니다. 사오정과 같은 질문을 던졌던 것입니다. 이어 예수님은 인간의 탐욕에 대한 보다 중요한(근본적인) 가르침을 가르치십니다. "그들에게 이르시되 삼가 모든 탐심을 물리치라 사람의 생명이 그 소유의 넉넉한 데 있지 아니하니라 하시고"(눅12:15).

예수님은 보다 근본적인 문제로 파고 들어가십니다. 예수님은 이 사람의 중심을 꿰뚫어 보았습니다. 이 사람의 문제는 재산이 없는 것이 아닙니다. 지금 자기가 가지고 있는 것에 만족하지 못하고, 더 많이 가지려는 탐욕이 숨어있었습니다. 이 근본적인 문제의 해결이 없이는 그 어떠한 해결도 무의미함을 아셨습니다. 형과의 유산 싸움이 해결된다고 해도 뒤이어 끝없는 탐욕으로 인한 갈등은 재연될 것입니다.

그래서 예수님은 아주 근원적인 해결책을 제시하십니다. "삼가 모든 탐심을 물리치라!" 그리고 그 이유까지 말씀하여 주십니다. "사람의 생명이 그 소유의 넉넉한 데 있지 않기 때문"이라는 것입니다. 즉 삶은 무엇을 가지고 있느냐, 얼마나 많이 가지고 있느냐 하는 것으로 규정되지 않는다는 것입니다.

우리의 생각의 전환을 가져오는 말씀입니다. 오늘날도 많은 사람이 소유가 존재를 증명한다고 착각합니다. 더 많이 가질수록 더 위대한 사람이 된다고 생각하기 때문입니다. 더 행복한 삶을 살 수 있다고 생각합니다. 거기에서부터 모든 탐심이 생겨나는 것입니다. 그리고 그 탐욕은 끝이 없습니다. 없어서, 가진 것이 적어서 욕심을 부리는 것이 아닙니다. 우리는 필요한 재물이 있어야 합니다. 일용한 양식이 있어야 합니다. 나눌 수 있는 여유가 있다면 더욱 좋습니다. 문제는 지나친 탐욕입니다. 우리는 그 대표적인 사람을 성경에서 찾을 수 있습니다. 바로 북이스라엘의 왕 아합입니다(왕상 21:1~29).

아합의 궁 근처에 나봇이라는 사람이 조상으로부터 물려받은 포도원을 정성스럽게 가꾸며 살고 있었습니다. 아합이 성안 자기 방에서 내려다보면 바로 이 포도원이 보였는데, 아합은 날마다 그 포도원을 보면서 이것이 자신의 것이라면 좋겠다고 생각을 했습니다. 어느 날 아합은 나봇을 불러 "자신에게 팔라"고 강요하였습니다. 물론 공짜로 달라는 것은 아닙니다. 나봇이 원하는 대로 값을 쳐주겠다는 것입니다. 그러나 나봇은 그 포도원이 조상으로부터 물려받은 유산임을 들어 거절하였습니다. 이 말을 들은 아합은 그날부터 앓기 시작하였습니다. 침대에 누워 얼굴을 돌리고, 음식도 먹지 않았습니다. 탐심이 그의 영혼을 장악한 것입니다.

그러자 그의 아내 이세벨이 이 사실을 알고, 자신이 무슨 수를 쓰더라도 그 포도원을 왕의 것으로 만들어 주겠다고 약속합니다. 그리고 이세벨은 아합의 이름으로 편지를 써서, 옥쇄로 인봉하고, 나봇이 살고 있는 성읍의 원로들과 귀족들에게 보냈습니다. 내용은 간단합니다. 건달 둘을 거짓 증인으로 내세워 나봇이 하나님과 왕을 저주하였다고 증언하게 하여, 돌로 쳐 죽이라는 것이었습니다. 그 성안에 살고 있는 원로들과 귀족들은, 이세벨이 편지에 쓴 그대로 하였습니다. 결국, 나봇은 억울하게 모함을 받고, 돌에 맞아 죽었습니다. 이세벨은 아합에게 나봇이 어제 죽었으니, 나봇의 포도원을 차지하라고 말합니다. 아합은 이세벨과 함께 기쁜 마음으로 나봇의 포도원을 둘러보며 좋아하였습니다. 이때 하나님께서 엘리야에게 사마리아에 있는 이스라엘 왕 아합에게 가서 내 말을 전하라고 말씀하셨습니다. 엘리야는 아합에게 와서 "개들이 나봇의 피를 핥은 바로 그곳에서, 그 개들이 네 피도 핥을 것이다"라는 말씀을 전합니다. 하나님이 엘리야을 통하여 하신 모든 말씀은 그대로 다 이루어졌습니다. 아합은 아람과의 전쟁에서 화살에 죽고 그의 피를 개들이 핥아먹었습니다.

사람의 인생에 불행은 가진 것이 적어서가 아닙니다. 거의 모두가 지나치게 재물에 집착하는 탐욕에서 시작됩니다. 성경은 "욕심이 잉태한즉 죄를 낳고 죄가 장성한즉 사망을 낳느니라"(약 1:15)고 가르칩니다. 탐욕은 결국 그 자신을 망하게 합니다.

이 사실을 더욱 극적으로 설명하시기 위해 예수님은 '어리석은 부자의 비유'를 말씀하셨습니다. 어느 마을에 많은 농토를 가지고 있는 부자가 있었습니다. 풍년이 들어 그 밭의 소출이 풍성하였습니다. 추수를 앞두고 그는 마음속으로 생각하기를 이 많은 곡식을 쌓아 둘 것이 없으니 어떻게 할까를 고민하다가 곡간을 헐고 더 큰 곡간을 새로 짓기로 하였습니다(눅12:16-18절). 그리고 거두어들인 많은 곡식을 새로 지은 곡간 안에 담아 둘 것을 생각하며 너무 기분이 좋아 스스로 이렇게 속삭였습니다. "또 내가 내 영혼에게 이르되 영혼아 여러 해 쓸 물건을 많이 쌓아 두었으

니 평안히 쉬고 먹고 마시고 즐거워하자 하리라 하되"(눅12:19)

여기까지만 읽으면 참 부럽습니다. 예전 어느 카드회사 광고 문구가 생각납니다. 달리는 고급 승용차 창문으로 예쁜 모델이 머리를 내밀고 바람에 긴 생머리를 휘날리며 환호를 장면과 함께 이런 멘트가 나옵니다. "열심히 일한 당신 떠나라!" 와! 우리들이 꿈꾸던 모습 아닙니까. 열심히 일해서 크게 성공했으니 이제 편안히 네 인생을 즐기라는 것입니다.

세상적인 관점에서 우리는 이 부자에게서 별다른 특별한 문제를 발견할 수 없습니다. 예수님은 이 부자가 그 어떤 부정을 저질렀는지에 대해 말씀하지 않으십니다. 무슨 탈세를 한 것도 아니고, 일꾼들의 임금을 착취한 것도 아닙니다. 마침 그해에 풍년이 들어 밭에서 소출을 풍성하게 거둔 것뿐입니다. 열심히 일해서 많이 거둬드린 것이 잘못입니까? 그것을 곡간에 잘 보관하려고 한 것이 잘못입니까? 열심히 일했으니까 이제는 은퇴해서 좀 편하게 지내자는 것이 잘못입니까? 열심히 일해서 돈 많이 번 것, 그것 가지고 이제는 좀 쉬면서 즐기자는데, 그것을 잘못되었다고 말할 수는 없습니다. 그런데 하나님께서 이 장면 속에 개입하십니다. 그날 밤 이 부자에게 나타나셔서 이렇게 말씀하십니다. "하나님은 이르시되 어리석은 자여 오늘 밤에 네 영혼을 도로 찾으리니 그러면 네 준비한 것이 누구의 것이 되겠느냐 하셨으니."(눅12:20).

비유 속에서 하나님은 이 부자를 향해 "어리석은 자"라고 말씀하셨습니다. 그 사람을 '나쁜 사람'이라고 부르시지는 않습니다. 그러나 '어리석은 사람'이라고 부르십니다. 그런데 왜 하나님은 그를 '어리석다'고 말씀하셨습니까? 어리석은 자라고 하신 것은 호흡이 있을 때 자신의 온몸 안에 보물을 쌓으라는 것입니다. 자신이 하나님의 나라가 되도록 온몸에 보물을 쌓으라는 것입니다. 만사가 때가 있다는 것입니다. 파종기가 있고 계절의 때가 있고 태어날 때가 있고 죽을 때가 있다는 것입니다. 예수를 믿음으로 성령을 줄 때에 받자라는 것입니다. 예수를 믿음으로 의롭다 해줄 때에 받자라는 것입니다. 예수를 믿음으로 죄 사함을 줄 때에 받자라는 것입니다. 예수를 믿음으로 인치 심을 줄 때에 받자라는 것입니다. 예수를 믿음으로 거룩하다 깨끗하할 때에 받자라는 것입니다. 예수를 믿음으로 심판에서 생명으로 옮긴다고 말할 때에 받자라는 것입니다. 예수를 믿음으로 생명책에 기록한다 할 때에 받자라는 것입니다. 예수를 믿음으로 강도처럼 낙원을 허락하여 줄 때에 받자라는 것입니다. 예수를 믿음으로 세례와 성찬에 참여할 때에 받자라는 것입니다. 너는 호흡이 있을 때에 예수를 하나님의 아들이라 믿고 고백하라는 것입니다. 호흡이 있을 때 자신의 온몸 안에 보물을 쌓으라는 것입니다. 우리는 이 비유에서 이 부자가 어리석은 이유를 네 가지로 찾아볼 수 있습니다.

첫째, 하나님은 안중에도 없는 사람입니다. 그런데 이 부자가 자기 자신에게 하는 말을 한 번 더 주의 깊게 살펴보십시오. "심중에 생각하여 이르되 내가 곡식 쌓아 둘 곳이 없으니 어찌할까 하고 (18) 또 이르되 내가 이렇게 하리라 내 곳간을 헐고 더 크게 짓고 내 모든 곡식과 물건을 거기 쌓아 두리라 (19) 또 내가 내 영혼에게 이르되 영혼아 여러 해 쓸 물건을 많이 쌓아 두었으니 평안히 쉬고 먹고 마시고 즐거워하자 하리라 하되"(눅12:17-19)

17절, 18절, 19절의 이 짧은 세 절 안에 이 부자는 '내가'라는 말을 무려 여섯 번이나 반복합니다. 희랍어 원어로 읽어보면 8번이나 사용하고 있습니다. 이것은 자신의 부가 자신의 노력으로 얻어진 것임을 강조하기 위함입니다. 이게 가장 큰 문제입니다. 농사를 아무리 열심히 지었다고 하지만, 농사가 잘되려면 많은 것들이 필요합니다. 우선 때맞추어 비가 와야 합니다. 적당한 햇볕도 필요합니다. 바람도 적당히 불어주어야 합니다. 그것들은 내가 열심히 한다고 되는 일이 아닙니다. 하나님이 허락해 주셔야 받는 것입니다(시 127:1-2). 그런데 이 부자의 말 속 어디에서도 '하나님'의 '하'자도 발견할 수 없습니다. 의례적으로 하는 '감사'의 말도 찾아볼 수 없습니다.

어떤 책을 보니 사람들은 물질관을 두 가지로, 즉 "창을 통해서 물질을 바라보는 사람이 있고, 거울을 통해서 물질을 바라보는 사람이 있다"고 했습니다. 거울을 보면 자신의 모습만 보입니다. "내가 땀을 흘린 것, 아침부터 저녁까지 내가 노력한 것, 투자한 것, 밤일을 하고 시간 외의 일을 해서 내가 번 것", 이런 것들이 보입니다. 반면에 창을 통해서 물질을 바라보는 사람은 자신이 보이지 않습니다. 그는 그 물질이 어디에서부터 왔는가를 압니다. 주께서 나에게 건강을 주시지 않았더라면, 주께서 나에게 지혜를 주시지 않았더라면, 주께서 나에게 이러한 환경과 삶을 주시지 않았더라면 결코 이룰 수 없었을 것을 압니다. 그의 언어 속에는, 그의 사고 속에는, 그의 의식 속에는 하나님이 자리하고 있습니다. 그런데 이 부자를 보십시오. 그의 눈에는 하나님이 보이지 않습니다. 오로지 자기 자신밖에는 존재하지 않습니다. 그래서 하나님은 그를 향하여 "어리석은 자여!"라고 탄식하신 것입니다.

둘째, 이웃이 있다는 것을 모르는 사람입니다. 내가 남들보다 더 많이 가지게 되고 여유가 좀 생겨나면, 그것을 가지고 가난하고 불쌍한 이웃들을 돕고 함께 나누는 것이 인지상정 아니겠습니까. 그런데 이 부자의 말 속에서 이웃에 대한 관심은 찾으려야 찾을 수 없습니다. 그의 관심은 오직 자기에게 있습니다. 그는 이렇게 마음으로 생각합니다. "심중에 생각하여 이르되 내가 곡식 쌓아 둘 곳이 없으니 어찌할까 하고"(눅12:17).

그의 걱정은 '이 곡식을 어떻게 사용할 것인가'가 아니라 '어디에 쌓아 둘 것인가'였습니다. 결국 그 고민은 모두 자기를 위한 것이었습니다. 사실 그에게는 곳간이 있었습니다. 그런데 그 곳간은 다른 곡식으로 가득 채워져 있어서 새로운 곡식을 들여놓을 공간이 없었습니다. 고민 끝에 생각해낸 것은 이것이었습니다. "또 이르되 내가 이렇게 하리라 내 곳간을 헐고 더 크게 짓고 내 모든 곡식과 물건을 거기 쌓아 두리라."(눅12:18). 안타깝게도 그가 생각해 낸 것은 그 남은 것을 나눌 생각은 하지 않고, 옛날 곳간을 허물어 버리고 더 큰 곳간을 새롭게 짓자는 것이었습니다 (눅12:18). 아마도 생각건대 그의 부유함에도 불구하고 친구 하나 없이 외로웠을 것입니다. 그래서 '어리석은 사람'입니다.

셋째, 이 부자가 어리석은 가장 중요한 이유는. 육체를 위해서는 무엇이 필요하며, 영혼을 위해서는 무엇이 필요한가를 그는 모르고 있었습니다. 재물의 풍족이, 육신의 배부름과 만족이 곧 영혼의 만족인 것처럼 혼동하였습니다. "또 내가 내 영혼에게 이르되 영혼아 여러 해 쓸 물건을 많이 쌓아 두었으니 평안히 쉬고 먹고 마시고 즐거워하자 하리라 하되."(눅12:19). 예수님이 시험받으실 때 신명기의 말씀으로 대응하셨습니다. "사람이 떡으로만 살 것이 아니요 하나님의 입으로 나오는 말씀으로 살 것이라."(마4:4). 성 어거스틴은 "오! 하나님, 우리의 영혼이 당신의 품 안에 돌아가 쉴 때까지는 평안함이 없습니다."라고 고백하였습니다.

참된 영적인 안식은 물질로부터 오는 것이 아닙니다. 어리석은 부자는 육신의 필요를 채우는 것으로 자기 영혼이 만족함을 얻을 것으로 오해하였습니다. 자기의 영혼은 하나님 앞에서 얼마나 궁핍한 상태에 있었는지를 깨닫지 못하고 있었습니다. 결국 하나님은 이 어리석은 부자를 향한 이렇게 말씀하십니다. "하나님은 이르시되 어리석은 자여 오늘 밤에 네 영혼을 도로 찾으리니 그러면 네 준비한 것이 누구의 것이 되겠느냐 하셨으니."(눅12:20)

세상의 안목으로 볼 때 이 사람은 나름 지혜 있는 사람입니다. 철저한 계획과 준비 속에 온갖 사업 구상을 가지고 내일을 준비하며 산 사람입니다(약 4:15-16). 그러나 가장 중요한 준비는 하지 못했습니다. 자기의 영혼을 하나님 앞에 돌려 드릴 준비입니다. 우리 성도들은 영원한 천국 종말론적 삶을 살아야 합니다. 언제든지 나의 영혼을 하나님께 드릴 준비를 하고 살아야 합니다. 안타깝게도 이 부자는 자기의 영혼을 하나님께 드릴 준비가 전혀 되어 있지 않았습니다. 그래서 하나님은 그를 향하여 이렇게 탄식하십니다. "어리석은 자여!"

넷째, 호흡이 있을 때 자신 온몸 안에 보물을 쌓지 않았습니다. 예수님은 이렇게 말씀하십니다. "또 비유로 그들에게 말하여 이르시되 한 부자가 그 밭에 소출이 풍성하매 (17) 심중에 생각하여 이르되 내가 곡식 쌓아 둘 곳이 없으니 어찌할까 하고 (18) 또 이르되 내가 이렇게 하리라 내 곳간을 헐고 더 크게 짓고 내 모든 곡식과 물건을 거기 쌓아 두리라."(눅12:16-18).

절대로 호흡이 있을 때의 삶이 중요한 것입니다. 예수님은 분명하게 이렇게 말씀하셨습니다. "예수께서 이르시되 나는 부활이요 생명이니 나를 믿는 자는 죽어도 살겠고 (26) 무릇 살아서 나를 믿는 자는 영원히 죽지 아니하리니 이것을 네가 믿느냐"(요 11:25-26). "무릇 살아서 나를 믿는 자는 영원히 죽지 아니하리니 이것을 네가 믿느냐" 생명 있을 때 살아있을 때 예수님을 믿고 성령으로 거듭나야 한다는 말씀입니다.

몇 년 전에 이런 분들을 만나서 기도한 적이 있습니다. 아버지가 방배동 근방의 중형교회의 수석장로님을 하셨는데 교회의 담임목사님들을 괴롭히는 것을 취미로 삼을 정도로 심했다는 것입니다. 장로님의 핍박에 견디지 못하고 교회 담임목사님 몇 분이 사임을 했다는 것입니다. 그러던 어느날 교회에서 회의하는 중에 장로님이 혈기를 발하다가 뒤로 넘어져서 혼수상태에 3달을 계시다가 돌아가셨다는 것입니다. 그러자 교회의 성도들이 수군 대기를 하나님의 저주를 받아서 돌아가셨다는 것입니다. 딸들이 마음이 아파서 고민을 하다가 우울증에 걸릴 정도가 되었다는 것입니다. 그러자 사위가 저희 교회로 데리고 온 것입니다. 제가 딸들에게 고민을 하고 잠을 설칠 정도가 되어 우울증에 걸리게 된다고 아버님의 모든 것이 달라지지 않습니다. 천국 구원은 절대로 하나님과 자신 1:1 관계입니다. 그렇기 때문에 호흡하며 생명이 있을 때 신앙생활이 중요한 것입니다. 이제 부터는 아버지의 구원을 위하여 잠을 설치면서까지 마음 아파하지 말고 자신들의 영-혼-육 건강을 위하여 성령으로 세례를 받고 마음의 상처를 성령으로 치유하여 지금 하늘나라 성전 천국이 되기를 바랍니다. 이것이 돌아가신 아버지도 하나님도 원하시는 것이라고 조언한 적이 있습니다. 절대로 구원과 천국은 살아있을 때 결정되는 것입니다. 누가 옆에서 중보기도 한다고 바뀌지 않습니다. 가족의 생명이 있을 때 살아있을 때 조언하고 깨닫게 하여 예수님을 바르게 믿도록 하는 것이 중요합니다.

예수님께서 십자가에 달려 계실 때 우편에 있던 강도가 구원을 받은 것을 잘 아실 것입니다. "달린 행악자 중 하나는 비방하여 이르되 네가 그리스도가 아니냐 너와 우리를 구원하라 하되 (40) 하나는 그 사람을 꾸짖어 이르되 네가 동일한 정죄를 받고서도 하나님을 두려워하지 아니하느냐 (41) 우리는 우리가 행한 일에 상당한 보응을 받는 것이니 이에 당연하거니와 이 사람이 행한 것은 옳지 않은 것이 없느니라 하고 (42) 이르되 예수여 당신의 나라에 임하실 때에 나를 기억하소서 하니 (43) 예수께서 이르시되 내가 진실로 네게 이르노니 오늘 네가 나와 함께 낙원에 있으리라 하시니라."(눅 23:39-43). 사람은 호흡 생명이 있을 때가 중요한 것입니다. 호흡이 끊어지면 아무것도 할 수가 없습니다.

사람이 늙거나 젊거나 할 것 없이 찾아오는 영적 정신적 육체적인 질병의 치유도 생명 호흡이 있을 때 정확한 원인을 찾아서 치유해야 합니다. 기력이 쇠하면 기도도 오래할 수가 없습니다. 막연하게 한 사람의 목사나 의사나 병원의 이야기를 철석같이 믿고 하루하루 지나다가 보면 치유하여 몇 년 더 살아갈 수가 있었는데 조처를 치유를 잘못하여 병세가 점점 악화되어 치유의 시기를 노치는 경우가 있다는 것입니다. 장기나 뼈나 신경이 기능을 다하면 치유할 수가 없는 것입니다. 한 사람의 목사나 의사의 이야기나 한 병원의 진단이 반드시 그렇다고 믿지 말라는 것입니다. 성령의 인도를 받으면서 입체적으로 다각적으로 수소문을 하여 다른 전문 의사나 병원을 찾으라는 것입니다. 목사나 의사마다 진단이 다를 수가 있고 실제 체험이 다를 수가 있기 때문입니다. 그리고 병원마다 특수 장비가 설치되어 있는 병원도 있고 특수 장비가 없는 병원도 있기 마련입니다. 아무리 해당 분야에 전문 병원이라고 하더라고 첨단 전문 특수 장비가 없으면 정밀하게 치유할 수가 없기 때문입니다. 그 목사나 의사가 내가 가지고 있는 질병의 대가라고 믿고 한 사람에게 만 의지 하지 말라는 것입니다. 절대로 마귀가 직접 감언이설로 사람을 현혹시켜서 죽게 하는 것이 아니고, 사람을 통하여 현혹해서 미혹 당하게 하여 죽게 하는 것입니다. 반드시 2-3군데 확인하여 결정을 하라는 것입니다. 세상에는 그 사람보다 더 전문적인 목사나 의사가 이기 마련이기 때문에 한 곳에 마음을 두면 낭패를 당하기 일수입니다. 하나님은 이렇게 말씀하십니다. "하나님은 한 번 말씀하시고 다시 말씀하시되 사람은 관심이 없도다."(욥 33:14). 하나님께서도 두 번 말씀을 하십니다. 교회를 정하고 목회자를 정하는 것도 마찬가지입니다. 사람의 말을 믿고 정하지 말고 자신이 직접 2-3곳을 확인하여 정하라는 것입니다.

그리고 보물(물질)은 자신의 건강에 자신이 하늘나라 성전 되는데 천국이 되는데 아낌없이 사용하라는 것입니다. 우리가 잘 아는 삼성 이건희 회장이 돈을 그렇게 많이 벌었는데 죽어서 가지고 갔습니까? 모두 상속하고 갔습니다. 상속세를 많이 내서 나라의 재정이 든든해졌다고 들으셨을 것입니다. 하나님은 마태복음 6장 20절에서 "오직 너희를 위하여 보물을 하늘에 쌓아 두라 거기는 좀이나 동록이 해하지 못하며 도둑이 구멍을 뚫지도 못하고 도둑질도 못하느니라." 보물을 자신이 영-혼-육이 건강하여 호흡에 지장이 없을 때 자신이 살아계신 하나님의 성전 하늘나라 되는데 천국이 되는데 사용하라는 말씀입니다.

자신의 온몸 안에 지금 무엇을 채우고 계십니까? 곧 사라질 것들로 채우고는 만족하지 않으시기를 바랍니다. 하나님이 기뻐하시는 삶으로 채워지기를 바랍니다. '자신의 온몸에 보물을 쌓는 삶'이 되시기를 바랍니다. 하나님께서 부르실 때 언제라도 담대히 주님 앞에 설 수 있도록 준비하며 살아가기를 소원합니다.

2부 보물을 바로알고 온몸 안에 쌓아라.

7장 보물을 바로알고 온몸 안에 쌓으라.

(마 6:19-21)"너희를 위하여 보물을 땅에 쌓아 두지 말라 거기는 좀과 동록이 해하며 도둑이 구멍을 뚫고 도둑질하느니라 (20) 오직 너희를 위하여 보물을 하늘에 쌓아 두라 거기는 좀이나 동록이 해하지 못하며 도둑이 구멍을 뚫지도 못하고 도둑질도 못하느니라 (21) 네 보물 있는 그 곳에는 네 마음도 있느니라."

오늘 본 6장의 말씀은 보물에 대한 주님의 가르침입니다. 보물과 마음의 관계에 대해서 다루고 있습니다. 보물과 마음은 늘 함께 합니다. "네 보물 있는 그 곳에는 네 마음도 있느니라."(마 6:21). 보물이 있는 곳에 마음이 가지 않는다면 그것은 이미 보물이 아닙니다. 사랑의 정도, 깊이가 크면 클수록 그에 비례해서 보물의 가치가 결정됩니다.

오늘 본문에 나오는 보물(treasure)은 보화, 재화, 재물, 부 등 돈에 관련된 것들을 다 포함합니다. "너희 보물을 땅에 쌓아두지 말고 하늘에 쌓아 두라!"이것이 주님이 무리들과 제자들을 향해 주신 말씀입니다.

생각해 보십시오. 땅이라면 유대인들만큼 집착이 강한 민족이 없을 것입니다. 그들은 하나님이 주신 땅을 차지하는 것이 전부이고 그 소망은 지금도 변함이 없습니다. 그들에게는 땅보다 더 중요한 것이 없습니다. 그런데 주님은 땅이 아닌 하늘로 그들의 관심을 돌리셨습니다. 이는 성경적 경제관, 물질관에 대한 좌표이며, 우리가 이 땅에서 무엇을 위해 일해야 하는가? 라는 성경적 노동관에 대해 정립할 수 있는 귀한 말씀입니다.

은행에 쌓아두면 이자를 주는 대신 세금을 떼어 갑니다. 주식에 투자하면 이득일지 손해일지 아무도 보장해 주지 않습니다. 부동산이나 금과 같은 현물에 투자한다 해도 영원히 안전하지 않습니다. 그래서 투자 전문가들은 가장 많은 이익을 남길 수 있는 곳을 찾아내고, 거기에 투자하도록 의견을 제시합니다.

신용 등급을 매기고, 이익을 낼 수 있는 것들에 대해 다각도로 분석하고 전망합니다. 주식 투자, 채권 투자, 현물 투자 등 가치 투자는 자본주의의 꽃이라고 말합니다. 그렇다면 우리 주님은 크리스천들에게 무엇에다 투자하라고 말씀하고 계십니까? 우리는 우리 자신을 위하여 어디에 투자해야 하는가? 오늘 말씀을 통해서 배움을 얻기를 원합니다.

마6:19절입니다. "너희를 위하여 보물을 땅에 쌓아 두지 말라. 거기는 좀과 동록이 해하며 도둑이 구멍을 뚫고 도둑질하느니라." 땅은 우리 자신을 위해 보물을 쌓아 둘 적당한 장소가 되지 못합니다. 땅에 쌓아 둔 보물은 좀이 먹고, 녹이 슬고, 도둑이 뚫고 훔칩니다. 은행이라고 안전하지 않습니다. 은행이 파산할 수 있습니다. 국가나 회사에서 발행하는 채권이라고 안전하지 않습니다. 어떤 국가는 채무 불이행(파산 선고)을 선포해 버리면 모두 휴지 조각이 되고 맙니다. 회사가 부도 나 버리면 회사채나 주식은 모두 휴지 조각이 되고 맙니다.

화폐 가치는 인플레이션이 일어나면 그만큼 하락해 버립니다. 북한은 몇 년 전 1000:1의 화폐 개혁을 단행하므로 현금을 가지고 있던 숨은 부자들이 파산이 나고 말았습니다.

개성공단이나 금강산 관광 사업에 투자했던 남한 사람들은 그곳에 투자한 재산을 속절없이 북한에 빼앗기고 말았습니다. 정치적인 문제와 국가 경제가 불안한 북한에서 남한의 개인 사업자 재산을 몰수 한 것입니다. 주식이 폭락하면 그만큼 날아가 버립니다. 땅에 쌓아둔 보물은 어디서 어떻게 냄새를 맡았는지 집요하게 도둑들이 노립니다. 그것을 빼앗으려고 생명을 위협합니다. 평생을 잘 모아둔 재산을 남에게 가로 채이기도 하고, 그것이 불행의 원인이 되기도 합니다.

시편39:6에 "진실로 각 사람은 그림자 같이 다니고 헛된 일로 소란하며 재물을 쌓으나 누가 거둘는지 알지 못하나이다." 이는 이 땅에서 흔히 볼 수 있는 모습입니다.

주님은 너희를 위해 이 땅에다 보물을 쌓아 두지 말라고 하십니다. 어떤 사람은 지금 너무 가난해서 '쌓아둘 보물'이라도 좀 있었으면 좋겠다, 도둑맞을 재산이라도 있었으면 좋겠다고 탄식하는 이도 있을 것입니다. 심지어는 죽어도 좋으니 돈벼락이라도 맞아 보았으면 좋겠다는 사람도 있습니다.

이는 영원한 생명을 믿지 못하거나 천국이 얼마나 좋은지 모르거나 그곳에 소망을 두지 않는 사람들이나 할 소리입니다.

우리의 보물이 꼭 금, 은, 돈만이 아닙니다. 동산, 부동산만이 보물이 아닙니다. 시간은 귀한 보물입니다. 젊음은 귀한 보물입니다. 건강역시 귀한 보물입니다. 백세시대 건강이 최대 보물이라는 말이 유행하고 있습니다. 특허나 기술역시 귀한 보물입니다. 삶의 경험이나 친절역시 귀한 보물입니다. 이런 것들을 땅에 쌓아두지 말라는 것입니다.

다음으로 주님은 "너희 자신을 위해 보물을 땅에 쌓아 두지 말라."고 하십니다. 내가 노력해서 얻은 보물일지라도 그것을 우리 자신의 유익이 아닌 하나님을 위해서, 이웃 형제들을 위해 쌓아 두십시오. 하나님과 이웃 형제들을 위해 쌓는 보물은 모으는 것이 '흩어 버리는 것'입니다. 나누어 주는 것입니다. 자신을 위해 보물을 쌓아두는 자는 어리석은 자라고 성경은 말씀합니다.

누가복음 12:20-21 "하나님은 이르시되 어리석은 자여 오늘 밤에 네 영혼을 도로 찾으리니 그러면 네 준비한 것이 누구의 것이 되겠느냐 하셨으니 (21) 자기를 위하여 재물을 쌓아 두고 하나님께 대하여 부요하지 못한 자가 이와 같으니라."

여기 나오는 부자는 엄청난 부자였습니다. 창고를 더 지어야 할 정도였고, 이제 더 이상은 일할 필요도 없을 정도의 거부였습니다. 자자손손 먹고 살 수 있는 그런 재물을 모아 두었습니다. 그런데 주님은 말씀하십니다. "어리석은 자여,"(눅12:20a). 세상에 그 누구도 이 부자를 향해 '어리석은 자여'라고 말하지 않습니다. 주님께서 그가 돈을 많이 모았다고 뭐라고 하신 것이 아닙니다.

'자기를 위하여' 보물을 쌓아 두었기 때문에 주님은 어리석다고 하신 것입니다. 청지기는 모든 재물을 자신을 위해서가 아니라 하나님과 이웃을 위해 사용하는 사람입니다. 청지기는 단지 하나님의 뜻대로 관리하는 자일뿐입니다. "너희 자신을 위하여 보물을 땅에 쌓아 두지 말라."(마6:19).

쌓아두지 않으려면 흩어야 합니다. 주님은 부자들에게 재물을 흩어 버리라, 구제하라, 선을 행하라고 하십니다. 누가복음 18:22입니다. "이제 예수님께서 이것들을 들으시고 그에게 이르시되, 네게 아직도 한 가지 부족한 것이 있으니 네가 가진 것을 다 팔아 가난한 사람들에게 나누어 주라. 그리하면 하늘에서 네게 보화가 있으리라. 그리고 와서 나를 따르라, 하시매"

주님은 땅에 많은 보물을 쌓아 두었던 한 부자 청년에게 그것들을 모두 팔아서 가난한 자들에게 나누어 주라고 하십니다. 이것은 제자의 요건입니다. 주님을 따르는 자들은 마땅히 이러해야 합니다. 현대 기독교는 교인은 많지만 신자는 적고, 신자는 많지만 예수님의 제자는 거의 없습니다. 땅에서 흩어 버리는 것이 하늘에 쌓아두는 길입니다.

시112:9입니다. "그가 재물을 흩어 빈궁한 자들에게 주었으니 그의 의가 영구히 있고 그의 뿔이 영광중에 들리리로다."

잠11:24~25입니다. "흩어 구제하여도 더욱 부하게 되는 일이 있나니 과도히 아껴도 가난하게 될 뿐이니라. (25) 구제를 좋아하는 자는 풍족하여질 것이요 남을 윤택하게 하는 자는 자기도 윤택하여지리라."

구제는 주님께 빌려 드리는 행위입니다. 잠언19:17 "가난한 자를 불쌍히 여기는 것은 여호와께 꾸어 드리는 것이니 그의 선행을 그에게 갚아 주시리라." 주님께 빌려 드리십시오. 세상의 어떤 은행, 어떤 회사의 주식이나 채권이 남겨 주는 이익보다 큽니다.

아무리 부동산 가격이 폭등해도 주님에게 빌려 드리는 것보다 많이 남지는 않습니다. 주님은 우리에게 흔들어서 넘치도록 부어 주시며 백배로 갚아 주시기 때문입니다.

우리가 가진 소유를 팔아 구제하는 일은 하늘에 보화를 쌓는 일입니다. 눅12:33 "너희 소유를 팔아 구제하여 낡아지지 아니하는 주머니를 만들라 곧 하늘에 둔바 다함이 없는 보물이니 거기는 도적도 가까이 하는 일이 없고 좀도 먹는 일이 없느니라." 이 땅에는 영원한 것이 없습니다. 금도 썩고, 은도 부식합니다. 이 땅은 엔트로피의(entropy) 법칙에 따라 모든 것이 헤어지고 낡아집니다. 그러나 하늘에는 헤어지고 낡아지는 것이 없습니다. 무엇이든 영원합니다.

주님은 너희 자신을 위하여 땅에 보물을 쌓아 두지 말라고 하십니다. 자신을 위하여 땅에다 보물을 모으는 것은 육신으로부터 썩는 것을 거두는 길입니다. 갈라디아서6:7-8 "스스로 속이지 말라 하나님은 업신여김을 받지 아니하시나니 사람이 무엇으로 심든지 그대로 거두리라 (8) 자기의 육체를 위하여 심는 자는 육체로부터 썩어질 것을 거두고 성령을 위하여 심는 자는 성령으로부터 영생을 거두리라."

보십시오. 이 땅에서 돈을 모으면 그들은 무엇을 합니까? 자기 육신을 위해 사용합니다. 돈이 없을 때는 생각지도 않았던 소원들이 생깁니다. 하고 싶은 일도 많아지고, 먹고 싶은 것도 많아집니다. 자기 육신을 위해 이것저것 하다 보면 본격적으로 죄를 짓기 시작합니다. 결국 육신으로부터 거두는 일은 수치스러운 일 뿐입니다.

자신을 위하여 땅에다 쌓은 보물들은 모두 다 타버립니다. 우리는 모두 반드시 그리스도의 심판석에 서게 될 것입니다. 하늘에 쌓아둔 보화는 그대로 남지만 땅에 쌓아둔 보화는 땅이 불타는 순간에 모두 사라집니다.

마6:20절입니다. "오직 너희 자신을 위해 보물을 하늘에 쌓아두라. 거기서는 좀이 먹지도 녹이 슬지도 않으며 거기서는 도둑이 뚫지도 훔치지도 못하느니라." 하늘에는 좀이 없고, 녹이 슬지 않습니다. 하늘에는 도둑이 들지 않습니다. 거기는 영원히 안전합니다. 주님은 이 땅에서 자신을 위하여 보물을 쌓는 것은 금하셨지만, 하늘에다 자신을 위하여 보물을 쌓는 것은 권장하시고, 명령하십니다. 우리가 가진 보물은 무엇입니까? 성도들이 성경을 통해서 나는 얼마나 부자인가? 이 점을 분명하게 알았으면 좋겠습니다.

사도 바울은 우리가 가진 보배를 이렇게 말했습니다. "우리가 이 보배를 질 그릇에 가졌으니 이는 능력의 심히 큰 것이 하나님께 있고 우리에게 있지 아니함을 알게 하려 함이라."(고후 4:7). 주 예수 그리스도를 믿는 성도라면 누구나 다 이 보배를 자신 안에 지니고 있습니다. 주님은 우리 안에 보배를 주셨습니다. 하나님이 하늘에서 주신 이 보배를 가지고 이 땅을 살아가는 것입니다.

베드로는 말하기를, "은과 금은 내게 없거니와 내게 있는 것을 네게 주노니……"(행3:6a)라고 했습니다. 베드로는 물질적으로 부자가 아니었습니다. 그는 자신이 말한 대로 은과 금은 자신에게 없었습니다. 그러나 그는 누구도 지니고 있지 못한 보배를 가지고 있었습니다. 자신 안에 주님이 계셨고, 성령이 계셨고, 보배로운 믿음이 있었습니다. 그에게는 [예수님의 이름]이 있었습니다.

여러분은 지니고 있는 것에 대한 가치를 소홀히 여기고, 자신이 가지고 있지 않는 것에 대한 탐욕으로 염려하고 불평하지 않습니까? 예수의 이름보다 '금과 은'을 더 소유하고 싶어 하는 그리스도인들은 앉은뱅이를 일으키기는 고사하고 멀쩡한 사람을 자빠뜨려 버립니다.

예수를 믿는 우리는 마음에 보물이 가득합니다. 한번 성령과 진리로 찾아보겠습니다.

① 나는 영원한 생명을 소유하고 있습니다(요3:14-18). 영생을 소유한 사람이 힘들다고 죽는 소리를 내면 듣는 사람이 미쳤다고 욕할 것입니다.

② 나는 하늘에 거처할 mansion이 있습니다(요14:1-3). 하늘에 거처할 집을 두고 집 없다고 앓는 소리 하면 여기에도 거기에도 집이 없는 사람들은 아마 미치고 말 것입니다.

③ 나는 지식을 초월하는 평안이 있습니다(빌4:5-7). 돌아가는 상황을 보면 암담하고 두렵고 불안해야 하는데 이상하게 마음 가운데 아무렇지도 않고 평안합니다. 그래서 청심환과 신경안정제를 먹지 않아도 됩니다. "내 맘속에 있는 참된 이 평화는 아무도 앗아 갈 수 없네…."(새 찬송411)

④ 나는 말할 수 없는 기쁨이 있습니다(벧전1:5-9). 두들겨 맞고 기뻐한 사람은 아마 그리스도인들 밖에 없을 것입니다. 감옥에서 감사를 드린 후 찬송을 부른 사람도 그리스도인들 밖에 없을 것입니다.

⑤ 나는 언제나 나를 지켜주고 보호해 주시며 사랑하시는 하나님이 있습니다(롬8:28-29).

⑥ 나는 장차 받을 면류관(왕관)이 있습니다. 주님은 우리를 위하여 상급을 준비해 두셨습니다.

⑦ 하나님의 성령이 내 안에 주인으로 계십니다. 나의 연약함을 도우시고, 하나님의 뜻대로 구하시며, 진리 한가운데로 인도하시며, 위로하시고, 가르쳐 주시는 성령이 있습니다.

⑧ 나는 믿고 읽을 수 있는 성경이 있습니다.

⑨ 나는 예수님의 이름을 사용할 수 있는 허가권(permission)을 가지고 있습니다. 주님은 우리에게 자신의 이름을 사용해도 좋다고 하셨습니다.

나는 도대체 벌어 놓은 것이 없다, 나는 가진 것이 없다고 한탄하시겠습니까? 힘도 없고, 능력도 없고, 재주도 없고, 친구도 없고, 뭐도 없고, 없고… 없고만 탓하지 말고 주님이 내게 주신 것들을 찾아보십시오. 모두 엄청난 보화들입니다. 세상에 이만한 부자를 보셨습니까?

아직도 부족하십니까? 보화가 더 필요하십니까? 하늘에 쌓아둘 보배를 얻고 싶다면 보배 창고를 찾으십시오. 보배 창고의 위치는 골로새서 2:3에 있습니다. 우리의 모든 보배가 거기에 있습니다. "그분 안에는 지혜와 지식의 모든 보화가 감추어져 있느니라."(골2:3). 예수 그리스도 안에서 발견할 수 없는 것은 이 세상 어디에도 존재하지 않는 것입니다.

우리가 이 땅에서 하늘에 쌓아둘 보화는 이것입니다.

고린도전서 3:12-13 "만일 어떤 사람이 이 기초 위에 금이나 은이나 보석이나 나무나 건초나 짚을 세우면 각 사람의 일이 드러나리라. 그 날이 그것을 밝히 드러내리니 이는 그것이 불에 의해 드러나고 그 불이 각 사람의 일이 어떤 종류인지 시험할 것이기 때문이라." 금은 하나님의 신성과 왕권을 드러냅니다. 우리가 주 예수 그리스도의 하나님 되심을 선포하고 찬양하고 믿을 때 우리는 하늘에 금을 쌓는 것입니다.

예수님을 단지 인간으로, 사상가로, 위대한 현인이나 성자 정도로 믿고 따르는 이들은 하늘에 '금'을 쌓을 수 없습니다. 여호와의 증인들은 아무리 열심히 전도를 해도 그들은 예수 그리스도의 하나님 되심을 부정하기 때문에 아무 보상이 없습니다.

우리들은 예수 그리스도께서 하나님이심을 믿기에 하늘에는 불을 견딜 수 있는 금이 쌓여져 있습니다. 자신을 부인할 지언정 주님을 부인하지 않는 믿음의 고백이 하늘에 금을 쌓는 것임을 기억하십시오.

은은 주님의 구속의 몸값을 예표 합니다. 우리가 그리스도의 십자가와 피의 대속을 믿고 그것을 선포할 때 우리는 저 하늘에 은을 쌓는 것입니다. 구약 성경에서 은은 구속의 가격입니다(그리스도께서도 은 삼십에 팔리셨습니다). 사람은 은 몇 세겔로 그들의 혼을 구속했습니다(출30:12-15, 민3:46-49).

전쟁에 나가기 전, 이스라엘은 은으로 만든 나팔을 불어 경고음을 냈으며, 하나님은 그들의 원수들로부터 그들을 건져내셨습니다(민10:1,2,9). 그리스도의 죽음 후에 신약 성경이 완성되었고, 주님의 피가 은을 대신하여 구속의 몸값이 되었습니다. "너희가 알거니와 너희 조상들로부터 전통으로 물려받은 너희의 헛된 행실에서 너희가 구속받은 것은 은이나 금같이 썩을 것들로 된 것이 아니요, 오직 흠도 없고 점도 없는 어린양의 피 같은 그리스도의 보배로운 피로 된 것이니라."(벧전1:18,19).

우리가 다른 사람들에게 주님의 피로 어떻게 구속받는지를 말해 줄 때 우리는 하늘에 은을 쌓을 수 있습니다. 잠언19:8에는 "지혜를 얻는 자는 자기 영혼을 사랑하고 명철을 지키는 자는 복을 얻느니라."고 했습니다. 우리가 지혜롭다면 주 예수 그리스도의 놀라운 구속 사역에 대해 많은 사람들에게 말해 줌으로써 은을 쌓을 수 있습니다.

성경에서 "보석들"은 구원받은 사람들을 나타냅니다. 말라기3:16 "그 때에 여호와를 경외하는 자들이 피차에 말하매 여호와께서 그것을 분명히 들으시고 여호와를 경외하는 자와 그 이름을 존중히 생각하는 자를 위하여 여호와 앞에 있는 기념책에 기록하셨느니라." 주 여호와를 두려워 한 자들을 위한 기억의 책이 있다는 사실을 유념하십시오. 이 책에는 하나님께서 주님을 두려워 한 자들(주의 말씀을 두려워 한 자들)의 이름을 기록해 두셨습니다. 하나님은 말씀하시기를 믿는 신자들을 자신의 보화로 삼으시겠다고 하셨습니다.

하나님의 백성은 보석으로 예표 되어 있습니다. 스가랴는 성도들을 귀한 보석이라고 합니다. 스가랴 9:16 "이 날에 그들의 하나님 여호와께서 그들을 자기 백성의 양떼 같이 구원하시리니 그들이 면류관의 보석 같이 여호와의 땅에 빛나리로다." 다니엘 12장은 성도들을 별로 말하고 있음을 주목해 보십시오. 각각의 별이 그리스도인을 예표하는 보석처럼 말하고 있습니다.

다니엘12:2,3 "땅의 티끌 가운데서 잠자는 자들 중의 많은 사람이 깨어나 얼마는 영존하는 생명에 이르고 얼마는 수치와 영존하는 치욕에 이르며 지혜로운 자들은 궁창의 광채같이 빛나고 많은 사람을 의로 돌아서게 하는 자들은 별들과 같이 영원무궁토록 빛나리라." 보석들은 영혼을 그리스도께로 이겨 옴으로써 얻을 수 있습니다. 금, 은, 보석들은 주님을 높이는 것, 주님을 증거 하는 것, 주님을 위해 영혼을 이겨 오는 것과 밀접한 관련을 맺고 있습니다. 신자들의 주된 임무는 사람들을 데려와서 주 예수 그리스도께서 구원의 주라는 사실을 알게 하는 것입니다.

우리는 하나님의 말씀을 사랑하고 그 말씀을 믿고 사용함으로써 하늘에 보화를 쌓을 수 있습니다. 하나님은 말씀을 존중하는 자를 존중하시고, 말씀을 멸시하는 자를 멸시하십니다. "그것들은 금보다, 참으로 많은 정금보다 더 사모해야 할 것들이며 또 꿀과 벌집보다 더 달도다."(시19:10).

우리가 얻어야 할 보화는 하나님의 지혜입니다. "지혜를 거래하는 것이 은을 거래하는 것보다 나으며 그것의 이익이 정금보다 나으니라. 지혜는 루비보다 귀하니 네가 바랄 수 있는 모든 것이 그것과 비교될 수 없도다."(잠3:14~15). "지혜를 얻는 것이 금을 얻는 것보다 얼마나 나은가! 명철을 얻는 것이 오히려 은을 택하는 것보다 낫도다!"(잠16:16).

하나님의 지혜는 예수 그리스도이십니다. 지혜가 부족하면 구하십시오(약1:5). 하나님은 후히 주시고 꾸짖지 않으신다고 하셨습니다. 악을 피하고 주를 두려워하는 지혜입니다. 우리가 악을 피하고(잠8:13) 주를 두려워할 때마다 하늘에 우리를 위한 보물이 쌓입니다.

욥은 지혜와 명철을 구했습니다. 그는 지혜와 명철의 가치를 정확히 알고 있었습니다. "그것은 금으로도 얻지 못하며 은을 달아서도 그것의 값을 치르지 못하리로다. 오빌의 금이나 귀한 줄마노나 사파이어로도 그것의 값을 매기지 못하겠고 황금과 수정이라도 그것과 견주지 못하며 정금 보물로도 그것을 바꾸지 못하고 산호나 진주는 말할 필요도 없나니 지혜는 루비보다 더 값지도다. 이디오피아의 황옥이라도 그것과 견주지 못하며 순금으로도 그것의 값을 매기지 못하리로다. 이러하거늘 지혜는 어디서 오는가? 명철이 있는 곳은 어디인가? 그것이 모든 생물의 눈에 숨겨졌고 공중의 날짐승들에게 가려졌나니 멸망과 죽음도 말하기를, 우리가 우리의 귀로 그것의 명성을 들었노라, 하느니라."(욥28:15~22).

명철이 무엇입니까? 주님께서 말씀하시기를, "계략과 건전한 지혜가 내 것이니 나는 명철이니라. 내게 능력이 있으므로"(잠 8:14). 주님이 하나님의 지혜이시고, 주님 자신이 명철이십니다. 우리는 주님을 얻으면 모든 것을 얻습니다. 그래서 사도 바울은 그분을 얻는 것이 유일한 목표였고, 소망이었습니다. "참으로 확실히 모든 것을 손실로 여김은 그리스도 예수 내 [주]를 아는 지식이 매우 뛰어나기 때문이라. 내가 그분을 위하여 모든 것의 손실을 입고 그것들을 단지 배설물로 여김은 내가 그리스도를 얻고"(빌3:8).

마6장 21절입니다. "너희 보물이 있는 곳에, 거기에 너희 마음도 있으리라." 우리의 보물이 어디 있는가를 보면 우리의 마음이 어디에 있는지 알 수 있고, 그 반대도 성립합니다. 주님은 나의 보물이요, 상속이요, 상급이요, 유산입니다. 우리의 보물이신 주님, 상급, 거할 집은 모두 저 하늘에 있습니다. 사도 바울은 외치기를, "그러므로 너희가 그리스도와 함께 일어났거든 위에 있는 그것들을 추구하라. 거기에는 그리스도께서 하나님 오른편에 앉아 계시느니라. 위에 있는 것들에 너희의 애착을 두고 땅에 있는 것들에 두지 말라."(골3:1-2). 우리는 주 예수 그리스도가 나의 보물이란 사실을 알고, 그 보물이 있는 하늘에 모든 마음이 가서 있는 것입니다.

8장 온몸 안에 쌓은 보물은 인생의 영광

(마 6:24-34)"한 사람이 두 주인을 섬기지 못할 것이니 혹 이를 미워하고 저를 사랑하거나 혹 이를 중히 여기고 저를 경히 여김이라 너희가 하나님과 재물을 겸하여 섬기지 못하느니라 (25) 그러므로 내가 너희에게 이르노니 목숨을 위하여 무엇을 먹을까 무엇을 마실까 몸을 위하여 무엇을 입을까 염려하지 말라 목숨이 음식보다 중하지 아니하며 몸이 의복보다 중하지 아니하냐 (26) 공중의 새를 보라 심지도 않고 거두지도 않고 창고에 모아들이지도 아니하되 너희 하늘 아버지께서 기르시나니 너희는 이것들보다 귀하지 아니하냐 (27) 너희 중에 누가 염려함으로 그 키를 한 자라도 더할 수 있겠느냐 (28) 또 너희가 어찌 의복을 위하여 염려하느냐 들의 백합화가 어떻게 자라는가 생각하여 보라 수고도 아니하고 길쌈도 아니하느니라 (29) 그러나 내가 너희에게 말하노니 솔로몬의 모든 영광으로도 입은 것이 이 꽃 하나만 같지 못하였느니라 (30) 오늘 있다가 내일 아궁이에 던져지는 들풀도 하나님이 이렇게 입히시거든 하물며 너희일까보냐 믿음이 작은 자들아 (31) 그러므로 염려하여 이르기를 무엇을 먹을까 무엇을 마실까 무엇을 입을까 하지 말라 (32) 이는 다 이방인들이 구하는 것이라 너희 하늘 아버지께서 이 모든 것이 너희에게 있어야 할 줄을 아시느니

라 (33) 그런즉 너희는 먼저 그의 나라와 그의 의를 구하라 그리하면 이 모든 것을 너희에게 더하시리라 (34) 그러므로 내일 일을 위하여 염려하지 말라 내일 일은 내일이 염려할 것이요 한 날의 괴로움은 그 날로 족하니라"

소나무 씨앗 두 개가 있었습니다. 하나는 바위틈에 떨어졌고, 다른 하나는 흙 속에 묻혔습니다. 흙 속에 떨어진 소나무 씨앗은 싹을 내고 쑥쑥 자라났습니다.

그러나 바위틈에 떨어진 씨앗은 조금씩 밖에 자라지 못하였습니다. 흙속에 떨어진 소나무는 "날 보라니까. 나는 이렇게 크게 자라는데, 너는 왜 그렇게 조금씩 밖에 못 자라니?"라고 바위틈의 소나무를 비웃었습니다. 바위틈의 소나무는 아무 말도 하지 않고 깊이깊이 뿌리만 내리고 있었습니다. 그런데 어느 날, 비바람이 몰아쳤습니다. 태풍이었습니다.

산 위에 서 있던 나무들이 뽑히고 꺾어지고 있었습니다. 바위틈에서 자라나는 소나무는 꿋꿋이 서 있는데. 흙 속에 서 있는 소나무는 뽑혀 쓰러지고 말았습니다.

바위틈의 소나무가 "왜 내가 그토록 모질고 아프게 살았는지 이제는 알겠지? 뿌리가 튼튼하려면 아픔과 시련을 이겨내야 하는 거야."라고 쓰러진 소나무에게 말했습니다. 우리에게 커다란 기쁨을 안겨주는 일은 모두 고통의 순간을 거친 뒤라고 해도 과언이 아닙니다. 우리는 살아가면서 고통의 저 끝 한 자락에는 기쁨이 있을 거라는 믿음이 있기 때문에 가슴 한 편에 희망의 보금 자리를 틀어줘고 살아갈 수 있답니다.

복음에서 예수님께서는 "하늘나라는 밭에 숨겨진 보물과 같다. 그 보물을 발견한 사람은 그것을 다시 숨겨 두고서는 기뻐하며 돌아가서 가진 것을 다 팔아 그 밭을 산다."라고 말씀하십니다. 하늘나라는 쉽게 발견하기 어렵다는 말씀이기도 합니다.

자신에게 밭에 숨겨진 보물과 같은 하늘나라는 무엇입니까? 저는 밭에 숨겨진 보물과 같은 하늘나라는 호흡이 건강할 때 자신의 온몸 안에 채워진 예수님의 거룩한 마음이라고 생각합니다. 하나님 아버지를 사랑하는 마음속에, 고통 받고 아파하는 이웃을 위해 모든 것을 내어주시는 마음 안에 이미 하늘나라의 삶이 시작되고 있는 것 같습니다.

자신이 가진 모든 것을 다 내어주고도 더 주고 싶어 하는 예수님의 거룩한 마음을 우리가 알게 되고 그것을 닮아 갈 때 비로소 하나님 나라의 영광이 우리 안에 실현되는 것이 아닐까요? 예수님의 거룩한 마음을 닮기란 결코 쉽지 않을 것입니다. 바위틈에 떨어진 소나무 씨앗처럼 많은 시련과 고통이 우리에게 다가 올 것입니다. 그러나 우리의 눈을 예수님께 맞추고 끊임없이 복음 말씀을 묵상하며 성사 생활에 충실하게 살아가다 보면 그분의 거룩한 마음을 닮아갈 수 있지 않을까요?

울산광역시 울주군에 있는 춘해 보건대학에서 사회복지학을 가르쳤던 故이경희 교수가 지난 2008년 8월 29일에 하늘나라로 떠났는데요. 떠나기 전에 유서 한 장을 남겼답니다. 저는 소아마비로 4살 때부터 하반신이 마비된 지체장애인입니다. 뒤늦게 공부를 하고 교수가 되어 장애인 복지를 위해서 힘써 왔어요.

어느덧 54년의 인생을 산 것 같아요. 부산 지역 장애인 베드민턴협회 회장도 맡아서 사회활동도 많이 했고요. 지난 5월에 유방암 말기 진단을 받고 나서 생각했어요. '저에게 주어진 마지막 시간까지 제가 할 수 있는 일이 무얼까?' 마지막 생명이 다하는 그 시간까지 강단에서 제자들에게 장애인 복지에 대해서 하나라도 더 가르쳐 주고 싶었어요.

제가 살아온 아파트가 한 채 있는 데, 시가로 1억 정도 된다고 합니다. 이 아파트를 팔아서 매년 500만원씩 20년간 춘해보건대학 사회복지과 학생들에게 장학금으로 써 주셨으면 고맙겠습니다. 제가 운동하면서 탔던 휠체어(200만원 상당)도 팔아서 간질병을 앓고 있는 제자의 병원비로 써 주세요. 제가 사회복지과 학생들에게 마지막 선물을 줄 수 있다는 마음을 가질 수 있어서 행복합니다. 이 작은 행복이 우리 학생들의 가슴에 잔잔히 전해졌으면 좋겠어요.

여러분! 이 세상에 왔다가 떠나면서 무엇을 남겨 놓으려고 하십니까? 인생에서 가장 위대한 가치들이 있어요. 인생의 위대한 가치들 중의 하나가 바로 삶의 영향력입니다. 사람이 영향을 주고, 또 영향을 받을 수 있다는 것을 알게 될 때 더 발전할 수 있습니다. 인생을 성공적으로 산 사람들은 공통적인 특징이 있습니다.

그것은 현재의 자신보다 더 높고, 더 나은 무엇인가를 향해 움직였다는 겁니다. 그래서 그런지 성공적인 인생을 사는 사람은 그의 빈자리가 더욱 커 보이고, 더 아름답게 느껴집니다. 진정으로 성공한 사람은 가장 소중한 보물을 이 세상에 남겨 두고 떠납니다. 진정으로 성공한 사람의 소중한 보물이란 온몸 안에 예수님의 거룩을 채워서 하나님의 은혜로 다듬어진 재능이라 생각합니다. 모든 사람이 닮기 원하는 하나님께서 주신 재능입니다. 성공한 사람은 없는 가운데서도 가장 충분한 삶을 보여주는 것이라고 생각합니다. 진정으로 성공한 사람은 행복한 삶의 비밀을 간직한 사람입니다.

워렌 위어스비(Warren Wiersbe) 목사님이 성도들에게 이런 말을 했어요. "행복한 사람의 비밀은 의무감을 가지고 기뻐하는 것이다. 의무가 기쁨이 될 때 무거운 짐들이 축복이 된다."

여러분! 지금 행복하기 원하십니까? 그렇다면 어제(지난날에) 내가 해야 할 의무를 감당했어야 합니다. 지금 내가 해야 할 의무를 기쁘게 감당할 때 내일의 삶이 행복합니다.

얼마 전에 〈TV는 사랑을 싣고…〉 라는 프로에 '아름다운 용서' 코너가 있더라고요. 거기에 출연한 사람들에게 공통점이 있는 걸 봤어요.

지난 날 남편의 학대와 폭행에 시달리다 가정을 떠나고, 아이들을 떠난 엄마, 자식을 버린 아빠가 뒤늦게 자식을 찾아나서는데 얼굴을 제대로 들지 못해요. 마음을 졸이면서 지난 날 자식에게 의무를 다하지 못해서 미안하다고… 용서해 달라고… 그때는 어쩔 수가 없었다고… 그때 힘들고 고통스러웠어도 어미로서 의무를 다했어야 했는데… 아비의 의무를 다했어야 했는데… 의무를 다하지 못한 걸 후회하고 용서를 빌더라고요.

여러분! 행복은 내가져야 할 의무를 기쁨으로 감당할 때, 그 무거운 짐들이 도리어 축복이 되는 것입니다. 내가져야 할 의무를 사랑으로 지고, 내가 가져야 할 의무를 믿음으로 질 때, 내가져야 할 십자가를 질 때 그 십자가가 축복이 됩니다.

오늘 본문은 예수님이 제자들에게 산상수훈으로 주셨던 말씀입니다. 보물에 대해서 말씀하셨어요. 여러분은 '보물'이 뭐라고 생각합니까? 보물은 자신이 가장 귀하게 여기는 것입니다. 보물은 희소성의 가치가 있는 가장 값비싼 물질입니다.

때로 이 보물은 눈에 보이지 않지만 그 어떤 것과 바꿀 수 없는 소중한 가치이기도 합니다. 그래서 때로 사람들은 귀한 보물을 자신의 생명과 맞바꾸기도 해요. 인간은 보물을 자신을 위해서 쌓아두는 습성이 있습니다.

본문 마태복음 6장 19절과 20절에 보면, "너희를 위하여 보물을 땅에 쌓아두지 말라. 오직 너희를 위하여 보물을 하늘에 쌓아두라. 네 보물이 있는 곳에 네 마음도 있다." 예수님께서도 사람들이 자신을 위하여 보물을 쌓아둔다는 사실을 아셨어요. 그런 인생을 향해서 보물을 가장 안전하게 둘 곳에 대해서 말씀하셨어요. 여기서 "보물"과 "쌓아두다" 라는 말은 헬라어로 "데사우로스(thesauros)"로 같은 단어입니다. 우리말로 "저축, 부(富), 보물, 축적하다, 창고에 모으다, 보물을 함께 쌓아두다" 라는 뜻입니다.

예수님이 왜 보물에 대해서 말씀하셨을까요? 보물이 귀하기 때문에 말씀하신 것일까요? 그게 아닙니다. 예수님이 제자들에게 "네가 보물을 쌓아둔 그곳에 네 마음(kardia)도 있다." 하고 말씀하신 것을 보면, 이 말씀의 핵심은 보물에 있는 것이 아닙니다. 이 말씀의 핵심은 "지금 네 마음이 어디에 있느냐? 마음의 중심을 어디에 두고 사느냐?" 하고 물으신 것입니다.

예를 들면, 1877년에 채굴한 보석 '옐로우 티파니(Tiffany) 128캐럿 82면 얼음 위의 새'가 시가로 10억 가치가 있대요. '1,000캐럿에 화이트&옐로우 왕관' 보석이 시가로 61억이랍니다. 이 보석을 선물로 받았다면 기분이 매우 좋으시겠죠?

그런데 그 다음이 문제입니다. '이 보석을 어디에 둬야 할까?' 보석을 안전하게 둘 곳을 찾기 전까지 마음이 불안하다는 겁니다. 보석을 둔 곳에서 한시도 마음이 떠나지 않을 거예요. 설령 이 왕관을 쓰고 다닌다고 해서 내가 보물이 되는 걸까요?

이 보물을 받은 그 순간부터 자신의 인생을 빼앗기고 살게 될지도 모르죠. 이처럼 보물을 땅에 쌓아둔 사람은 보물이 주인이 되고, 자신은 보물의 종으로 삽니다.

예수님은 따르는 제자들에게 "무엇을 위해서 살아야 하는가? 하나님의 자녀들은 무엇을 보물처럼 여겨야 하는가?" 이것을 말씀하셨습니다. 호흡이 건강할 때 온몸 안에 하나님으로 채워두는 것에 마음을 두고 살아가라는 권면이기도 합니다.

율법주의자였던 청년 사울이 부활하신 예수님을 만나기 전에 그는 율법학자가 되는 것이 가장 고상하다고 생각했어요. 율법을 배우고, 율법을 지키기 위해서 자신의 모든 것을 집중했습니다. 그는 예수 믿는 사람들을 핍박하고, 예수를 믿지 못하도록 갖가지 방법으로 훼방하고 다녔어요. 이처럼 율법주의 신앙을 가진 사람은 하나님을 믿지만 하나님의 긍휼을 알지 못하기도 합니다. 하나님의 긍휼을 실천하지 못하고 율법의 종으로 사는 겁니다.

율법주의자는 자신이 알고 있는 율법의 틀에 갇혀 삽니다. 자신이 알고 있는 율법의 틀 안에서 다른 사람들을 판단하고 정죄합니다. 청년 사울이 부활하신 예수님을 만나고 나서 이렇게 고백을 했어요. "무엇이든지 내게 유익하던 것을 내가 그리스도를 위하여 다 해로운 것으로 여길 뿐 아니라 또한 모든 것을 해로운 것으로 여김은 내 주 그리스도 예수를 아는 지식이 가장 고상하기 때문이다. 내가 그를 위하여 모든 것을 버리고 배설물로 여김은 그리스도를 얻고 그 안에서 발견되려 함이다."(빌 3:7-9)

지금 여러분이 가장 고상하다고 여기는 것이 무엇입니까? 최고의 보물이 뭐라고 생각하세요? 예수님을 아는 지식이 없는 사람은 무엇을 가장 큰 보물로 생각합니까? 자신이 알고 있는 지식을 최고라고 여깁니다. 그러나 유대인의 랍비 마빈 토케이어는 말하기를 "학식을 내비치면서 자랑해서는 안 된다. 많이 배웠다는 것은 자랑이 아니다. 많이 배운 만큼 겸허한 마음과 지혜가 풍성한 성품이 자랑인 것이다." 그랬어요. 자신의 지성을 자랑하는 지식인은 자신의 넓은 독방을 자랑하는 죄수와 같습니다.

자신이 알고 있는 경험, 자신이 갖고 있는 명예를 가장 큰 보물로 여기는 사람들도 있는데요. 참군인은 갑옷을 입을 때 자랑하지 않고 갑옷을 벗을 때 자랑한다고 합니다. 왜 그런지 아세요? 갑옷을 벗고 난 후에 그가 한 일을 알 수 있기 때문입니다. 갑옷을 벗고 난 후에 그의 삶을 평가하기 때문입니다.

영국의 작가이자, 옥스퍼드대학교에서 영문학을 가르쳤던 C. S. 루이스(Clive Staples Lewis)는 젊은 시절에 철저한 무신론자였습니다. 그가 예수를 믿고 기독교 사상가가 되었는데, 그가 이런 말을 했어요. "하나님에 대한 나의 생각이 완전하지 않았다. 몇 번이고 내 생각이 부서져야 한다. 하나님께서도 직접 그 생각을 깨뜨리신다. 그분은 위대한 우상 파괴자이다. 우리의 감정은 자주 바뀌지만 우리를 향한 주님의 사랑은 그렇지 않다."

여러분! 인간의 감정은 수시로 바뀌고 변합니다. 인간의 사랑도 삶의 환경에 따라서 자주 바뀝니다. 예수님을 아는 지식이 없을 때, 그의 마음과 감정의 변화가 더 심합니다. 왜 그러는지 아세요? 마음의 중심을 지킬 수 있는 법이 없기 때문에 그럽니다.

예수님이 나의 그리스도이심을 알게 되면 어떻게 됩니까? '내가 어떤 사람인가? 내 생각이 완전하지 않구나. 내 감정이 이렇게 자주 바뀌는구나.' 그걸 깨닫게 됩니다. '내가 얼마나 완고한 사람이었는가? 내가 얼마나 교만한 사람이었는가? 내가 얼마나 지적인 우상을 숭배하고 살았는가?' 그걸 깨닫게 되죠. 또한 '내가 구원받지 못한 영혼으로 얼마나 방황하고 헤매고 살았는가?' 그걸 비로소 알게 됩니다.

예수를 믿기 전에는 재물이 인생에서 가장 중요한 것으로 여깁니다. 재물을 우상으로 섬기고 살았어요. '돈이 있으면 뭐든지 다 할 수 있다. 인생은 돈이 있어야 행복하다. 돈이 없으면 힘이 없다.' 그렇게 생각하잖아요? 이런 사람은 돈이 마음의 주인이 되고, 보물을 주인으로 섬깁니다.

돈을 주인으로 섬기는 사람은 하나님을 섬기지 못합니다. 예수님이 본문 마6:24절에서 말씀하셨어요. "한 사람이 두 주인을 섬기지 못할 것이니 혹 이를 미워하고 저를 사랑하거나 혹 이를 중히 여기고 저를 경히 여김이라. 너희가 하나님과 재물을 겸하여 섬기지 못하느니라."

여기서 예수님이 왜 재물을 사랑하는 사람은 하나님을 섬기지 못한다고 말씀하셨을까요? 재물이 사람의 마음을 빼앗아버리기 때문입니다. 재물에 마음을 빼앗기면 생명을 소홀하게 여깁니다. 인생의 보물에 마음을 빼앗긴 사람은 무엇이 중요한지, 무엇을 인생의 최우선 순위에 둬야 하는가? 그걸 모릅니다. 삶의 수단과 목적, 이 둘 중에서 무엇이 더 중요하지 모릅니다. 그래서 생명보다 생계문제에 집착하고 걱정하는 겁니다.

본문 마6:25절을 보세요. "목숨을 위하여 무엇을 먹을까? 무엇을 마실까? 몸을 위하여 무엇을 입을까? 염려하지 말라. 목숨이 음식보다 중하지 아니하며 몸이 의복보다 중하지 아니하냐?"

여러분! 목숨과 먹고 마시는 것 중에서 어떤 것이 더 중요합니까? 목숨이 먹고 마시는 것보다 더 중요하지 않습니까? 물론 먹고 마셔야 목숨을 유지합니다. 그러나 먹고 마시는 것은 목숨을 유지하는 수단입니다. 목숨은 삶의 가치요, 삶의 목적입니다. 의복은 몸을 보호하고, 몸을 아름답게 가꾸는 재료입니다. 의복이 아름다워도 인생이 아름답지 못한 사람도 있어요. 삶의 수단을 삶의 목적보다 더 우선순위를 두면 어떻게 됩니까? 삶의 수단에 매이면 걱정과 근심이 떠나지 않습니다.

마음에 걱정이 많으면 기쁨이 사라집니다. 걱정이 많으면 행복하지 않아요. 마음에 근심이 쌓이면 눈과 혼과 몸이 쇠약해집니다. 욥기 17장 7절에 보면, "내 눈이 근심으로 하여 어두워지고 나의 온 지체가 그림자 같구나." 그랬어요.

여러분! 나의 인생을 보물 인생으로 만들려면 어떻게 해야 합니까? '하나님의 영광이 무엇인가?' 그걸 똑바로 알아야 합니다. 예수님이 제자들에게 솔로몬의 영광을 말씀하셨습니다.

본문 마6:29절을 보세요. "솔로몬의 모든 영광으로도 입은 것이 들의 백합화만 못하였다." 예수님이 왜 솔로몬의 영광을 들의 백합화보다 못하다고 하셨을까요? 이 세상 사람들이 솔로몬을 보물 인생의 모델로 삼고, 솔로몬처럼 살기 원합니다.

솔로몬은 왕자로 태어나서 다윗 왕의 신앙 유산을 받았습니다. 그리고 다윗 왕으로부터 왕좌를 이어 받았어요. 솔로몬이 왕이 된 후에 하나님께 일 천 번제를 드리고 나서 하나님께 지혜로운 마음을 달라고 간구했어요. 하나님께서 그런 솔로몬을 보면서 마음이 너무 흡족하셔서 이런 복을 주셨어요. "네가 이것을 구하도다. 자기를 위하여 수(壽)도 구하지 아니하며 부(富)도 구하지 아니하며 자기의 원수의 생명 멸하기를 구하지 아니하고 오직 송사를 듣고 분별하는 지혜를 구하였도다. 내가 네 말대로 하여 네게 지혜롭고 총명한 마음을 주노니 너의 전에도 너와 같

은 자가 없었거니와 너의 후에도 너와 같은 자가 일어남이 없으리라."(왕상 3:9-12)

여러분! 솔로몬이 하나님께 지혜를 달라고 간구했을 때, 하나님께서 그에게 하나님의 영광을 얻게 해 주셨습니다. 그러나 예수님은 솔로몬의 모든 영광으로 입은 옷이 들의 백합화만 못하다고 평가하셨어요. 왜 이런 평가를 내렸을까요? 들의 백합화는 하나님의 창조원리에 따라 아름다움을 드러내기 때문입니다.

보물 인생이 되려면 하나님의 창조 원리를 따라 살아야 합니다. 하나님께서 지금 나에게 무엇을 원하시는가? 하나님께서 원하시는 것을 간구하는 사람이 하나님의 영광을 얻습니다. 그것도 호흡이 건강할 때 깨달아서 마음 안에 차곡차곡 채워야 합니다. 관심을 온몸 안에 하나님으로 채우는 것에 두어야 합니다.

D. L. 무디 전도자가 말하기를 "주님은 아무도 빈손으로 돌려보내지 않으신다. 자기 자신으로 가득 찬 사람들을 제외하고는…" 그렇습니다. 자신으로 가득 차 있는 사람은 자신의 것만으로 삽니다. 자신의 손에 있는 것만을 움켜쥐고 있는 사람은 하나님의 영광을 받지 못합니다. 움켜 주고 있으니 손을 펼 수가 없으니까요.

보물 인생을 살려면 내 자신이 하나님의 영광 가운데 살아야 합니다. 하나님의 영광을 구하고, 하나님의 믿음으로 살아야 합니다. 예수님은 하나님의 믿음으로 사는 사람이 먼저 무엇을 구하는가? 그것을 가르쳐 주셨습니다.

본문 마6:33절을 보세요. "그런즉 너희는 먼저 그의 나라와 그의 의를 구하라. 그리하면 이 모든 것을 너희에게 더하시리라." 여러분! 여기서 우리의 인생을 한 번 점검해 보십시다. 내 인생이 날마다 더(+)해지는 삶을 살고 있습니까?

강철왕 앤드류 카네기가 이런 말을 했어요. "나는 평생 동안 내 삶의 목표를 종이에 적었다. 하루 두 번(기상 후, 취침 전) 종이에 쓴 목표를 큰 소리로 외치면서 두 가지 원칙을 실천했다. 그랬더니 1주일에 1달러 20센트를 받던 면화 공장 노동자에서 개인 재산만 4억 달러 넘게 소유한 거부로 성장하게 되었다."

나의 인생을 보물로 만들려면, 보배로운 인생을 살려면 먼저 하나님의 나라가 내 안에 이루어지기를 기도해야 합니다. 하나님의 나라가 먼저 우리의 가정에, 우리 가족들에 이루어지기를 간구하십시오. 하나님의 나라를 위해 간구하는 사람은 '내 앞에 놓여 있는 과제(임무)를 보고 걱정하지 않습니다. 왜냐고요? 내 주인이신 하나님, 나와 함께 하시는 능력의 주님이 더 크신 것을 믿기 때문입니다.

애나 그레함 러츠(Anna Graham Lutz)는 말하기를 "주님의 선물은 살아계신 말씀이신 예수 그리스도를 믿는 믿음으로 얻게 되는 영원한 삶이요, 영적인 삶이요, 풍성한 삶이다." 그랬어요.

여러분! 예수님은 우리 그리스도인이 보물 인생을 살기 원하십니다. 하나님의 영광을 얻기 원하십니다. 하나님의 나라를 위해 삶의 목표를 적어 보세요. 하나님의 의를 간구하는 기도를 드리고 외치십시오. 그러면 빈궁한 삶에서 건져 내어 보물 인생으로, 하나님의 영광이 더하는 삶으로 채워주실 것입니다.

9장 귀한 보물을 세상에 쌓아두지 말아라.

(마 6:13-21)"우리를 시험에 들게 하지 마시옵고 다만 악에서 구하시옵소서 (나라와 권세와 영광이 아버지께 영원히 있사옵나이다 아멘 (14) 너희가 사람의 잘못을 용서하면 너희 하늘 아버지께서도 너희 잘못을 용서하시려니와 (15) 너희가 사람의 잘못을 용서하지 아니하면 너희 아버지께서도 너희 잘못을 용서하지 아니하시리라 (16) 금식할 때에 너희는 외식하는 자들과 같이 슬픈 기색을 보이지 말라 그들은 금식하는 것을 사람에게 보이려고 얼굴을 흉하게 하느니라 내가 진실로 너희에게 이르노니 그들은 자기상을 이미 받았느니라 (17) 너는 금식할 때에 머리에 기름을 바르고 얼굴을 씻으라 (18) 이는 금식하는 자로 사람에게 보이지 않고 오직 은밀한 중에 계신 네 아버지께 보이게 하려 함이라 은밀한 중에 보시는 네 아버지께서 갚으시리라 (19) 너희를 위하여 보물을 땅에 쌓아 두지 말라 거기는 좀과 동록이 해하며 도둑이 구멍을 뚫고 도둑질하느니라 (20) 오직 너희를 위하여 보물을 하늘에 쌓아 두라 거기는 좀이나 동록이 해하지 못하며 도둑이 구멍을 뚫지도 못하고 도둑질도 못하느니라 (21) 네 보물 있는 그 곳에는 네 마음도 있느니라"

저 유명한 예수님의 산상수훈을 '천국의 대헌장'이라고 한 말은 참 의미 있는 표현입니다. 로빈슨(Robinson)은 예수의 산상수훈을 가리켜 '인간 윤리의 최고봉'이라고 하였습니다.

예수님은 먼저 마태복음 5장에서 천국 시민의 자격을 설파하였습니다. 그리고 6장에서 천국 시민의 실제 생활 문제를 설파하였습니다. 그 중에 ① 구제 생활(마 6:1-4)을 말씀하셨습니다. 이는 사람과의 관계성을 나타낸 교훈입니다. ② 기도 생활을 말씀하셨습니다(마 6:5-15). 이는 하나님과의 관계성을 말씀하신 교훈입니다. ③ 또한 금식에 관한 교훈을 하셨습니다(마 6:16-18). 이는 세상에서 자신과의 관계를 교훈하신 것입니다. ④ 그리고 마지막 부분에서 보물((귀중한 것))생활을 말씀하고 있습니다(마 6:19-34).

주님은 이 부분에서 "보물을 땅에 두지 말고 하늘에 쌓아 두라"(마 6:19-24)고 하였습니다. 그리고 의식주 때문에 염려하지 말고 하나님을 신뢰하므로 먼저 하나님의 나라와 의를 추구하라고 하였습니다.

우리는 이러한 예수님의 멋진 교훈 가운데 '귀한 보물을 세상에 쌓아두지 말아라.'이란 메시지를 나누며 생각해 보기 원합니다. 오늘은 '보물과 땅' 곧 '보물과 세상'의 부분을 만나 보기 원합니다.

우리는 본문에서 "너희를 위하여 보물을 땅에 쌓아 두지 말라"(마 6:19)고 한 말씀에 유의해야 합니다. 보통 보물은 ① 금, 은, 주옥같이 썩 드물고 희귀한 물건이나 ② 예로부터 대대로 물려 내려오는 보배로운 물건이나 재산 등을 뜻합니다. 오늘 본문에 예수님께서 사용한 '보물'도 보통 일반적인 관념에서 사용된 말입니다.

본문은 "너희를 위하여 보물을 땅에 쌓아 두지 말라 거기는 좀과 동록이 해하며 도적이 구멍을 뚫고 도적질하느니라"(마 6:19)고 하였습니다.

첫째, 자신을 살아계신 하나님의 성전으로 가꾸는 보물이어야 한다는 내용입니다. 본문에 "너희를 위하여 보물을…"(마 6:19)이라고 한 말에 유의해야 합니다. 이 말은 보물을 위한 인생이 아니고 인생을 위한 보물이어야 함을 의미합니다. 인생이 주체이고, 보물은 그것을 따라오는 수단이란 말입니다. 보물을 위하여 인생이 있는 것이 아니고 인생을 위하여 보물이 있어야 된다는 전제입니다.

그렇다면 보물이 인생을 따라다녀야 된다는 말입니다. 보물의 보물 된 가치척도와 효용성은 인생에 의해서 정해지는 것입니다. 보물 그 자체만 있을 때는 사실상 보물이 보물 될 수 없는 것입니다. 저 미개의 땅이었던 아프리카의 바닷가에 널려 있던 진주들도 사람들이 가기 전에는 아무런 빛을 보지 못했습니다. 개화된 사람들이 그 땅에서 그것을 발견한 이후 보배가 된 것입니다.

예수님이 보신 인생은 이 유한의 세상에 영존할 존재가 아니라고 했습니다. 예수님은 사람들을 이 세상에서 영생할 하나님의 나라로 옮겨 주려고 오셨습니다. 골로새서 1장 13-14절에 "그가 우리를 흑암의 권세에서 건져내사 그의 사랑의 아들의 나라로 옮기셨으니 그 아들 안에서 우리가 구속 곧 죄사함을 얻었도다"라고 하였습니다.

이 세상은 인생이 영원하게 거주하는 곳이 아닙니다. 여기는 영구한 도성이 없다고 하였습니다. 오직 장차 올 것을 찾는다고 하였습니다(히 13:14). 본질적으로 이 세상은 인류의 범죄로 자연까지도 저주를 받고 말았습니다. 그래서 인류는 죄의 삯인 사망으로 끝날 이 세상에서 죽음을 맞게 되었습니다. 태어나고, 살고, 죽는 유한의 과정을 밟게 되었습니다.

예수 안에 있는 구속으로 말미암아 언젠가 생명의 부활로 영생 세계에 이를 자들이 있고, 사망의 부활로 영벌의 세계에 이를 자들이 있습니다(요 5:24-29). 그러므로 이 세상에서 인생이 한시적(限時的)일 동안 사람들이 귀하게 여기는 보물이라고 하는 것들도 한시적입니다. 그러므로 보물은 근본적으로 땅에 쌓아 둘 성질의 것이 못됩니다. 마음을 세상에 빼앗겨서는 안 된다는 것입니다.

그러므로 요한계시록 18장에는 세상 보화(보물)의 센터였던 큰 성 바벨론이 하나님의 심판을 받아 불꽃 속에 타 버리고 만다고 하였습니다. 인생을 위한 보물은 인생을 따라 다녀야 합니다. 그러므로 인생이 이 세상을 떠나고 마는 마지막 한날을 보신 예수님은 "너희를 위하여 보물을 땅에 쌓아 두지 말라"고 하신 것입니다. 인생이 있는 곳에 보물이 있고, 인생이 가는 곳에 보물이 함께 따라가야 합니다. 그래서 보물을 호흡이 건강할 때 온몸에 쌓아야 되는 것입니다. 인생 없는 그 어떤 것도 보물이 될 수 없다는 교훈입니다. 그래서 '너희를 위한 보물'이라고 한 것입니다. 고린도전서 3장 21-23절 가운데 보면 "…만물이 다 너희(인생) 것임이라. …너희는 그리스도의 것이요 그리스도는 하나님의 것이니라"고 하였습니다.

둘째, 이 세상은 본질적으로 보물을 간수할 수 있는 영구한 곳이 될 수 없다고 하였습니다.

1) 그 첫째 이유는 좀이 해하고 있는 곳이기 때문입니다. 마태복음 6장 19절에 "너희를 위하여 보물을 땅에 쌓아 두지 말라 거기는 좀과 동록이 해하며…"라고 하였습니다. '거기'는 앞에 나오는 땅, 곧 이 세상을 말합니다. 여기 나오는 '좀'은 '옷을 갉아먹는 벌레'를 뜻합니다. 이 경우 '보물'은 옷을 두고 하는 말이 됩니다.

옛날이나 지금이나 사람들의 재산 중에 하나는 값지고 정교하고 진귀한 옷입니다. 우리 성경에 한 부자가 있어 자색옷과 고운 베옷을 입고 날마다 호화로이 연락했다(눅 16:19)고 하였습니다. 이 옷은 당시 노동자의 하루 품삯의 3,400배에 해당되는 고가(高價)의 것이라고 합니다.

저 구약에 나타난 나아만 사건에 나오는 내용입니다. 이스라엘 땅에 와서 완전 하나님의 은혜로 문둥병을 고침 받은 나아만은 엘리사에게 자기 수레에 싣고 온 금과 은과 옷으로 사례하려고 하였습니다. 그때 엘리사는 이것을 단호히 거절하였습니다. 이것을 본 엘리사의 종 게하시가 주인 몰래 나아만에게 나아가 은 한 달란트와 두 벌 옷을 그 주인 엘리사의 이름을 빌려 거짓 말로 요구한 일이 있습니다(왕하 5:22).

그리고 여리고성이 무너질 때 아간을 유혹한 물건 중에 하나 가 당시 바벨론의 값진 옷이었습니다. 성경에는 "시날산의 아 름다운 외투 한 벌과 은 이백 세겔과 오십 세겔중의 금덩이 하 나"라고 하였습니다(수 7:21).

이렇게 값진 의복이 사람들의 마음에 자리 잡은 '보물'입니 다. 이 세상을 지나갔던 지난날의 수다한 인생들이 썩을 육체에 화려한 옷을 걸치고 인생을 낭비하다가 하나님의 심판을 받았 습니다. 지금도 세계의 시장에는 역대 역사상의 이른바 귀공자 들과 귀공녀들이 입었다고 하는 옷이 기하학적 액수로 거래되 고 있는 사실을 종종 보게 됩니다.

그러나 그렇게도 진귀하고 비싼 옷이라도 장롱에 있을 때 작 은 '좀'에 의해서 그것이 씹히고 구멍 뚫리고 마는 것입니다. 또 혹 좀에 씹혀 해어지지 아니할 지라도 결국 시간 속에서 그 옷 은 낡아지고 마는 것입니다.

주님의 이러한 말씀은 바로 인생 육체 향락의 한계성, 유한 성, 종말성을 알려 주고 있습니다. 아름답고 값비싼 보물 같은 옷은 인간의 육체적 향락을 위한 도구입니다. 이 세상에서 인간 의 육체적 향락은 결국 자기 인생을 좀먹는 자신에 의해서 끝이 나고 만다는 사실입니다.

인생을 좀먹는 '좀'은 어떤 벌레가 아니라 바로 육체주의적이요, 금세주의적인 인간 자신의 인본주의 그 자체라는 사실입니다. 무신론적이요 반신론적이요, 유물론적이요, 우상 숭배적인 인간 그 자체가 자신을 해치는 '좀'이 됩니다. 아무튼 그 어떤 경우든 이 세상은 '좀' 때문에 보물을 영구히 간수할 장소는 아니라는 사실입니다.

2) 둘째 이유는 동록이 해하고 있는 곳이기 때문입니다(마 6:19). 여기 '동록'은 금속의 부식을 말합니다. 곧 '녹슬게 하는 작용'을 말합니다. 이 동록은 다른 말씀에는 '식물'로 번역되기도 하였습니다. 썩는 양식(요 6:27), 식물(요 4:32, 롬 14:17, 골 2:16)로도 사용되었습니다.

'동록'은 화학적인 작용에 의해 쇠붙이가 녹스는 현상을 말합니다. 원래는 '먹어 버리는 것'을 의미했습니다. 아마 예수님이 이 말씀을 사용한 것은 창고에 가득 채워 둔 곡식을 쥐나 다른 벌레들이 먹어 버리는 경우를 염두에 두었을 것입니다.

이런 경우 그 많은 곡식은 쥐들이나 아니면 다른 벌레들의 희생 제물이 될 뿐인 것입니다. 그렇다고 하면 그 소유물은 영구성이 없는 것이 아닌가, 그렇다고 할 때 예수님의 이 말씀의 배후에는 사람들의 소유의 상징인 물질(재물)을 두고 한 말씀이 되겠습니다. 말하자면 사람들이 보물처럼 여기는 소유물(재물)에는 영구성이 없다는 것입니다. 인간 자신이 유한하고 재물 자체가 가변적이고 가동적입니다. 누가 취할는지 알 수가 없는 성질의 것입니다. 침식될 수 있는 곳에 보관된 보물은 보물일 수가 없는 것입니다. 밭에 소출이 풍성했던 한 부자는 그날 밤에 그 소유를 모두 남겨 놓고 죽고 말았습니다(눅 12:20).

3) 셋째 이유는 도적이 구멍을 뚫고 도적질 할 수 있는 곳이기 때문입니다. 본문 마태복음 6장 19절 하반절에 "…도적이 구멍을 뚫고 도적질하느니라"고 하였습니다. 여기 '뚫는다'는 말은 당시 유대인들에게는 쉽게 이해되는 말입니다. 팔레스타인의 집들의 담은 대개가 진흙 벽돌로 만들어져 있었습니다. 그래서 도적들이 그 흙벽에 구멍을 뚫기란 아주 쉬운 일이었습니다. 그러므로 그 흙집 속에 간수해 놓은 보물은 언제든지 도적의 손에서 좌우될 수 있을 정도였습니다.

그렇다고 하면 그 보물이나 보물을 간수한 장소는 안정성이나 영구성이 전혀 없는 것입니다. 도적의 손에 좌우되는 곳에 어찌 보물을 보관할 수 있겠는가 말하자면 도적당할 수 있는 인간의 물질적이요 육체적인 향락은 진정한 향락일 수가 없는 것입니다.

그 도적의 정체는 실로 천태만상입니다. 이 세상은 온갖 류의 도적들에 의해서 인간의 보물들이 도적을 당하고 있습니다. 그러므로 지혜 있는 사람이라고 하면 도적당할 곳에 자기의 보물을 간수하지 않을 것입니다. 만약에 사람이 자기가 갖고 있는 보물을 도적당할 수 있는 자리에 간수한다면 그는 실로 어리석은 사람이 되고 말 것입니다. 만약에 사람의 소유물인 재물이 보물이라고 생각된다면 그것을 영구히 안전한 곳에 보관할 줄 알아야 할 것입니다.

유명한 번즈(Burns)는 이렇게 말했습니다. '쾌락이란 꽃을 피우는 양귀비 같다. 손이 닿으면 꽃잎이 떨어진다. 쾌락은 강물에 떨어지는 눈(雪)과 같다. 잠깐 희게 보이나 곧 녹아 버린다.'라고 하였습니다. 이는 번즈의 인생무상을 나타낸 글입니다. 보물과 세상은 그런 성질의 것입니다.

12세에 기하학의 원리를 증명하고, 16세에 원추곡선론을 쓰고, 19세에 계산기를 발명하고, 23세에 고대 자연과학의 큰 오류의 하나를 타파하고, 그 이후에 과학 전체를 연구하여 그 허망함을 느끼고 기독교로 전향하여, 39세에 죽을 때까지 경쾌한 유모어와 강한 추리력으로 하나님과 인간에 대한 사상을 종이에 써 놓은 인물, 그는 바로 저 유명한 철학자 파스칼(Blaise Pascal, 1623-1662)입니다.

이 천재 앞에 전 유럽은 경탄하였고, 당시의 공주와 왕자들마저도 파스칼과 악수하는 것이 가십(gossip)거리가 될 정도로 그 명성은 대단하였습니다. 그런 파스칼이 어느 날 사교 파티에 참석했다가 만취 상태에서 마차를 몰고 귀가하던 중 바퀴 하나가 세느강 다리에 부딪쳐 버렸습니다. 간신히 목숨만을 건진 파스칼은 그 순간에 큰 충격을 받고 유유히 흐르는 세느강물을 바라보며 '죽음과 영원'을 생각하기에 이르렀습니다.

도대체 죽음이란 무엇인가 죽음 앞에서 너의 천재, 명성, 젊음이 무슨 소용이 있는가 그는 마침내 인간의 실존과 영원에 대한 생각으로 신음하고 고민하기 시작했습니다.

그가 이 세상에서 진귀한 보물로 여겼던 자기 자신과 여자들과 술과 쾌락과 명성들이 도대체 무엇들인가 인간은 영원 속의 한 순간인 이 세상을 살다가 어디로 가는 것인가 영원한 허무 속인가 아니면 신의 영원한 진노 속인가,

킬케골이 자신은 7만km나 깊은 망망한 대해에 혼자 떠 있는 것 같은 불안감을 느꼈다고 하는데 당시 파스칼이 그런 불안의 늪을 걷고 있었습니다. 그는 점점 신음하고 고통하며 수척해지기 시작했습니다.

그는 마침내 예수 그리스도를 뜨겁게 체험하게 되었습니다. 그는 결정적인 회심 체험의 은총을 받게 되었습니다. 그리고 그의 인생에 새로운 대변화가 일어나기 시작했습니다.

그에게 없어서는 안 된다고 귀중히 여기던 쾌락, 사치, 명예심을 버리고 가품(佳品)들과 말을 팔고 은장식과 장식품을 모두 처분해 버렸습니다. 식사 때에는 나무젓가락과 질그릇을 사용하고 손수 설거지를 하였습니다. 새벽 일찍이 일어나 몇 시간씩 기도하고 때로는 단식과 금식과 철야 기도까지 하기에 이르렀습니다.

그는 그 짧은 나머지 인생을 철저하게 하나님께 봉사하고 그가 받은 재능을 학문의 허영을 위해 쓰지 않고 당시의 이단 사상과 투쟁하며 신앙을 변호하는 일에 사용했습니다. 파스칼은 자신의 허약 체질에도 상관치 않고 과도한 연구, 금욕, 고행으로 인하여 항상 질병에 괴로워하였습니다. 두통, 복통, 두 다리

의 마비 상태로 인생의 심연을 맛보게 되었습니다.

파스칼은 이렇게 살았습니다. 그는 자신의 질병을 하나님이 주신 은총으로, 세상을 떼어놓는 섭리의 은총으로 그리고 주님을 만난 준비케 하는 전령사로 감사하게 감수했습니다.

1662년 8월, 그의 나이 38세에 임종이 다가오자 "오, 주여! 저를 아주 버리지 마옵소서!" 하고 소천 했습니다. 실존 철학의 선구자로 지목되기도 한 그는 그의 대표작인 '팡세'를 남겼습니다. 그는 이 세상에 오직 세 가지 종류의 인간이 있을 뿐이라고 하였습니다. 이미 하나님을 찾고 섬기는 행복한 사람이 있다고 하였습니다. 아직 하나님을 찾지 못했지만 하나님 만나기를 소원하는 도리에 맞는 사람이 있다고 하였습니다. 마지막 세 번째는 하나님을 찾지도 않고 찾으려고도 하지 않는 어리석고 불행한 사람이 있다고 하였습니다.

그는 자신을 위하여 보물을 땅에 쌓지 않았던 사람이었습니다. 이 세상은 결코 보물들을 보관할 수 없는 불안의 장소임을 깨달았던 것입니다.

사랑하는 책을 읽는 분들이여! 사람들에게는 영원을 사모하는 마음이 있습니다(전 3:11). 그 영원을 향하여 애쓰는 삶의 지혜가 있습니다. 솔로몬은 이것을 하나님이 주신 마음이라고 하였습니다. 말하자면 미래를 추구하는 삶의 지혜 말입니다. 예수님은 너희를 위하여 보물을 땅에 쌓아 두지 말라고 하였습니다. 이 말씀은 영구한 미래적 삶을 추구하라는 말입니다.

세상에서 좀먹어 버리는 성질의 보물은 영구성이 없다고 하였습니다. 세상에서 녹슬어 침식되고 마는 성질의 보물은 영구성이 없다고 하였습니다. 세상에서 도적당하고 말 성질의 보물은 영구성이 없다고 하였습니다.

'좀이나 동록이나 도적들이 좌우되는 그것이 무슨 보물이 될 수 있겠는가' 하시는 예수님의 교훈입니다. 그런 곳에서 자기 행복을 찾지 말라는 것입니다. '언젠가 없어질 것으로 기대되는 보배(보물)들은 결코 인생에게 행복을 약속할 수 없다,'(A. 세네카)고 하였습니다.

인생과 보물! 그것은 결코 이 세상에서 보관될 수 없는 영원의 것이라고 하였습니다. 그래서 예수님은 너희를 위하여 보물을 땅에 쌓아 두지 말라고 한 것입니다.

그런데 많은 신앙인들은 돈을 달라고 기도합니다. 돈이 없으면 축복을 받지 못했다고 생각합니다. 사업이 잘 되게 해 달라고 하나님께 매달립니다. 사업이 안 되면 실패했다고 생각합니다. 또한 건강하게 해 달라고 합니다. 건강을 잃으면 벌 받았다고 생각합니다. 걱정과 근심거리가 없게 해 달라고 하나님께 떼를 씁니다. 그래야 예수 믿는 사람의 체면이 선다고 생각합니다. 그러나 그런 것도 다 좋지만, 그래서 그런 것들을 위해서도 기도해야 하지만, 가장 중요한 것 하나를 잊어서는 안 될 것입니다. 그것은 하나님은 우리에게 이미 모든 것을 다 주셨다는 것입니다. 하나님은 우리를 사랑하셔서 우리에게 가장 귀한 보물을 주셨습니다. 그러므로 우리가 정말 그 보물의 가치를 안다면 우리는 작은 것들을 구하기 위해 신앙의 많은 에너지를 헛되이 쓰지 않을 것입니다. 오로지 하나님께 더 감사하는 삶으로 바뀔 것입니다.

금 그릇 은그릇에 평생 욕심을 내는 잘못된 신앙에 빠지지 않는 길은 비록 질그릇일지라도 내 안에 담겨있는 예수의 가치를 발견하는 것뿐입니다.

성도들이나 사람들이나 마음에는 보물이 있습니다. 그 보물은 사람마다 다릅니다. 어떤 사람은 명예가 보물이며, 어떤 사람은 연인과의 사랑이 보물이고, 어떤 사람은 물질이 보물입니다. 예수님께서는 허다한 사람의 보물이 재물이라고 하셨습니다. 사람들은 재물을 하나님보다 더 귀하게 여기고 있습니다.

그러나 성경은 축적하기 위해 보물을 소유하는 것을 반대합니다. "오직 너희를 위하여 보물을 하늘에 쌓아두라 거기는 좀이나 동록이 해하지 못하며 도둑이 구멍을 뚫지 못하고 도둑질도 못하느니라"(마6:20). 만약 당신의 보물이 하나님에게 있지 않다면 당신은 하나님을 바라보지 않게 될 것입니다. 당신의 보물이 영원한 것이 아닐 때 보물이 사라지면 당신의 소망과 생명도 사라지게 됩니다.

세상에서 발생하는 대부분의 악한 일은 보물 때문입니다. 사람들은 보물을 찾기 위해 안간 힘을 쓰며 평생을 살아갑니다. 보물을 잡으면 교만하여져서 우쭐되기도 합니다. 그러다가 보물을 빼앗으려는 자가 있으면 자세가 호전적으로 바뀝니다. 만일 보물을 빼앗겨서 다시는 되찾을 수 없게 되면 절망하여 삶을 포기하기도 합니다. 사람들이 무엇으로 기뻐하고 절망하는 가를 보면 그 사람의 보물이 무엇인지 알 수 있습니다.

성경은 우리의 보물이 예수 그리스도이여야 한다고 말합니다. 다른 모든 것은 이 영원한 보물을 위한 액세서리에 불과합니다. 당신의 보물이 정녕 주 예수 그리스도라면 당신의 삶의 태도는 완전히 바뀔 것입니다. 돈을 빼앗겨도, 인기를 잃어도, 명예에 손상을 입어도 그렇게 대수롭지 않을 것입니다. 이는 그러한 것들이 당신의 보물이 아니기 때문입니다. 감사한 것은 주 예수 그리스도의 이 보물은 영원토록 빼앗아 갈 자가 없다는 사실입니다. 당신의 보물은 예수 그리스도입니까?

충만한 교회에서는 매주 월-화-금-토요일 1주전 전화(02-3474-0675) 예약하여 온몸집중기도 내적치유 시간이 있습니다. 대상자는 성령 안에서 홀로 서며 사실 분/ 여기서도 저기서도 치유와 능력을 받지 못한 분/ 성령으로 깊은 기도를 하고 싶은 분/ 병원에서 포기한 질병을 치유 받을 분/ 방언기도를 포함한 성령의 은사와 권능을 단기간에 받고 싶은 분/ 마음이 불안하고 두려워서 고통 하는 분, 불치병, 귀신역사를 빨리 치유 받을 분/ 목, 허리디스크, 허리어깨통증, 근육통, 온몸이 아프고 무거움에서 치유해방 받고 싶은 분/ 자녀나 본인의 우울증, 공황장애, 조울증, 불면증을 빨리 치유 받을 분/ 가슴이 답답하고 기도하기가 힘이 드는 분/ 생업과 목회로 영육의 탈진에 빠져서 고통당하시는 분/ 성령의 불세례를 체험하고 싶은 분/ 최단기간에 성령치유 능력 받고 싶은 분이 참석하시면 쉽게 만족한 효과를 거둘 것입니다.

10장 보물과 보배를 알고 온몸 안에 쌓아라.

(잠21: 20)"지혜 있는 자의 집에는 귀한 보배와 기름
이 있으나 미련한 자는 이것을 다 삼켜 버리느니라."

탈무드에 나오는 얘기입니다. 적의 군대가 한 마을을 포위했습니다. 이제는 꼼짝없이 그 마을 사람들은 적군의 포로가 될 형편이었습니다. 사람들이 저마다 살길이 없을까 하고 두려워하며 궁리하고 있을 때 적군의 장수가 마을을 향하여 소리쳤습니다.

"남자들은 모조리 우리의 노예로 삼을 것이다. 그러나 여자들은 특별히 풀어줄 것이니 이 마을을 속히 떠나가되 인정을 베풀어 그대들이 가장 소중히 여기는 보물 한 개씩만 지니고 나가도록 허락한다."

그래서 그 마을의 여자들은 그 마을을 떠나게 되었는데 모두가 한 가지씩 금반지며, 목걸이며, 은수저며 들고 나섰습니다. 그런데 한 여인은 이상하게도 허약한 몸이면서 커다란 보따리 하나를 질질 끌고 나가는 것이었습니다. 검문하던 자가 수상히 여겨 보따리를 헤쳐 보니 웬 남자 하나가 들어 있었습니다.

"이건 누군가?" 여인은 대답했습니다. "예, 제 남편입니다." "왜 그대는 명령을 어기는가? 둘 다 죽고 싶은가?" 적의 장수가 위협을 가하자 여인은 간절하게 대답했습니다. "제게 가장 소중한 보물은 제 남편입니다. 명령대로 내게 가장 소중한 보물을 하나 지니고 나가는 것이니 나를 보내 주십시오."

적군의 장수는 마음에 감동을 받았습니다. 그 여인의 지혜와 남편에 대한 사랑에 감동하여 남편을 데리고 나가도록 허락했다는 이야기입니다. 그 여인은 남편이 없이는 도무지 험한 세상을 살아갈 자신도 없었고 또한 살아갈 힘도 없었기 때문에 병들고 나약한 자신에게는 남편이 가장 소중한 보물이었습니다.

그리스의 두 귀부인이 아주 오랜만에 만나게 되었습니다. 한 여인은 아주 호화로운 모습에 화사한 차림을 하고 있었고 "이건 정말 값진 거야. 남편이 결혼 10주년 기념일에 선물한 것인데 옛날 터어키 귀족이 지녔던 것이란다." 그 보석을 자랑하는 귀부인의 얼굴은 아주 만족하고 자랑스럽게 보였습니다. 그러다가 그 화려한 모습의 귀부인은 잠자코 미소만 짓고 있는 친구에게 졸라댔습니다. "애 그 동안 너도 상당히 귀한 보물을 모아 두었을 텐데 나에게도 좀 보여주렴!" 조촐한 차림의 귀부인이 웃으며 대답했습니다.

"그럼 꼭하나 네게 보여주고 싶은 보물이 있단다." 그러면서 그 부인은 자기 아들들의 이름을 불렀습니다. 방문이 열리고 준수하게 생긴 두 아들이 들어오더니 어머니에게로 왔습니다. "부르셨어요." 그 부인은 그 친구들에게 "내게 가장 귀중한 보물은 이 아이들이란다." 참으로 아름다운 어머니입니다. 사람은 보물로 여기는 거기에 마음이 있는 것입니다. 가족을 보물로 여기면 진정한 사랑을 할 수가 있습니다.

"네 보물 있는 그곳에는 네 마음도 있느니라"(마6:21). 우리(성도)에게 참으로 귀한 보물과 보배로운 것은 무엇입니까?

첫째, 천국과 전능자입니다. 어느 날 한 농부가 남의 밭에서 일을 하다가 전혀 예상치 못한 일을 만났습니다. 그것은 일하던 밭에서 엄청난 보화를 발견한 것입니다. 그는 누구도 눈치채지 못하도록 해놓고 집으로 돌아온 후 전 재산을 팔았습니다. 목적은 단 하나, 보물이 숨겨져 있는 그 밭을 사기 위함이었습니다. 모든 재산을 팔아 보잘 것 없는 땅을 살 때 많은 사람들이 미쳤다고 손가락질하고 영문을 알길 없는 아내가 심한 구박을 했어도 그는 행복했습니다.

그만 알고 있는 위대한 비밀이 그곳에 숨겨져 있기 때문이었습니다. 보물의 가치를 알았기 때문에 그는 행복을 확신했고 전과 비교할 수 없는 귀중한 존재가 될 것을 믿었습니다. 하나님나라가 바로 이런 것입니다. 당장 손해 보는 것 같고 정신 나간 것처럼 보이지만 하늘나라의 비밀을 아는 자는 모든 것을 버릴 준비가 돼있습니다.

"천국은 마치 밭에 감추인 보화와 같으니 사람이 이를 발견한 후 숨겨 두고 기뻐하여 돌아가서 자기의 소유를 다 팔아 그 밭을 샀느니라"(마13:44). 그리고 하나님은 우리의 생명이 되시고, 우리의 소망이 되시고, 우리의 사랑하는 자 되시고 우리의 보배가 되십니다. "그리하면 전능자가 네 보배가 되시며 네게 귀한 은이 되시리니"(욥22:25).

둘째, 그리스도입니다(벧전2:6,7). '무디' 선생이 시카고에 시무할 때 큰불이 나서 예배당과 성경 학교와 주택이 모두 타서 없어지고 '무디'는 겨우 몸만 빠져나올 수 있었습니다. 며칠이 지나서 친구가 찾아와 '화재로 인해 모든 것이 타버렸다면서 얼마나 고생이 많은가?' 하고 위로했습니다. 그러자 선생은 '나의 모든 것이 타버렸지만 그래도 제일 귀한 보배는 잘 간직되어 있다네' 하고 대답했습니다. 친구는 기뻐하며 '그것 참 불행 중 다행이네. 그런데 그 보배는 무엇인가?'라고 다시 물었습니다. 무디 선생은 평안한 모습이 되어 '그것은 내 마음속에 주인으로 계시는 예수님이시라네'라고 대답했습니다.

세상 사람들은 물질적으로 귀하고 가치 있는 것을 가리켜 보배라고 합니다. 그러나 그런 것들은 다 썩어 없어질 것들입니다. 반면에 성도에게는 참 보배가 있습니다. 이 보배는 세상의 것과는 전혀 다른 영원하고 썩지 않는 보배 중의 보배입니다. 바로 예수님이십니다. 성도들은 비록 깨어지기 쉽고 연약한 질그릇과 같은 존재이지만 영원한 능력과 구원이 되시는 주님을 믿어 마음에 모시고 그 말씀에 순종하기만 하면 비록 어떤 환난과 시련과 핍박과 유혹이 몰려와도 이길 수 있는 것입니다. 이것이 바로 성도의 가치요 능력입니다.

셋째, 주님을 사랑하는 생각입니다. 로스엔젤스의 유태인 부호인 마이크 골드 버그씨가 몇 해 전 보물을 잃어 버려 대소동이 벌어졌습니다. 청소부가 16세기로부터 전해진 가보를 실수로 다른 쓰레기와 함께 쓰레기통에 내 버린 것이 청소차에 실려져 이미 출발된 얼마 후에 그런 사실을 발견한 것입니다. 골드 버그씨는 모든 방법을 다 썼습니다. 시청에 알아보고 청소차의 번호를 알아내고 쓰레기차가 쓰레기를 버리기 직전에 골드 버그씨가 마침 도착하여 사정을 자세히 말하고 보물찾기가 시작되었습니다. 8톤이나 되는 많은 쓰레기 가운데 작은 물건을 하나 찾는 일입니다. 조금씩 조금씩 쓰레기를 정리해 가며 그 썩은 냄새 속에서 이 부자는 6시간동안 쓰레기정리를 하였으며 마침내 잃었던 보물을 찾아낸 것이었습니다. 마침 그 날은 하누카라는 유태교의 명절이었습니다. 그 명절에 전통적으로 부르는 찬송인 "이스라엘아 들으라, 주 하나님은 한 분이시니, 이스라엘아 보아라, 주 하나님은 큰 빛이시니"라는 노래를 쓰레기 속에서 춤을 추며 큰 소리로 불렀다는 것입니다.

그것이 정말 귀중한 보물인 경우라면 체면이나 시간이나 경비 여하를 막론하고 그것을 찾기 위하여 모든 노력과 희생을 감당할 수밖에 없습니다. 그리스도라는 보물은 우리에게 얼마나 귀중한지요? "하나님이여 주의 생각이 내게 어찌 그리 보배로우신지요, 그 수가 어찌 그리 많은지요"(시139:17)

넷째, 지혜와 지식입니다(잠24:4). 그리스도 안에는 지혜와 지식의 모든 보화가 감추어져 있습니다(골2:3). 지혜를 소유한 사람은 복 있는 사람입니다. 잠언 3장 18절에 보면 "지혜는 그 얻은 자에게 생명나무라 지혜를 가진 자는 복되도다"고 말씀합니다. 하나님은 지혜로 천지를 창조하셨습니다. 지혜는 창조의 근원입니다. 지혜는 창조의 동반자입니다. 하나님이 창조하신 모든 피조물에 드러난 아름다운 솜씨는 하나님의 지혜에서 나왔습니다. 지혜는 영감의 원천이요, 창의력의 샘터입니다. 지혜는 아이디어의 원천입니다. 지혜는 우리가 사모하는 어떤 것과도 비교할 수 없습니다(잠 3:15). 잠언 전체는 지혜의 복됨을 노래하고 있습니다. 그렇다면 어떻게 지혜를 소유할 수 있을까요? 어떻게 지혜로운 자가 될 수 있을까요? 지혜로운 자가 되는 길은 지혜를 사랑하는 것입니다.

잠언 8장 17절에 보면 "나를 사랑하는 자들이 나의 사랑을 입으며 나를 간절히 찾는 자가 나를 만날 것이니라"고 말씀합니다. 지혜로운 자가 되기 위해서는 지혜를 사랑해야 합니다. 최고의 지혜는 사랑이요, 하나님은 사랑 속에 지혜의 비밀을 담아 두셨습니다. 사랑은 관심입니다. 사랑이 깊어지면 집중된 관심을 갖게 됩니다. 사랑이 더욱 깊어지면 몰입하는 단계에 들어갑니다.

우리는 사랑하는 것을 깊이 생각합니다. 사랑하는 것을 주야로 묵상합니다. 사랑하는 것을 갈망합니다. 사랑하면 보게 됩니다. 사랑하면 알게 됩니다. 사랑하면 이해하게 됩니다. 사랑하면 느끼게 됩니다. 사랑하면 품게 됩니다. 우리가 어떤 대상을 깊이 사랑하면 그 대상이 우리의 존재의 한 부분이 됩니다. 우리가 지혜를 사랑하게 되면 지혜는 우리의 존재의 한 부분이 됩니다. 그때 우리는 지혜로운 사람이 되는 것입니다.

그러므로 우리가 지혜로운 자가 되기 위해서는 지혜를 사랑해야 합니다. 사랑은 놀라운 능력입니다. 우리가 어떤 대상에 관심을 갖고 사랑을 시작하면 그 대상이 우리에게 말을 걸기 시작합니다. 자신의 정체를 드러내기 시작합니다. 지혜도 마찬가지입니다. 우리가 지혜에 집중된 관심을 갖고 사랑하면 지혜가 우리에게 자신의 정체를 드러냅니다. 지혜를 사랑하면서 성경을 읽을 때 성경 속에 담긴 지혜가 자신의 모습을 드러냅니다. 성령안에서 기도할 때 지혜가 떠오릅니다. 책을 읽을 때 지혜가 보입니다. 자연을 관찰할 때 지혜가 보입니다. 사람들과 만나서 대화할 때 지혜가 보입니다. 지혜로운 자가 되기 원하면 지혜를 사랑하십시오. 그 길이 지혜에 이르는 최상의 길입니다. "그러나 지혜는 어디서 얻으며 명철의 곳은 어디인고.. 정금으로도 바꿀 수 없고 은을 달아도 그 값을 당치 못하리니"(욥28:12-15).

다섯째, 지혜로운 입술입니다. 송나라 재상의 이야기입니다. 한 사람이 보석을 들고 재상을 찾아갔습니다. 어렵게 구한 값비싼 보석을 뇌물로 바치려는 것입니다. "이 보석은 쉽게 구할 수 없는 희귀한 보석입니다. 재상님께 드리려고 가져왔으니 받아주십시오." 그러자 재상은 대답했습니다.

"나에게도 그에 못지않은 보석이 있습니다. 이런 값비싼 보석을 보고도 탐낼 줄 모르는 내 마음입니다. 만약 내가 그대의 보석을 받게 되면 그대도 값비싼 보석을 잃게 되고, 나도 내 마음의 보석을 잃게 되니, 어서 도로 가져가십시오. 나는 내가 가진 보석으로도 충분합니다." 라고 말하며 보석을 가지고 온 사람을 돌려보냈습니다. 내 마음의 보석을 잃는 것이 가장 진귀한 보석을 잃는 것입니다. "세상에 금도 있고 진주도 많거니와 지혜로운 입술이 더욱 귀한 보배니라"(잠20:15).

여섯째, 여호와를 경외함입니다. 로렌스 형제는 파리 근교 한 수도원의 주방 요리사였습니다. 그는 수도원 주방에서 접시 닦기, 채소 씻기, 달걀 부치기, 바닥 청소 등 산더미 같은 일을 하면서도 언제나 그 가운데서 하나님의 임재를 경험했습니다. 그는 하나님의 임재를 특별히 체험하기 위해 주방 밖으로 나가 본 적도 없었고 여행을 하거나 신학을 공부한 적도 없었습니다.

그러나 그가 쓴 책은 유럽의 많은 신도들에게 큰 감명을 주었을 뿐만 아니라 오히려 그들이 하나님의 임재를 구경하고자 로렌스의 주방으로 몰려들곤 했습니다. 이렇듯 하나님을 만나는 데는 거창한 행사나 명분이 따로 필요 없습니다. 부엌에서, 학교에서, 가게에서, 학교에서, 또는 시장에서 우리는 언제라도 그분께 찬양과 기도를 드릴 수 있는 것입니다.

하나님은 우리에게 실상 무한한 가능성과 달란트를 '보물'로 주셨습니다. 우리는 그 모든 것들을 우리 내부에 지금도 갖고 있습니다. 다만 우리가 그것을 감사히 보지 못하고 스스로 개발하지 못할 뿐입니다. 그냥 세상적인 신분 상승의 허영, 또는 지적 허영에 눈이 멀어 외부로부터 좋은 것, 고급한 것, 보다 더 좋은 것을 끊임없이 탐하고 있는 것이 우리의 모습입니다.

그에 비해 수도원의 요리사 로렌스 형제는 밖으로부터가 아닌 제 안으로부터 하나님이 내장시켜주신 귀한 보물들을 하나하나 감사히 꺼내어 갈고 닦았던 것입니다. "너의 시대에 평안함이 있으며 구원과 지혜와 지식이 풍성할 것이니 여호와를 경외함이 너의 보배니라"(사33:6).

일곱째, 예수 그리스도의 영광스런 복음입니다. 동양에 이런 이야기가 전해 내려오고 있습니다. 밤에 말을 타고 사막을 여행하고 있던 세 사람이 이상한 나그네 한 사람을 만났습니다. 그 나그네는 그들에게 얼마 가지 않아 마른 시내 하나를 건너게 될 것이라고 말했습니다.

그는 이어서 "당신들이 그곳에 도착하거든 말에서 내려 시내에서 자갈들을 주워 자루와 호주머니에 가득 채우도록 하시오. 그리고 나서 계속 여행 하다가 해가 뜰 때 당신들이 주워온 자갈들을 살펴보시오. 당신들은 기뻐하며 한편으로는 애석해 할 것이요"라고 말했습니다. 그 사람의 말처럼, 세 사람은 마른 시내에 도착했습니다.

그들은 호기심으로 여기 저기 흩어져 있는 많은 자갈 들 중에 몇 개를 호주머니에 넣었습니다. 다음날 해가 뜰 무렵 그들은 주워온 자갈들을 살펴보았습니다. 그들은 깜짝 놀랐습니다. 그 자갈들은 다이아몬드, 루비, 에메랄드 및 기타 여러 가지 보석들로 바뀌어 있었기 때문이었습니다.

사막에서 만났던 나그네의 말을 떠올린 그들은 그제야 그 나그네의 말을 이해했습니다. 그들은 주워온 자갈들이 보석들로 변해 있어 기뻤습니다. 그러나 더 많이 주워오지 않은 것이 애석했습니다. 그리스도인의 삶도 이와 비슷합니다. 당신이 성경에서 캐낸 진리들이 영적 보석들로 바뀌어 당신의 금고를 채워갈 때 하나님과 동행하는 삶은 더욱 부요해질 것입니다. "우리가 이 보배를 질그릇에 가졌으니 이는 능력의 심히 큰 것이 하나님께 있고 우리에게 있지 아니함을 알게 하려 함이라"(고후 4:7).

여덟째, 믿음입니다(벧전2:6,7). 목사님들은 제가 신앙이 어렸을 때 나에게 많은 것을 가르쳐 주셨습니다. 특히 예수님을 제일로 믿는 믿음의 신앙입니다. 실로 우리에게 그리스도는 백만 장자도 부럽지 않은 엄청난 보화입니다. 주님을 믿고 그분을 당신의 마음의 소원으로 삼으십시오. 그러면 당신은 바라는 모든 것을 얻게 될 것입니다. "예수 그리스도의 종과 사도인 시몬 베드로는 우리 하나님과 구주 예수 그리스도의 의를 힘입어 동일하게 보배로운 믿음을 우리와 같이 받은 자들에게 편지하노니" (벧후1:1).

아홉째, 하나님의 약속입니다. 옛날 어느 나라에 임금님이 신하들을 데리고 사냥을 나갔습니다. 어떤 목동을 만나게 되었습니다. 준수하게 생긴 청년이었습니다. 왕은 단번에 그가 신실할 뿐 아니라 지혜로운 사람이라는 것을 알아채었습니다. 왕은 그 목동을 왕궁으로 데리고 와서 여러 가지 일을 시켜 보았습니다. 생각했던 바와 같이 그는 모든 일에 충성스러웠고 지혜 있게 일을 처리했습니다.

왕은 그를 크게 신임하게 되었고 드리어 그를 왕궁의 재산관리인으로 세웠습니다. 왕궁의 모든 재산을 그가 도맡아서 관리하게 된 것이었습니다. 다른 신하들이 그를 질투하기 시작했습니다. 웬 촌 목동이 들어와 자기들을 제치고 왕의 신임을 독차지하고 있으니까 그럴 만도 했습니다. 다른 신하들은 그에게서 허물을 찾아 그를 고소하는 길밖에 없다고 판단했습니다. 그러나 아무리 그의 허물을 찾을 수 없었습니다.

그는 너무나도 매사에 신중하였고 충성스러웠기 때문입니다. 그러나 드디어 신하들은 그에게서 한 가지 이상한 행동을 찾아내었습니다. 그것은 그가 가끔씩 왕궁 꼭대기에 있는 창고에 몰래 들어갔다 한참 만에 돌아오곤 하는 것을 발견하였습니다. 더욱 의심스러운 것은 그 창고의 열쇠를 자기만 간직할 뿐 아니라 그 부근에 아무도 접근하지 못하게 하고 있었습니다. 신하들은 이제 되었다고 쾌재를 불렀습니다. 그가 왕의 재물을 빼돌려 그 비밀창고에 보관하는 것이 틀림없었습니다.

그들은 왕에게 달려가 그 신하를 고발했습니다. 왕은 그 말을 듣고 엄히 조사하라고 명령을 내렸습니다. 신하들은 왕의 허락을 받아 왕궁 꼭대기에 있는 비밀창고의 문을 열고 그 속을 샅샅이 뒤졌습니다. 금은보화가 가득 숨겨져 있을 것이라는 그들의 기대와는 전혀 다르게 귀한 것이라고는 아무 것도 찾아내지 못했습니다. 한쪽 구석에 다 낡아빠진 조끼 한 벌과 너덜너덜한 장화 한 켤레가 놓여 있을 뿐 아무 것도 없었습니다.

왕은 신하들의 보고를 받고서 그 신하를 불렀습니다. "그대는 보관하고 있는 그 보잘 것 없는 것들이 무엇인고? 왜 그것을 보물처럼 감추어 두었는고?" 그러자 그 신하는 이렇게 대답했습니다. "폐하, 제가 폐하의 부르심을 받았을 때 제가 가진 것이라고는 그 두 가지밖에 없었습니다. 저도 사람인지라 때로는 폐하의 은혜를 잊어버리고 제 마음이 높아지려고 할 때마다 저는 그곳에 가서 저의 옛 모습을 생각하며 폐하의 은혜를 다시금 생각하였습니다."

그 말은 들은 왕은 크게 기뻐하며 다 낡아빠진 조끼 한 벌과 너덜너덜한 장화 한 켤레를 국보로 정하고는 오래 토록 보존하라고 명령을 내렸습니다. 그 목동이었던 신하에게 낡아빠진 조끼 한 벌과 너덜너덜한 장화 한 켤레가 너무나 귀한 것이었다면 여러분과 저에게는 너무나 귀한 낡아빠진 조끼 한 벌과 너덜너덜한 장화 한 켤레가 무엇인지 생각해보게 됩니다. "내게 이르시기를 내 은혜가 네게 족하도다 이는 내 능력이 약한데서 온전하여짐이라 하신지라 이러므로 도리어 크게 기뻐함으로 나의 여러 약한 것들에 대하여 자랑하리니 이는 그리스도의 능력으로 내게 머물게 하려함이라"(고후12:9). "이로써 그 보배롭고 지극히 큰 약속을 우리에게 주사 이 약속으로 말미암아 너희로 정욕을 인하여 세상에서 썩어질 것을 피하여 신의 성품에 참예하는 자가 되게 하려 하셨으니"(벧후1:4).

열 번째, 주님의 인도함입니다. 출애굽기 13장에 보면 하나님께서 낮에는 구름기둥으로 인도하시고 밤에는 불기둥으로 인도하십니다. 생각해보세요. 광야로 나서면 점점 사막지역으로 변합니다. "광야 끝 에담에 장막을 치니"라는 표현이 있는데 이제부터는 본격적으로 사막이 시작된다는 말입니다. 태양이 이글거립니다. 모래바람이 날립니다. 모래땅에서 열기가 솟아오르고 숨이 헉헉 막힙니다. 아마도 백성들 사이에서 불평이 나오기 시작할 무렵 갑자기 거대한 구름기둥이 나타납니다. 큰 그늘이 생깁니다.

그런데 사막의 밤은 춥습니다. 그 날 밤에 또 그렇게 불기둥이 나타났습니다. 인자하신 하나님은 이스라엘 백성이 걸어갈 길도 선택해주시고 또 가는 길에서 더위와 추위에 상하지 않도록 보호하십니다. 시편 121편은 이렇게 노래합니다. "여호와는 너를 지키시는 자라 여호와께서 네 우편에서 네 그늘이 되시나니 낮의 해가 너를 상치 아니하며 밤의 달도 너를 해치 아니하리로다" 하나님은 우리와 우리 가정을 이렇게 지키고 보호하십니다. "하나님이여 주의 인자하심이 어찌 그리 보배로우신지요 인생이 주의 날개 그늘 아래 피하나이다."(시36:7).

헨리 나우웬은 자신의 저서에서 "너는 보물을 발견한 사실에 기쁨을 느낄 것입니다. 그러나 보물을 발견했다고 해서 네 것이 되는 것은 아니다. 다른 모든 것을 포기할 때 보물을 네 것으로 만들 수 있다"고 했습니다. 보물은 발견하는 것보다 내 것으로 만드는 것이 더 중요합니다.

천국의 비유에서는 땅에 묻힌 보화를 발견한 사람이 자신의 전 재산을 다 팔아 그 밭을 샀다고 합니다. 모든 것을 팔아 하나를 사는 희생이 보물을 가치 있게 하는 법입니다. 나아가서 보물을 내 것으로 만드는 것보다 어디에 쌓아두느냐 하는 것이 더 중요합니다. 사람들은 보물을 자신의 수중에 갖고 있어야 마음을 놓는 듯합니다. 그러나 그것은 그렇지 않습니다. 보물은 내가 가지고 있는 것보다 하늘에 쌓아두는 것이 더 안전합니다. 성경은 보물을 하늘에 쌓으라고 합니다(마6:19). 보물을 하늘에 쌓을 때 가치가 있고 완전한 내 것이 될 수 있습니다. 우리 모두가 참으로 귀한 보물과 보배로운 것이 무엇인가를 바로 깨달아 보물을 하늘에 쌓아두시기를 축원합니다.

11장 보물은 온몸 안에 쌓아야 후회 없다.

(마 6:19-21) "너희를 위하여 보물을 땅에 쌓아 두지 말라 거기는 좀과 동록이 해하며 도둑이 구멍을 뚫고 도 둑질하느니라 (20) 오직 너희를 위하여 보물을 하늘에 쌓아 두라 거기는 좀이나 동록이 해하지 못하며 도둑이 구멍을 뚫지도 못하고 도둑질도 못하느니라 (21) 네 보 물 있는 그 곳에는 네 마음도 있느니라"

예수님은 유대 사람들의 전통적인 종교적 가치와 되도록이 면 마찰을 피하며, 예수님의 진보적인 사상을 인류에게 전달하 시려 하십니다. 여기서 진보적이란 표현은, 역사적으로 보면, 인류가 미개 할 수 록 종교에 비중을 많이 두고, 인간의 지혜가 발달 할수록 진리에 비중을 둡니다. 그래서 진보적이라는 표현 을 하는 것입니다.

만약에 예수님의 사상을 유일신을 숭배하는 유대 사람들 앞 에서 직설적으로 말하면, 금방 종교 재판에 회부되어, 예수님이 인류에게 전해 주시려는 진리도 못 전하고 죽음을 당하시게 되 기 때문입니다.

그러한 시대 배경 하에서, 예수님이 자신의 핵심 사상을 말하 실 때에는, 애매모호하게, 융통성 있게, 난해하게, 그리고 결국 에 가서는 인류가 알아차리게 그렇게 표현 하셔야합니다.

여기서 융통성이라 함은 유태교 측 사람들이나 예수님 어느 쪽으로 해석해도 그럴 뜻 하게 표현하셔야 한다는 뜻이고, 애매모호성, 함축성, 난해성은 야훼 신을 숭배하는 그 당시 유대 사람들이, 예수님의 진보된 사상을, 예수님 사업이 다 이루어질 때까지 알아차리지 못하게 하는 의미가 있습니다. 그렇다고 인류가 영원히 못 알아차릴 정도로 난해하게 표현하면 안 되니까 어느 정도 숨통은 열어 놓아야 합니다.

이글 첫 문장, 마태복음 6장 말씀을 다시 한 번 가볍게 읽어 보십시오! 기독교에 익숙해지신 성도 분들이시라면, 금방 겉보기 뜻이 전해지실 겁니다.

즉, 예수님이 말씀하시는 보물이란 인간에게 있어서 가장 귀한 것을 상징하는 것이니까, 영혼을 말하는 것이다.

보물을 땅에 쌓지 말라는 말은, 지상에서의 인간의 삶이 전부가 아니고, 천국이라는 하늘나라가 있으니, 네 영혼이 하늘나라에서 영원한 삶을 얻게끔, 지상에서 사는 동안 하나님의 뜻을 잘 따르라는 뜻이구나! 보물을 하늘에 쌓으란 말은, 하늘나라 가서 영생하기 위해 하나님 뜻대로 자기 관리하며 살라는 뜻이구나.

천상을 모르고 지상의 삶만 전부인줄 아는 사람은 이 땅에서 끝나지만, 천상(영원한 세계)에 뜻을 두고 사는 사람은, 영생이란 인간 최고의 축복을 주신다는 예수님의 은혜어린 말씀이로구나!

성령으로 세례받은 기독인들은 이렇게 해석합니다. 아주 정확한 해석입니다. 왜냐하면, 예수님께서 기독인들이 이렇게 해석하게끔 의도적으로 그렇게 표현을 하셨으니까 당연한 것입니다. 그러나 이러한 기독교적 해석은, 인류가 꿈(夢)이나, 정신의 정체가 무엇인지 몰랐을 때나 설득력 있는 해석입니다.

꿈은 수면 중의 잠재의식(무의식, 심층심리)의 활동으로 밝혀졌고, 정신은 대뇌의 인식, 기억, 사고, 판단, 기능으로 밝혀진 현대에는, 영혼의 해석이 종교와 다릅니다.

옛날에는 꿈의 정체를 몰랐습니다. 어떤 사람은 영혼이 수면 중에 육체를 빠져나와 활동하는 것으로 보는 사람도 있고, 또 어떤 사람은 꿈이 신과 인간 사이에 메신저 역할을 한다고 보고, 신과 인간과의 통로 정도로 보는 견해도 있었습니다.

옛날에는 정신이 대뇌의 작용(기능)인줄 모르고, 육체(대뇌)와 정신이 분리 될 수 있는 것으로 착각하는 사람도 더러 있었습니다. 그래서 옛날에는 사람이 죽으면, 혼(魂)이 죽은 몸에서 빠져나와 극락세계로 못 올라가고, 지상에서 49일 동안 떠돈다고 생각했습니다.

구천을 헤매는 혼을 위로하고 진정시킨 답이고, 위령제(慰靈祭)도 지내고, 진혼제(鎭魂祭)도 지내곤 했습니다. 요즘도 어떤 절에서는 돈을 받고 49제를 지내는 곳도 간혹 있다고 합니다.

정확하게 영혼이란 말은 죽은 사람 시체에서 빠져나온 정신을 다르게 부른 명칭에 불과합니다. 그러니까 산자에게는 정신이라고 부르고 죽은 자에게는 영혼이라고, 같은 말을 다르게 부르는 것뿐이 차이가 없다는 말입니다.

정신(영혼)은 대뇌(육체)의 기능이기 때문에 육체가 죽으면, 대뇌가 손상되어 제 기능을 못하므로, 정신(영혼)현상은 없습니다. 그러니 육체가 죽으면, 영혼현상도 멈추(쉬는)는 것입니다.

육체와 정신(영혼)과의 관계는, 총과 총알과의 관계가 아니고, 컴퓨터와 인터넷의 관계입니다. 총도 총알도 모두 형체를 지닌 기입니다. 그러므로 총알은 총에서 분리 될 수 있습니다. 그러나 컴퓨터는 기지만, 인터넷은 컴퓨터의 기능인, 무형의 용이므로, 분리가 안 됩니다. 즉 컴퓨터를 용광로에 넣어서 녹여 버리면, 인터넷을 연결할 수 없다는 말입니다. 그래서 정신과 육체는 분리가 안 되고 따라서 육체가 죽으면 영혼의 활동은 멈춘다는 말입니다.

이렇게 자명한 데도, 영혼이 따로 활동할 수 있다고 우기면, 할 말 없습니다. 예수님도 오죽 답답했으면, "들을 귀 있는 자 들어라" 했겠습니까? 이러한 종교인들의 해석은, 영혼이 따로 활동 할 수 있다는 전제 하에서의 해석이므로, 현실적 진리성을 인정할 수 없습니다. 예수님은 세상을 있는 그 되로 보시고, 그 보신 것을 인류에게 조금도 거짓 없이 말씀해 주십니다.

"보물을 땅에다 쌓지 마라" 예수님의 이 말씀에서, 보물은 세상사람 들이 말하는 금 은 보화가 아닌 것은 확실합니다. 보물은 상징입니다. 즉 인간에게 귀한 것을 상징합니다. 그런데 그냥 막연히 귀한 것이라면, 범위가 너무 넓어, 후세 인류가 알아 차리지를 못합니다. 그렇기 때문에 여기서는 보물을 "가장 귀한 것"으로 한정(限定) 해야 합니다.

인간에게서 가장 귀한 것을 종교인 들은 "영혼" 이라고 했습니다. 그런데 영혼은 육체를 떠나 따로 활동할 수 없습니다. 예수님이 누굽니까? 육체를 떠나 따로 활동하지도 않는 영혼을 보물이라고 하시겠습니까? 그러므로 영혼을 존재성 있는 말로 바꾸면, 정신이 됩니다. 결국 예수님이 말하는 보물은 정신을 가리키는 말인 것입니다. 좀 더 범위를 좁히면, 대뇌의 인식 기능 이라 말할 수 있습니다. 살아있을 때 정신(영혼)이 잘 되는 일에 보물을 쌓으라는 말입니다. 정신(영혼)은 육체를 떠나면 더 이상 잘되게 할 수가 없기 때문입니다.

이쯤에서 다시 써 보면, "너희는 세상에서 가장 귀중한 기능인 인식 기능을 땅에다 쌓지 마라."로 됩니다. 그래도 땅의 의미가 애매하여 잘 안 들어옵니다. 이럴 때는 다음 문장에 나오는 하늘 과 땅을 대비 시켜서 추리해 보아야 합니다.

하늘이 영어론 Heaven입니다. 즉 하늘나라입니다. 성경은 종종 하늘나라를 "하나님 나라" 또는 "天國"이라 표현합니다. 천국은 곧 마음하고 통하니까, 결국 하늘은 마음(정신)을 가리키는 것입니다. 이렇게 서로 대비 시키면, 자연스럽게 하늘은 정신적인 것으로, 땅은 물질적인 것으로 됩니다. 다시 말하면, 땅은 재물, 권력, 명예는 인간 밖의 것들이고, 하늘은 자연스럽게 인간 내부의 것이 됩니다.

보물을 땅에 쌓지 말고 하늘에 쌓으라는 말은 결국, "너희는 귀중한 너의 정신(특히 중요하게 여기는 인식)기능을 돈이나 권력 같은 것을 얻으려 허비하는 것 보다는, 진리를 깨달아 정신(영혼)이 잘되는데 온 정성을 다 기우리는 것이 인생에서 더 가치 있는 것이니라."로 바꿔 볼 수 있습니다.

이렇게 해석하면, 다음이어 지는 문구, "네 보물이 있는 곳에 네 마음도 있느니라."와 잘 어울립니다. "네 보물이 있는 곳에 네 마음도 있다."란 말은, 너무 절묘한 표현이라, 글자로 해석하면 안 되고, 예수님이 인류에게 말 하고자 하는 것이 무엇인가 하는 맥락(脈絡)에서 파악하셔야 합니다.

즉, "너의 생의 뜻을 어디에 두느냐에 따라서 네 생이 평가된다"는 말입니다. 일하기 싫고 놀고먹고 살고 싶어 도적질 하는데 뜻을 두고 사는 사람은, 감옥살이하다가 도적으로 평가 받고 죽습니다. 열심히 일하여 자기도 행복하게 살고 남도 도와주며 살고자 뜻을 두고 살면, 좋은 사람이란 평을 받습니다.

과학자처럼 원리를 발견 하여 인류에게 공헌하면, 훌륭한 과학자로 존경 받습니다. 예수님처럼 우주의 진리를 모두 깨닫고, 자기가 깨달은 진리를 인류에게 전하는데 뜻을 두고 산 사람은 온 인류로부터 성인이라고 추앙을 받습니다. "네 보물이 있는 곳에 네 마음도 있느니라." 여기서 말하시는 보물이란 자신이 추구하고 중요하게 여기는 것들을 말하시는 것입니다.

첫째, 마음과 육체가 어디에 있느냐가 영적상태로 나타난다.

사람은 마음속에 들어있는 사랑과 의가 '영적상태의 미'로 여실히 나타납니다. 자신의 마음의 상태가 밖으로 나타난다는 것입니다. 호흡이 건강할 때 마음 중심으로 하나님과 예수님과 성령님을 사랑하며 집중하며 의롭게 살아야 합니다.

컴퓨터를 켜지 않을 때는 그냥 컴퓨터입니다. 그러나 인터넷을 연결하고 컴퓨터를 켜면 화면이 나오게 됩니다. 인터넷을 어떤 곳에 연결했느냐에 따라서 화면이 나오게 된다는 말입니다. 이와 같이 마음(정신)을 어떻게 가지고 있느냐에 따라서 얼굴과 행동이 다르게 나타납니다. 우리 날마다 영원하신 하나님의 사랑과 성자의 평강과 성령님의 뜨거운 사랑과 말씀의 감동 감화 역사하심이 충만하기를 축원합니다.

영적세계에서는 자기모순이 모두 '영적상태의 몸과 말'로 나타납니다. 그래서 그 사람의 영적인 상태를 보면 그 사람의 영적인 모습이 여실히 보입니다. 어떤 사람의 영은 머리에 염소나 들소같이 뿔이 나서 그 뿔을 흔들고 다닙니다. 교만한 자의 영입니다.

어떤 사람의 영은 한쪽 다리가 다른 쪽 다리보다 30cm 짧아서 아무리 똑바로 가려고 해도 안 되고, 한 발자국 걸을 때마다 히프가 좌우로 왔다 갔다 합니다. 그 육의 상태를 보니 육적으로만 살고, 영적으로는 관심이 없거나 관심을 적게 두고 살고 있었습니다.

마음과 육이 세상에서 살고 있는 그대로 그 사람의 영이 형성되어 있었습니다. 마음을 어디에 두고 사느냐에 따라서 그 사람의 영적인 상태가 형성된다는 것입니다. 어떤 사람의 영은 여우, 늑대, 하이에나, 뱀의 형상이었습니다.

이는 그 마음과 육신이 그 짐승과 같은 행위를 하니, 그 사람의 영이 그와 같은 형상이 된 것입니다. 이와 같이 육신이 불의하게 행하고 돌이켜 회개하지 않으면, 그 영혼의 형상이 어둡고 거칠고 흉측하게 변합니다. 누가 그렇게 만드는 것이 아니라 자기 생각과 행위로 그렇게 되는 것입니다. 그렇기 때문에 호흡이 건강할 때 온몸에 영적인 보물을 심어야 합니다. 자신의 영적인 상태가 바르게 되는 일에 보물을 투자하라는 말입니다.

누구든지 하나님과 성령님과 성자 하나님을 사랑하며 그 뜻에 따라서 '자기 행위'를 깨끗이 해야 됩니다. 호흡이 건강할 때 온몸에 보물을 투자하여 자신의 영-혼-육을 정화해야 합니다. 보물은 자신의 영-혼-육을 정결하게 하는 일에 투자하면 후회가 없는 것입니다. 그러면 육신의 피부는 거칠어도 영의 피부는 뽀얗고, 육신은 미인이 아니어도 그 사람의 영은 미인으로 형성되어 있습니다. 예수님이 기뻐하시는 마음하늘이 됩니다.

이 세상에서 자기 권세와 명예와 위치는 사는 집이나 환경, 차를 통해 나타납니다. 다 눈에 보이는 것들입니다. 그렇기 때문에 목회를 하시는 분들도 보이는 면에 치중하여 목회를 합니다. 그러나 보이는 면에 치중하는 목회는 예수님을 기쁘시게 하지 못합니다. 목회자는 누구보다도 영이신 예수님의 마음에 합한 목회자가 되어야 합니다.

영적세계에서 성령의 권세와 명예와 위치는 무엇으로 나타나는지 압니까? 의의 면류관을 썼느냐, 안 썼느냐를 보고도 알지만, 핵심은 '영적상태의 미'로 성령의 권세와 명예와 위치가 나타납니다. 사랑과 의에 따라서 '영적상태의 미'로 빛나서 모두 우러러봅니다.

고로 '영적상태의 미'를 보면, 그 사람의 성령의 권세와 명예와 위치를 속일 수가 없습니다. 육이 삼위를 사랑하고 주와 일체 되어 의롭게 살면, 그 사랑과 의가 '영적상태의 미'로 여실히 형성됩니다. 그 사람의 영의 아름다움의 강도에 따라서 그 '사랑과 의'가 얼마나 큰지 즉시 알 수 있습니다. 고로 '영적상태의 미'를 보고, 단번에 성령의 권세와 명예와 위치를 눈으로 확인할 수 있습니다.

또 영적세계에서 성령의 권세와 명예와 위치는 둘째로, '영이 거하는 집과 환경'를 통해 여실히 나타납니다. 육이 삼위를 사랑하며 주와 일체 되어 의를 행한 만큼 영이 아름답게 형성되어 그 권세와 명예를 나타내는데, 아름다운 영체만큼 그 영이 거하는 집과 정원도 아름답습니다. 온몸에 보물을 쌓는 만큼 그 사람의 영이 거하는 집과 정원도 아름답게 되는 것입니다.

육신이 이 세상에서 삼위를 사랑하고 주와 일체 되어 곧게 바로 행하고 사는 대로 천국의 자기 영의 집이 건설됩니다. 보물을 자신의 온몸 안에 하나님께서 주인으로 거하실 수 있도록 가꾸는데 사용하는 만큼 천국의 자기 영의 집이 건설됩니다.

호흡이 건강할 때 자기 육신이 이 세상에서 행한 행위대로 영이 그에 해당되는 영의 세계로 가서 삽니다. 그래야 '자기 체질'에 맞아서 편하고 기쁩니다. 영의 만족을 누리면서 사는 것입니다. 이는 마치 식당에 가서 자기 입맛에 맞게 음식을 시켜 먹으면서 맛있다 하는 격입니다. 육신은 하나님의 생각대로 바르게 살지 못했는데 그 영이 하나님의 나라 천국에 가면, 체질이 안 맞아서 못 삽니다. 고무풍선은 결국 바람을 타고 날아가고, 물은 결국 낮은 데로 흘러갑니다. 이것이 '하나님의 창조 법칙'입니다.

이와 같이 자기 육의 행위와 체질대로 그 영이 하나님의 창조 법칙에 따라서 자연스럽게 흘러가니, 절대 그릇된 것들을 고치고 '불법의 세계'에 가지 말아야 됩니다.

그러나 시간은 계속 기다려 주지 않습니다. 고칠 때가 있습니다. 그때 못 고치면, 기회가 넘어갑니다. 세상에서 생명이 있을 때 깨닫고 고쳐나가야 합니다. 호흡이 건강할 때 온몸에 보물을 쌓아서 바르게 고치고 성령으로 정화해야 합니다.

그래서 자신에게 찾아온 질병은 저주가 아닙니다. 자신의 마음을 세상에서 떨어지게 하려는 하나님의 섭리입니다. 질병이 걸리면 하나님을 찾게 되어 보물을 발견하게 되기 때문입니다.

지옥은 세상에서 자기(육체)가 좋아하는 것을 하며 살다가

가는 곳이라 가기 쉽고, 천국은 세상에서 고통을 겪으면서도 하나님의 말씀을 지켜 행하고 하나님을 사랑하며 의를 행하다 가는 곳이라 가기 힘듭니다. 고로 지옥은 기뻐하며 살다가 가고, 천국은 고통을 겪으며 간다고 표현한 것입니다. 고생이 되어도 '생명 길'로 가야 됩니다. 세상에서 자기 육신이 행한 대로 영체가 형성되고 영이 영원히 거할 곳이 결정되니, 이 세상에서 육신을 가지고 살 때 정말 잘해야 됩니다.

육이 '나무'라면 영은 '열매'입니다. 나무가 아무리 아름답고 멋져도 열매가 안 좋으면 아무것도 아닙니다. 나무는 보통인데 열매가 좋으면 최고입니다. 이와 같이 육이 아무리 아름답고 멋져도 영체가 제대로 형성되지 않으면 아무것도 아닙니다.

육은 보통인데 영체가 아름답게 형성되어 있으면, 귀하고도 귀합니다. 고로 육만 보지 말고 '만들어진 영'을 봐야 됩니다.

그 사람의 육신이 무엇을 하며 어떻게 살았는지는 몰라도 그 사람의 영의 상태, 혼의 상태를 보면 상태가 좋은지, 나쁜지 어느 정도 보입니다. 어디에다가 보물을 쌓으면서 살았는지 외부로 나타납니다. 영혼(정신)에 예수님이 원하시는 보물을 쌓은 습관을 들여야 합니다.

육은 천국에 가서 못 삽니다. 결국 육은 수한대로 살다가 죽고, 육의 행위로 영이 만들어져서 영이 영원히 삽니다. 영의 미를 형성시켜 영원히 생명의 영으로 살고 천국에서 거할 처소를 건설하여 천국에서 영원히 살려면, 육신이 이 세상에서 살 때

삼위를 사랑하고 하나님의 말씀을 행하며 주와 일체 되어 '사랑과 의'로 살아야 됩니다. 마음대로 불의를 행하며 편히 살다가 치명적인 죄의 병이 들게 하지 말고, 자세를 곧게 하듯 '신앙, 마음, 생각, 행실'을 바르게 잡고 의롭게 살아야 됩니다.

항상 새해를 맞아 할 때마다 금년은 '실천의 해, 정신(영혼)혁명의 해'라고 다짐을 하며 살아야 합니다. 모두 하나님의 뜻 안에서 '사랑의 의'를 행하면서 자기모순은 자기가 없애며 자기 혁명을 일으켜야 됩니다.

둘째, 자신의 가치를 온몸 안에 두라고 하시는 것이다. 보물이 있는 곳에 마음이 있다는 것은 어쩌면 너무나 당연한 것이고, 또 사람이라면 누구나 공감하는 것입니다. 비단 보물이 아니라 맛있는 음식만 생각해봐도, 집에 자신이 좋아하는 음식이 있다면 때론 그것 때문에 집에 일찍 가기도 하는 것이 사람의 심리인데, 하물며 자신이 보물로 여기는 것이라면 마음이 항상 그곳에 가 있는 것은 당연한 것입니다.

그렇다면 예수님께서는 그렇게 당연한 말씀을 하시려고 이 말씀을 하신 것일까요? 아마 그렇지는 않을 것입니다. 예수님께서 말씀하시고자 하는 것은 어떤 것을 보물로 여길 것인가 하는 것과, 땅과 하늘은 어떤 것인지를 말씀하시고자 한 것이라고 봐야 합니다.

보물이라는 것은 가치가 있는 것을 말합니다. 가치는 본질을 알아야 가치를 알 수 있는 것입니다. 즉 무엇인가를 보물로 여긴다는 것은 그것에 대한 의미를 알 때 보물로 여긴다는 것이고, 그 의미가 가치가 있다고 여길 때 보물이 되는 것입니다. 가치나 본질을 모르면 돌같이 여기게 되는 것입니다. 예전에 아프리카의 아이들이 다이아몬드를 돌처럼 가지고 놀았다고도 하는데 가치를 모르면 그렇게 되는 것입니다.

우리나라에도 최영장군이라는 사람이 '황금을 보기를 돌 같이 하라.'라는 명언을 남겼는데, 그게 황금을 돌처럼 여기라는 것이 아닙니다. 돈이라는 것이 삶의 목적이 아니라는 것을 이야기한 것이라는 것 정도는 누구나 알 수 있는 것입니다. 그렇다는 것은 어떤 것을 보물로 여기고, 어떤 것에 가치를 부여한다는 것은 그것을 본질로 또 목적으로 여긴다는 것입니다.

존재하는 모든 것의 절대적인 가치는 존재의 이유에 있습니다. 자동차의 가치는 일반적으로 사람이 이동하고자 하는 목적의 달성 능력에 있습니다. 또는 경주용 자동차는 경주에서 승리하는 목적에 그 가치가 있습니다. 그러므로 어떤 것이라도 그 존재의 목적 이상의 가치는 없는 것입니다. 그렇다는 것은 사람의 가치, 사람의 보물은 존재의 의미 그것이 최고의 보물인 것입니다.

사람은 자신의 어떤 능력이나 자신이 가진 재물을 보고 다른 사람들이 자신의 가치를 매기면 굉장히 분노하고 화를 냅니다. 배신감을 느끼고 모멸감을 느끼는 것이 사람입니다. 그냥 자신의 존재 그 자체로 가치를 매길 때 사람은 삶의 의미를 찾습니다. 그렇듯 사람에게 있어 가장 큰 가치는 존재의 의미이지, 사람이 가진 돈이나 능력에 가치가 있는 것이 아닙니다.

그런데 사람들은 삶의 의미를 땅에 있는 것에 둡니다. 땅에 있는 것, 재물이나 명예나 권력과 같은 것에 가치를 부여하고 그것을 좇습니다. 그리고 그것에 명분을 부여합니다. 세계평화나 나라의 민주화와 같은 것에서부터 가족을 위하여 까지 다양한 것을…. 하지만 그런 모든 것을 추구하다 보면 어느 순간 삶의 의미를 되묻곤 합니다. 그것은 자신이 가치 있는 것이라 여겼던 것들이 자신의 존재 이유를 설명하지 못하고 있다는 것을 나이 들어서 알게 된다는 것입니다. 그래서 나름 존경받는다는 스님도 "인생은 무(無)다."라는 말을 남기고 죽어갔던 것입니다. 바로 그것이 좀과 동록이 해하고 도적질 당한 것입니다.

그러므로 예수님께서는 호흡이 건강할 때 보물, 곧 자신의 가치를 하늘에 두라고 하시는 것입니다. 마음은 보물이 있는 곳에 있으니, 하늘에 보물을 쌓아 두라는 것은 마음을 하늘에 두라는 것입니다. 즉 그것은 하늘에서 찾으라는 말씀입니다. 그러니까 예수님의 말씀은 "너희 인생의 가치와 의미를 하늘에서 찾으라."는 말씀을 하시는 것입니다.

땅과 하늘은 하나로 연결된 것입니다. 하늘의 상태를 땅이 표현하는 것입니다. 하늘이 흐리면 땅이 젖고, 하늘이 건조하면 땅은 마릅니다. 하늘에 봄이 오면 땅에 꽃이 피고, 하늘이 차가

워지면 땅에 겨울이 오는 것입니다. 그와 같이 땅의 흙으로 지어진 인생은 하나님의 뜻이 표현되는 존재이기에 하나님의 의와 뜻을 자신의 보물로 여기라는 것입니다. 왜냐하면 자신의 존재 목적이 하나님께 있기 때문에 하나님께 마음을 두는 것, 하나님의 뜻을 보물로 여기는 것은 자신의 존재 목적에 맞는 가치를 회복한 것이기 때문입니다.

인생의 가치, 사람이 가장 가치 있게 여겨야 하는 것은 결국은 자신의 삶이 의미를 가지는 것입니다. 그것을 위해서 사람들은 돈과 명예와 권력과 같은 것을 좇지만 그것은 좀이 슬고 동록이 들며 도적이 훔쳐가듯 사라지고 결국은 삶의 의미를 잃고 맙니다. 그것은 다 땅에서 비롯된 것에 가치를 두었기 때문입니다. 그런 것은 하늘의 뜻이 정해지면 땅이 변하듯 따라오고 수반되는 것입니다. 그러니까 하늘의 의를 표현하는 하나의 수단일 뿐입니다.

결국 사람의 가치, 사람에게 보물과 같이 가장 귀한 것은 자신의 삶의 의미를 바로 아는 것입니다. 그것은 사람의 창조주에게 있는 것입니다. 창조주가 피조물의 목적과 의미를 가지고 있는 것이기 때문입니다. 그것을 알 때 진정한 가치를 가지게 되는 것이 피조물입니다. 정말 목적에 맞는 성능 좋은 자동차의 가치가 그런 것이듯…. 그리고 그 목적이 창조주의 성품을 표현하는 것이라면? 그것이 얼마나 가치 있는 것이겠습니까?

3부 보물을 하늘에 쌓아 성공한 사람들

12장 인생의 흑자를 내는 성도가 되자

(약 4:13)"들으라 너희 중에 말하기를 오늘이나 내일이나 우리가 어떤 도시에 가서 거기서 일 년을 머물며 장사하여 이익을 보리라 하는 자들아"

복이 있는 사람은 사람에게 보이려고만 사는 것이 아니라 은밀한 중에 보고 계시는 하나님 아버지 앞에서 사는 진실한 사람이었습니다. 하나님 앞에서 부유한 사람은 호흡이 건강할 때 하늘에 보물을 쌓는 사람입니다. 반대의 경우도 그대로 통합니다. 하나님 앞에서 가난한 사람은 땅에 보물을 쌓는 사람입니다.

오늘 복음의 어리석은 부자가 바로 그러합니다. 어리석은 부자는 인간 누구나의 가능성입니다. 바로 인간의 탐욕 때문입니다. 오늘 복음의 구조가 의미심장합니다. 탐욕을 조심하라는 단락에 이어 어리석은 부자의 비유가 뒤를 있습니다.

"너희는 주의하여라. 모든 탐욕을 경계하여라. 아무리 부유하더라도 사람의 생명은 그의 재산에 달려 있지 않다." 예수님의 명언입니다. 아무리 부유하더라도 생명은 살 수 없습니다. 기쁨도 평화도 희망도 건강도 살 수 없습니다. 마지막 죽을 때도 가지고 갈 수 없고 그대로 놔두고 갈 수뿐이 없는 재산입니다.

그러니 탐욕을 경계해야 합니다. 땅에 재물을 쌓는 일에도 정말 분별의 지혜가 필요합니다. 우선적으로 고려할 바 하늘에 보물을 쌓는 일입니다.

탐욕은 어디에 근거합니까? 두려움과 불안입니다. 뭔가 두렵고 불안하기에 안정을 확보하려는 본능적 욕구가 탐욕입니다. 뭔가 있어야 든든하고 편안하기에 끊임없이 땅에 보물을 쌓으려는 탐욕입니다. 그러니 두렵고 불안할수록 탐욕은 커질 수뿐이 없습니다.

오늘 복음의 어리석은 부자 역시 탐욕의 근저에는 이런 깊은 두려움이 깔려 있습니다. 하나님에 대해 믿음은 없고 믿을 것은 지상의 재물뿐이니 땅에 보물을 쌓을 수뿐이 없습니다.

"이렇게 해야지. 곳간들을 헐어 내고 더 큰 것들을 지어, 거기에다 내 모든 곡식과 재물을 모아 두어야겠다. 그리고 나 자신에게 말해야지. '자 네가 여러 해 동안 쓸 많은 재산을 쌓아 두었으니, 쉬면서 먹고 마시며 즐겨라." 누구나의 자연스런 경향이 안정을 확보하려는 이런 탐욕입니다. 어리석은 부자를 탓할 바 아닙니다.

그러나 한 치 앞도 내다볼 수 없는 사람입니다. 계획은 사람이 하지만 결과는 하나님께 달려 있습니다. 곧 이어지는 하나님의 말씀입니다. "어리석은 자야, 오늘 밤에 네 목숨을 되찾아 갈 것이다. 그러면 네가 마련해 둔 것은 누구의 차지가 되겠느냐?"

우리 어리석은 중생들의 회개를 촉구하는 비유입니다. 우리를 눈멀게 하는 탐욕입니다. 자신을 위해서는 재화를 모으면서 하나님 앞에서는 부유하지 못한 어리석은 사람들이 태반인 세상입니다. 탐욕의 근원인 두려움과 불안이 문제입니다. 바로 바울사도가 믿는 모든 이들에게 복음의 문제에 대한 답을 줍니다.

'그리스도 예수님 안에서'가 두려움과 불안에 대한 유일한 처방입니다. 그리스도 예수님을 믿고 그 안에서 살아갈 때 저절로 사라지는 두려움과 불안이요 탐욕으로부터 해방입니다. 세상 풍조에 따라 육의 욕망에 이끌려 살면서 육과 감각이 원하는 것을 따라 사는 죽음의 길에서 비로소 생명의 길로 접어들게 됩니다.

바울 사도의 말씀입니다. "자비가 풍성하신 하나님께서는 우리를 사랑하신 그 큰 사랑으로 잘못을 저질러 죽었던 우리를 그리스도와 함께 살리셨습니다. 하나님께서는 '그리스도 예수님 안에서' 우리를 그분과 함께 일으키시고 그분과 함께 하늘에 앉히셨습니다."

바로 믿음을 통하여 은총으로 구원을 받은 우리의 모습입니다. 이런 구원이야말로 말 그대로 하나님의 선물입니다. 믿음만이 두려움과 불안, 탐욕에 대한 유일한 처방입니다. 이런 믿음을 통한 구원체험이 우리를 탐욕으로부터 해방하여 두려움과 불안 없이 하늘에 보물을 쌓으며 자유로운 삶을 살게 합니다.

우리는 모두 하나님의 작품입니다. 우리는 선행을 하도록 그리스도 예수님 안에서 창조되었습니다. 그대로 이 거룩한 은혜로서 우리 모두 부단히 하늘에 보물을 쌓는 선행의 삶을 살 수 있게 되었습니다.

깨닫고 보니 사람의 일생은 보물을 찾아 떠나는 여행이라고 생각합니다. 보물이란? 모든 생을 바쳐도 아깝지 않는 "가치 있는 일"입니다. 사람마다 보물을 보는 눈은 다릅니다. 아주 어릴 적에 구슬이나, 딱지를 보물로 알고 잘 간직했습니다. 딱지치기를 하여 많이 따면 기분이 좋아 책상에다가 쌓아두고 간직을 했습니다. 제 마음이 딱지가 마음에 보물로 알았기 때문입니다. 옆집에 살던 영순 이는 고양이 인형을 보물로 알고, 안고 다녔습니다.

부모님들은 자식들에게 보물을 안겨주려고 하지만 무엇이 그리될지 모릅니다. 인생의 보물 설정이 바르게 잘되고 빨리 결정이 된 사람이 성공합니다. 평생을 두고 보물 설정이 되지 않은 사람은 실패만 있을 뿐입니다. 보물을 간직하지 않은 사람을 채용하는 회사도 망합니다.

필자와 같이 영혼의 보물을 찾는 사람은 마음 안에 예수님과 성령과 진리로 채워서 보물을 삼으려 합니다. 필자는 저의 온몸 안에 예수님께서 채워져서 날마다 감사하며 살고 있습니다. 지식을 보물이라고 생각하는 사람은 학문을 연구합니다. 사업이 보물이라고 생각하는 사람은 회사를 운영하여서 성공하기도 하고 실패하기도 합니다. 인격이 보물이라고 생각하는 사람은 대인관계가 관심을 갖고 인간관계를 합니다.

재물을 보물로 아는 사람은 재물을 찾습니다. 진주, 황금, 다이아몬드, 희토류, 귀금속, 돈 되는 직업, 장사(利潤), 서비스, 소개, 심부름 등등……. 사람들이 꼭 가지고 싶은 것을 공급하는 사람은 성공하는 분입니다. 어느 날 TV에서 칼을 가는 달인이 나와서 말하는 것을 보니까, 모든 사람이 필요한데 아무나 하지 못하는 것에 마음과 정성과 시간을 투자하면 성공한다고 하는 것을 보았습니다.

인간에게 가장 필요한 것은 산소, 물, 햇빛, 음식물, 영양소 (calorie)입니다. 현대 사회에서는 이 모든 것을 공급하는 일들이 사업의 원천이 되어있습니다. 그중에 가장 가치가 있는 보물이 무엇인지? 사람마다 다르게 생각하고 짧은 인생에 최선을 다하는 것을 봅니다.

보물은 길이길이 간직할만한 가치를 지니고 있고, 영원히 누릴 수 있는 지속성이 있어야 더욱 그 가치를 발하는 것입니다. 그러니까? 돈이나, 진주, 황금, 다이아몬드, 희토류, 귀금속, 따위는 있다가도 없어질 수도 있고, 그것이 계속하여 솟아나오지 않는 것입니다.

모자라는 사람은 "유전을 발견하면 엄청난 보물의 발견이라 하지만, 그것을 개발하여 돈이 되기까지 엄청난 투자가 들어가야 됩니다. 그렇게 해서 석유가 나왔다고 하더라도 다 뽑아 쓰면 그다음은 없습니다. 그 다음에 직원들의 봉급은 어떻게 해결할 것입니까? 앞으로 남고 뒤로 손해가 밀려오는 것은 보물이 될 수 없습니다.

유한한 것을 보물이라고 생각하는 사람들은 이렇게 낭패를 봅니다. 그러니까 유한한 것은 보물이라 할지라도 격이 떨어지는 것입니다. 영원히 고갈되지 아니하는 보물 그것은 무엇이라고 생각하십니까? 바로 예수님이십니다."라고 말했습니다.

우주를 창조하신 창조주 하나님만이 영원하십니다. 영원하신 하나님에 대한 진리를 깨닫는 것은 성령으로 거듭난 성도들의 일입니다. 필자는 영원하시고 권능이신 하나님에 대해 깨닫는데 20년 이란 세월을 투자하고도 완벽하게 깨닫지 못했다고 생각합니다. 영원한 진리를 깨닫다가 보니까, 필자가 변했다는 것을 몸과 마음으로 체험하게 되었습니다. 성도들이 영육의 고통을 당하는 상태를 진단하여 치유하여 살아계신 하나님의 성전 된 성도로 바꾸는데 쉬워졌다는 것을 깨닫게 됩니다. 그 보물로 목회를 어려움 없이 감당하고 있습니다.

필자가 보물이라고 생각하는 것이 진리를 깨달아 하나님께서 저를 통하여 나타나셔서 영육으로 고통 당하는 목회자와 성도들을 치유하시는 것이었기 때문이라고 생각합니다. 하나님께서 저를 통하여 뜻을 이루시는 것이라고 믿고 마음을 투자했기 때문입니다. 20년이 지난 지금 저를 통하여 일하시는 것입니다.

공부를 많이 하여 지식을 가지면, 영원할 것 같지만 한계가 있습니다. 사업을 잘하면 영원할 것 같지만 그것도 찾아보기 매우 어렵습니다. 영원한 것에 시간과 물질과 마음을 투자해야 인생을 성공적으로 살아갈 수가 있습니다. 영원한 것은 바로 진리이신 예수님이십니다. 흑자를 내는 인생을 살아가려면 이렇게 해야 합니다.

첫째, 인생의 목적을 돈에 두지 말라. '세상에서 가장 돈을 잘 버는 민족'을 들라면 두 말 할 것 없이 유대인을 지적할 것입니다. '현찰이 도는 곳에는 언제나 유대인도 따라 돈다'는 말이 있을 정도입니다. 초대교회 당시 유대인들은 사방에 흩어져 살았는데, 유대인들이 들어오면 상업이 발달하고 무역이 왕성해졌기 때문에 각 도시에서는 유대인들을 환영했고, 나중엔 이런 말까지 생긴 것입니다. 그 후로 계속해서 유대인들은 부를 축적했고 지금도 세계 경제의 80%를 유대인들이 차지하고 있다고 합니다.

세상에는 세 가지 수준의 장사꾼이 있다고 합니다.

첫째로 삼류 장사꾼으로 '물건이 꼭 필요한 사람에게 물건을 파는 장사꾼'입니다.

둘째로 이류 장사꾼인데, '물건이 별로 필요하지 않은 사람에게도 물건을 팔아먹는 비교적 솜씨 좋은 장사꾼'을 말합니다.

셋째로 일류 장사꾼인데, '물건이 필요 없는 사람에게 물건을 파는 고단수 장사꾼'으로 유대인들이 바로 여기에 속합니다. 그러니까 유대인들은 어떻게 해서든지 남의 주머니에 있는 돈을 내 주머니로 끌어들여 흑자를 보는 사람들입니다.

비단 유대인뿐 아니라 그 누구도 적자를 보고 싶은 사람은 없습니다. 흑자를 보고 싶지 적자를 보고 싶은 사람이 세상에 누가 있겠습니까? 특히 장사를 하는 분들은 더 그렇습니다. 습관적으로 더 많은 이문을 남겨 큰 흑자를 보고 싶어 할 것이고, 심지어 가정 경제를 맡고 있는 주부들 중에도 가계부에 적자가 나기를 원하는 분들은 없을 것입니다. 또 교회라고 재정이 적자가 나도 괜찮겠습니까? 흑자를 바라는 사람의 마음은 이심전심인 것입니다. 여러분! 보물을 마음에 쌓아서 흑자 인생을 사시기를 바랍니다.

성경은 열심히 돈을 버는 것에 대해 나쁘게 말하지 않습니다. 오히려 "누구든지 일하기 싫어하거든 먹지도 말게 하라"(살후 3:10절)고 하면서 부지런히 일할 것을 명하고 있고, 잠언 21장 5절도 "부지런한 자의 경영은 풍부함에 이를 것이나 조급한 자는 궁핍함에 이를 따름이니라."며 부지런하고 침착한 경제활동을 할 것을 권하고 있습니다.

그러므로 열심히 일하셔서 흑자를 보시기 바랍니다. 그러나 중요한 것 한 가지를 잊어선 안 됩니다. 물질의 흑자가 곧 인생의 흑자는 아니라는 사실입니다. 때문에 오늘 『야고보서』 기자는 이 도시 저 도시를 다니며 재물의 흑자를 보며 자랑하는 자들을 향하여 이렇게 말씀하고 있습니다. "…너희가 허탄한 자랑을 자랑하니 이러한 자랑은 다 악한 것이라. 이러므로 사람이 선을 행할 줄 알고도 행치 아니하면 죄니라."(16-17절)

그래서 예수님은 이러한 비유를 베푸셨습니다. 한 부자가 소출이 풍성하여 흑자를 많이 남기게 되자 아주 행복해하며 미래를 설계하며 자기만을 위한 이런 저런 생각에 잠겼다는 것입니다. 그러자 그때 하나님께서 그 부자에게 "어리석은 자여, 오늘 밤에 네 영혼을 도로 찾으리니 그러면 네 예비한 것이 뉘 것이 되겠느냐?"(눅12:20절)고 말씀하셨다는 겁니다.

여러분, 재물의 흑자는 잠깐이지만 인생의 흑자는 영원하다는 사실을 알아야 합니다. 인생의 흑자를 남기는 성도들이 되십시오. 언제 하나님께서 나를 데려가신다 하더라도 후회 없는 삶을 사시기 바랍니다. 내 인생의 흑자를 보기 위해서는, 보이는 것을 보물로 여기지 말아야 합니다.

둘째, 재물을 의지하지 말아야 합니다. 돈이 우상인 시대에 우리는 살고 있습니다. 나이 어린 소녀들이 돈을 마음껏 쓰기 위해 스스럼없이 몸을 파는 시대에 우리는 살고 있습니다. 옛날에는 가난해서 마지못해 매춘을 할 수밖에 없었다면 오늘날은 풍족하게 돈을 쓰기 위해 자발적으로 매춘을 하는 시대입니다.

그러니까 문제는 돈입니다. 돈 때문에 사업을 하면서 갖가지 무리수를 쓰게 되고, 돈 때문에 가정파탄에 이르고, 심지어 목숨을 끊기도 합니다. 또 돈 때문에 남에게 피해를 주고 남의 생명을 빼앗기도 합니다.

뿐입니까? 돈이 우상이라 돈 때문에 생기는 비극이 끊이질 않습니다. 복권에 당첨되어 몇 억을 거머쥔 어떤 사람의 가정은 그전까지는 화목했다가 갑자기 생긴 돈 때문에 가정이 금이 가고 말았고, 아내가 자기 몰래 자꾸 통장의 돈을 꺼내 쓰자 그것을 추궁하다가 그만 아내를 죽이고 만 어처구니없는 일도 있었습니다. 다 돈 때문에 생긴 오늘날의 비극들입니다.

그런데 이런 비극이 오늘날에만 있는 것이 아닙니다. 성경에도 재물을 좇다가 인생을 망친 사람들이 여럿 나옵니다. 「엘리사」 선지자의 사환이었던 「게하시」는 재물을 사랑하여 그 길로 가다가 돌이킬 수 없는 징계를 받았고(왕하5:20-27절), 「아나니아」와 「삽비라」도 하나님보다 재물을 더 사랑했다가 징계를 받아 목숨을 잃고 말았습니다(행5:1-11절). 또 은 30에 예수님을 팔아 넘겼던「가룟 유다」의 최후는 얼마나 비참합니까?

여러분! 재물을 좇으면 하나님과 멀어지고 하나님과 멀어지는 만큼 죄와 가까워져서 결국 적자 인생으로 자기 인생을 마감하게 되는 것입니다. 그러니 여러분은 재물을 의지하며 재물을 모으는데 인생의 목표를 두는 사람이 되지 마시기를 바랍니다. 그러면 망하는 인생이 됩니다.

사막 한복판에 나무 한 그루가 있었습니다. 그 나무 밑에서는 샘물이 솟았는데, 불타는 사막에서 그 샘물은 생명의 물이어서 사막을 여행하는 사람들은 언제나 그 나무 아래에 와서 쉬면서 샘물로 목을 축이곤 했습니다.

그런데 그 샘물엔 본래 임자가 있었습니다. 처음에는 그 임자에게 별 생각이 없었는데, 자꾸만 사람들이 찾아와 쉬며 샘물로 목을 축이는 것을 보고는 돈이 되겠다 싶어 샘물을 팔아먹기 시작했고 예상대로 수입이 괜찮았습니다.

그러던 어느 날입니다. 아침 일찍 샘터를 돌아보던 주인은 그 커다란 나무가 이슬을 흠뻑 머금고 있는 것을 발견했습니다. 그러나 그것이 이슬인줄 모르는 주인은 생각했습니다. "만약 나무를 없애 버린다면 나무가 머금고 있는 물도 모두 샘에 고일 것이고, 그러면 장사도 그만큼 잘 될 것이 아닌가?" 그래서 주인은 나무를 베어버리고 말았습니다.

그러나 주인 생각과는 달리 샘물은 며칠 지나지 않아 말라버리고 말았습니다. 햇볕을 가려주고 모래바람을 막아주던 나무가 없어진 샘물에서 물이 솟을 까닭이 없었던 것입니다.

이렇듯 재물에 대한 지나친 욕심은 오히려 화를 부르는 법입니다. 재물에 흑자를 남기려다 인생의 적자를 보는 경우가 많습니다. 그러나 반대로 인생에 있어서 가장 중요한 것이 무엇인지를 깨달아 인생의 흑자를 추구하다 보면 재물의 흑자까지도 보게 됩니다.

50년 가까이 교회에서 아이들을 가르치던 거부 교사가 있었습니다. 대통령이 그에게 체신장관을 맡아 달라고 했을 때 그는 주일성수와 교회에서 아이들을 가르치는 일을 보장해준다면 기꺼이 하겠다고 했습니다.

이 사람이 누구냐 하면, 바로 미국의 백화점 왕으로 불리는 「워너 메이커」라는 사람입니다. 그는 어릴 때 무척 가난해서 1달러 50센트짜리 성경을 월부로 사서 읽었다고 합니다. 하지만 그의 목표는 재물의 흑자가 아니라 인생의 흑자였기 때문에 하나님께서는 그를 축복하셨습니다.

물질만능시대를 살아가는 책을 읽고 계시는 여러분! 하나님 대신 재물을 의지하는 일이 있어서는 결코 안 됩니다. 예수님께서는 "까마귀를 생각하라. 심지도 아니하고 거두지도 아니하며 골방도 없고 창고도 없으되 하나님이 기르신다."(눅12:24절)고 하셨습니다. 하나님을 바로 섬기면 재물 문제, 물질 문제, 먹고 사는 문제는 하나님이 책임져 주시는 것입니다.

그래서 예수님은 주기도문을 가르쳐 주시면서도 "오늘날 우리에게 일용할 양식을 주옵시고"(마6:11절)라고만 기도할 것을 말씀하셨습니다. "이 땅의 재물에 욕심을 낼 것이 아니라 하늘의 신령한 양식에 마음을 두어야 한다"는 것이 예수님의 뜻인 것입니다.

때문에 우리는 재물에 의지할 것이 아니라 하나님을 의지하면서 하나님의 은혜가 늘 족한 줄 알고 다만 감사하는 삶을 살아야 합니다. 그럴 때 하나님은 우리에게 은혜와 축복을 주시고, 우리는 흑자 인생을 살게 되는 것입니다.

셋째, 인생의 흑자를 남기려면 선을 행해야 합니다. 오늘 본문은 인생의 허무함을 재물의 덧없음과 관련하여 말씀한 후 '사람이 선을 행할 줄 알고도 행치 아니하면 죄'라고 결론짓고 있습니다. 즉, 그리스도인이 재물을 모으는 목적은 자기만 잘 먹고 잘 살기 위함이 아니라 이웃에게 선을 행하기 위함이 그 목적이어야 한다고 하나님은 말씀하고 계신 것입니다.

선한 사마리아 사람의 비유를 보십시오. 그 비유에 등장하는 레위인과 제사장이 우리가 생각하는 것처럼 순 악질이어서 정죄 받은 것이 아닙니다. 그들은 정죄 받은 이유는 어떻게 하는 것이 선을 행하는 것인지 누구보다 잘 알면서도 선을 행하지 않았기 때문입니다.

부자와 나사로의 비유에서도 그렇습니다. 부자가 유별나게 악해서가 아닙니다. 부자는 거지 나사로에게 선을 행하지 않았기 때문에 지옥에서 곤욕을 치르게 된 것입니다.

오래 전에 우리 나라에 소개되었던 『로베라 장군』이란 영화가 있습니다. 그 영화에는 나치에 저항했던 많은 레지스탕스, 곧 저항운 동가들이 감옥에서 처형당하는 장면이 나옵니다.

그런데 그 중에는 저항운동에 참가한 일이 없는데도 잘못 잡혀온 사람이 끼어 있기도 했습니다. 그러니 얼마나 억울합니까? 함께 처형당하는 것은 억울하다고 생각하는 것이 당연합니다.

그래서 그 중 한사람이 너무 억울해 큰 소리로 소리쳤습니다. "나는 아무 것도 하지 않았다. 나는 유대인이 아니다. 나는 저항운동을 한 일이 없다. 그런데 내가 왜 이렇게 억울하게 죽임을 당해야 한단 말인가?"

그러자 한 저항운동가가 조용히 말했답니다. "당신이 아무 것도 하지 않았다는 것, 바로 그것이 잘못이다. 당신이 아무 것도 안 했다는 그것만으로도 당신은 죽어 마땅하다. 전쟁은 5년이나 계속되었고 수백만 명의 사람이 무참히 피 흘리고 도시들은 파괴되었다. 조국과 민족이 멸망 직전에 놓여 있다. 그런데 도대체 당신은 왜 아무 것도 하지 않았는가?"

그렇습니다. 하나님도 오늘 "아무 것도 하지 않은 것이 바로 죄"라고 말씀하고 계십니다. 재물을 쌓아 놓고도 아무 것도 하지 않은 것은 죄라고 말씀하고 계십니다.

물론 아무 것도 하지 않는 사람은 없습니다. 모은 재물을 가지고 자신의 안전과 더 많은 이익을 위해서 무슨 일인지 했을 것입니다. 단지 남을 위해 한 것이 없을 뿐입니다. 그런데 하나님께서는 그것을 바로 지적하고 계시는 것입니다. "재물이 있고도, 그리고 그 재물을 어떻게 쓰는 것이 선한 것인지 알면서도 남을 위해 선을 행하지 않은 것은 죄"라는 것이 하나님의 변함없는 판결입니다. 그런 인생은 적자 인생이라는 것입니다.

선을 행한다는 것은 결코 쉬운 일이 아닙니다. 자기 포기가 필요합니다. 내 유익 대신 남의 유익을 구할 수 있는 마음이 필요합니다. 그런데 자기의 유익과 안일을 먼저 구하는 것이 사람 마음입니다. 그래서 선을 행하는 것이 쉽지 않은 것입니다.

여러분! 「파스칼」은 인간을 가리켜 '천사와 사탄의 중간 존재'라고 했습니다. 이 말은 곧 '모든 인간은 천사와 사탄의 요소를 동시에 지니고 있다'는 말과 같습니다. 사람이 자기 안에 있는 천사의 말에 순종하면 선한 사람이 되는 것이고, 반대로 사탄의 말에 귀를 기울이고 사탄의 조종을 받을 때는 악한 사람이 되는 것입니다.

그렇게 볼 때, 인간의 내적 갈등이란 결국 하나님께서 주시는 천사적 심성과 사탄이 주는 악마적 심정과의 갈등입니다. 그리고 악한 자는 이 내적 갈등에서 사탄에게 패한 자인 것입니다.

그 대표적인 자가 바로 「가룟 유다」입니다. 성경에 보면 가룟 유다가 예수님을 배반하고 대제사장에게 팔아넘기려고 했을 때 "열 둘 중에 하나인 가룟인이라 부르는 유다에게 사단이 들어가니"(눅22:3)라고 했습니다. 예수님의 제자였던 유다와 사단의 싸움이 시작된 것입니다. 그런데 유다는 이 싸움에서 패배합니다. 그리고 사단의 지배를 받아 결국 예수님을 팔아먹고 자기 인생을 자살로 비참하게 마감하는 장본인이 되고 말았습니다. 영원한 적자 인생이 된 것입니다.

성도들은 귀신과 싸움에서 이겨야 합니다. 선을 행하지 못하게 막는 '사단이 심어주는 생각'과 그로 인한 갈등을 이기고 하나님의 선하신 뜻을 좇아 선을 행해야 하는 것이 우리의 본분입니다. 그 사람이 승리자요 의인입니다. 주님이 이미 세상에 오셔서 삶으로 말씀으로 어떻게 하는 것이 선을 행하는 것인지 다 보여주셨는데도 선을 행치 않는다면 그 사람이 바로 탕자인 것입니다. 그 사람은 집을 나간 탕자가 아닌 아버지 품에 있는 효자를 가장한 '보다 더 위험한 탕자'라는 사실입니다.

선을 행하십시오. 선행이란 착한 언행 착한 삶을 말하는 것이 아닙니다. 하나님의 뜻을 좇아 믿음으로 살고 믿음으로 선하게 행하는 것이 선행이고, 이것이 바로 오늘 하나님이 우리에게 요구하시는 선행입니다. 하나님은 그런 사람의 인생을 인정하시고, 장차 천국에서 큰 상급을 주심으로 이 세상 삶이 결코 헛되지 않은 흑자 인생이었음을 증명해주실 것입니다.

이제 말씀을 맺습니다. 하나님 대신 재물을 의지하며 그것을 추구하는 자는 재물의 흑자는 볼지언정 결단코 하나님 나라를 차지하는 흑자 인생은 되지 못할 것입니다. 그러니 세상 사람들처럼 금전만능주의에 휩쓸려 재물을 의지하지 말고, 하나님을 의지하고 하나님의 뜻을 좇아 믿음으로 선을 행하는 성도들이 다 되시기를 바랍니다. 아무쪼록 하나님의 온전하시고 선하신 뜻대로 살아서 기필코 인생의 흑자를 보는 성도들이 되시기를 주님의 이름으로 축원합니다.

13장 네 보물이 있는 곳에 네 마음이 있다.

(마 6:19-21)"너희를 위하여 보물을 땅에 쌓아 두지 말라 거기는 좀과 동록이 해하며 도둑이 구멍을 뚫고 도둑질하느니라 (20) 오직 너희를 위하여 보물을 하늘에 쌓아 두라 거기는 좀이나 동록이 해하지 못하며 도둑이 구멍을 뚫지도 못하고 도둑질도 못하느니라 (21) 네 보물 있는 그곳에는 네 마음도 있느니라"

예수님께서는 제자들에게 보물을 땅에 쌓아두지 말고 하늘에 쌓아두라고 말씀하십니다. '너희를 위하여' 그렇게 하라는 것입니다. 예수님의 제자들에게는 과연 어떤 보물이 있었을까요? 우리가 알기로 지금 산상수훈을 듣고 있는 예수님의 제자들에게는 보물이라 할 만한 것들이 있지 않았습니다.

우선 예수님 자신이 값비싼 특별한 보물을 가지고 있지 않으셨습니다. 예수님과 그의 제자들에게는 금이나 은과 같은 보물이 없었던 것입니다(행 3:6). 그런데도 주님께서는 그들에게 보물을 땅에 쌓아두지 말고 하늘에 쌓아두라고 말씀하고 계십니다. 그렇다면 가지고 있지도 않은 보물을 땅에 쌓아두지 말고 하늘에 쌓아두라고 말씀하신 것일까요?

예수님께서는 열두 제자들에게뿐 아니라 앞으로 설립될 교회와 그에 속할 모든 성도들에게 동일한 말씀을 하셨습니다. 주님께서 보물을 하늘에 쌓아두라고 말씀하신 것을 보면 땅에든 하늘에든 쌓아둘 만한 어떤 보물이 제자들에게 있을 것이라는 것입니다. 그렇다면 주님께 속한 성도들에게는 어떤 보물들이 주어질까요? 아니면 앞으로 혹 보물이 생기게 되면 그렇게 하라는 말씀일까요?

예수님은 이 세상에 계실 때 부자로 사신 것이 아니라 매우 가난하게 사셨습니다. 나사렛에 살았던 예수님의 부모들은 물론 그의 온 가족이 가난했습니다. 예수님께서는 공사역 기간 중에도 항상 가난하게 생활하셨습니다. 그에게는 금이나 은과 같은 보물은 물론 당시 보통 사람들이 가지고 있던 변변한 집 한 채 가지고 있지 않았습니다. 그는 공생애 중 제자들과 함께 이스라엘 여러 지역을 유리하며 가난한 생활을 하셨던 것입니다. 그러므로 주님께서는 이스라엘 민족 가운데서 그 점을 말씀하셨습니다.

"예수께서 이르시되 여우도 굴이 있고 공중의 새도 거처가 있으되 오직 인자는 머리 둘 곳이 없다 하시더라"(마 8:20).

천지만물을 창조하신 만물의 주인이신 예수님께서 자기가 지은 세상 가운데서 아무것도 가지지 않은 가난한 자로 사셨습니다. 예수님의 제자들 역시 그와 마찬가지로 가진 것이 없는 자들이었습니다. 주님께서는 그런 제자들에게 보물을 땅에 쌓아두지 말고 하늘에 쌓아두라고 말씀 하십니다.

우리가 이 말씀 가운데서 잘 이해해야 할 점은 예수님께서 교훈하신 그 진정한 의도입니다. 주님께서는 그 말씀을 통해, 이 세상에서 자기 자신을 위해 추구하는 인간의 모든 노력은 헛된 것임을 말씀하고 계십니다. 세상에서 무엇인가 이룩하기를 원하며 애쓰는 사람들의 주된 관심은 이 땅에 있을 수밖에 없습니다. 그들의 가치는 땅 위에서 남부럽지 않은 삶을 사는 것입니다. 그러나 천국에 소망을 가지고 살아가는 사람들의 관심은 천국에 집중될 수밖에 없습니다. 이는 모든 참된 값어치는 천국에서 찾는다는 말이며 그로 인해 그곳에 관심을 집중하게 된다는 말입니다.

진정한 삶의 의미를 천국에 두고 살아가면서 모든 값어치를 천국에서 찾는다는 말은 단순한 종교 활동을 말하는 것이 아님은 분명합니다. 인간들의 자기를 위한 종교 활동은 천국이 아니라 이 땅에 보물을 쌓는 것과 다르지 않습니다. 예수님 당시 예루살렘에 살고 있던 많은 유대인들은 이 땅에서 생성되는 종교적 활동에 관심을 기울이고 있었으며 그들은 이 땅에 보물을 쌓기 위해 애쓰던 자들이었습니다.

예수님께서는 제자들에게 이 세상에 보물을 쌓기 위해 노력하는 어리석은 유대인 지도자들처럼 되지 말라고 말씀하고 계시는 것입니다. 그것은 하나님의 말씀을 통해 검증되지 않은 일반적인 신앙 활동을 포함합니다. 종교적 활동을 위한 인본주의적 열정은 자기 의를 쌓으려는 종교적 욕망에 기인하는 것일 수 있기 때문입니다.

오늘날 우리는 과연 어떠한가요? 이 세상에서 남부럽지 않게 잘 살고 싶어 하며 더 많은 복을 받아 누리는 것을 목적으로 삼고 하나님께 간구하는 것은 땅에 보물을 쌓으려는 것과 다르지 않습니다. 만일 우리 가운데 이 땅에서 영화를 누리며 사는 것을 인생의 목적으로 삼는 자가 있다면 그것은 참 신앙을 떠난 어리석은 행위입니다. 교인들 가운데는 부자가 되어 성공하는 것을 복이라고 여기는 자들이 많이 있습니다. 하지만 그것은 아무런 보장성이 없는 것이며 결코 인생의 영원한 목적이 될 수 없습니다. 그것은 도리어 세상을 탐닉하게 만드는 위험한 흉기가 될 수 있습니다.

그러나 잘못된 신앙 자세를 가진 자들은 세상에서의 성공이 곧 복이라 생각합니다. 그들은 그것을 통해 자신의 의를 땅 위에서 세워 나가려 합니다. 그들은 세상에서 그럴듯한 공로를 쌓음으로써 인생의 의미를 확립하고자 하지만 주님께서는 그것이 어리석은 행동이라 말씀하십니다. 하나님으로부터 칭찬 들을 것을 기대하며 열심히 노력할지라도 그것은 인간의 의가 될 수 없기 때문입니다. 보물이 녹슬어 못쓰게 되거나 도둑맞아 잃어버리는 것처럼 인간이 세상에서 쌓는 자기 의는 결국 아무런 쓸모가 없습니다. 하나님의 말씀을 통해 예수 그리스도께 온전히 순종함으로써 그에게만 소망을 두고 살아가는 것이 보물을 천국에 쌓는 것입니다.

우리는 구약성경에서 인간의 자기 노력이 얼마나 헛된 것인가에 대한 교훈을 봅니다. 이스라엘 백성들이 애굽을 탈출하여 광야에 있을 때 하나님께서는 만나와 메추라기로 날마다 그들을 먹이셨습니다. 그들은 노동을 통해 양식을 얻었던 것이 아니라 날마다 공급하시는 하나님의 은혜로 얻은 양식을 먹으며 살아갔던 것입니다. 그러나 자기의 삶을 예비한다고 생각하며 양식을 따로 챙기던 자들의 양식에는 벌레가 생기고 부패했을 뿐 아니라 하나님의 진노의 대상이 되었던 것입니다.

"모세가 그들에게 이르기를 아무든지 아침까지 그것을 남겨 두지 말라 하였으나 그들이 모세의 말을 정중치 아니하고 더러는 아침까지 두었더니 벌레가 생기고 냄새가 난지라 모세가 그들에게 노하니라"(출 16:19,20).

이스라엘 백성들 가운데 양식을 따로 챙기던 자들은 왜 그렇게 했을까요? 그들은 양식을 따로 남겨 둠으로써 비상시를 대비하려 했을지도 모릅니다. 어쩌면 그것이 지혜로운 처신이라 생각했을지도 모를 일입니다. 그러나 그것은 하나님께서 예비해 주시는 것이 아니라 자기 스스로 자기를 위해 준비하는 것이었습니다.

그들은 하나님께서 양식을 예비 하시는 것을 날마다 목격 하면서도 그 다음날에도 동일한 식량을 제공하실 하나님을 믿지 못했던 것입니다. 그들은 하나님께서 날마다 양식을 예비할 것이니 따로 그것을 곡간에 모아두지 말라고 하신 말씀을 듣지 않았던 것입니다. 믿음이 없는 자들은 자기 노력을 통해 양식을 더 많이 거두어 두면서 그것을 도리어 준비성을 갖춘 훌륭한 행동이라 생각했을지 모릅니다. 그러나 하나님께서는 그들이 따로 모아둔 양식이 부패하게 하셨을 뿐 아니라 그들에게 진노 하셨습니다.

오늘날 우리는 자신의 모습을 되돌아보아야 합니다. 우리는 혹 내일이면 썩어버릴 것을 모아두고 그것으로 자신을 위한 보물이라 생각하지는 않습니까? 모든 사람들이 고통에 빠진다 해도 따로 쌓아둔 그 보물로 인해 자신은 안전할 것이라 착각하고 있지는 않습니까? 이스라엘 백성이 만나를 따로 챙겨두고 다음날 아침 그것이 부패하여 벌레가 생긴 사실을 확인하기 전까지는 그것으로 인해 마음이 푸근했을지도 모릅니다.

그들은 다음날 아침 하나님께서 혹 양식을 제공하지 않는다. 하셔도 내일 하루는 자신의 준비로 말미암아 거뜬히 버틸 수 있다고 생각 했을지도 모릅니다. 그러나 그 양식은 벌레가 생기고 부패할 따름이며 그로 인해 하나님의 진노를 살 따름입니다. 그런 생각은 결국 하나님에 대한 불신앙에 기인합니다. 하나님께서 그런 자들에게 진노하신 것은 하나님보다 눈앞에 있는 자기 것을 더 신뢰했기 때문입니다.

우리 시대에 가장 가증스런 일들 가운데 하나는 천국에 보물을 쌓아두라는 의미를 연보와 연관 짓는 것입니다. 천국에 보물을 쌓아둔다는 의미는 연보와 아무런 상관이 없습니다. 나아가 말씀을 배경으로 하지 않는 봉사나 헌신 역시 이와 동일한 관점에서 이해되어야 합니다. 교회나 기독교 기관에 물질을 바치라고 강요하는 것은 말씀의 의미를 굴절시키는 것입니다. 만일 그런 식으로 말하게 되면 돈 많은 부자는 하늘에 쌓아둘 보물이 많은 사람이 되고 가난한 자는 하늘에 보물을 쌓아둘 것이 없는 사람이 되고 맙니다.

과연 부유하지 못하고 가난하며 병약한 성도들은 하늘에 쌓아둘 보물이 없다는 말입니까? 만일 그런 논리라면 성경에 기록된 많은 믿음의 선배들은 보물을 하늘에 쌓지 못했습니다. 우리가 알기로 성경에 나타나는 믿음의 선진들 중에는 경제적으로 가난한 사람들이 많았습니다. 구약시대의 많은 선지자들은 돈 많은 부자들이 아니었습니다. 사도들을 비롯한 신약시대의 여러 신앙의 선배들 역시 대개 가난한 자들 이었습니다. 부자가 아닌 그들은 교회를 위해 많은 연보를 할 만 한 돈이 없었을 것입니다. 그런 가난한 믿음의 선배들은 과연 하늘에 보물을 쌓지 못했습니까?

이와는 반대로 성경에는 신앙이 없는 사람들 중에 부자들이 많아 보입니다. 예수님 당시 예루살렘에 살고 있는 유대인들 중에는 부자들이 많았습니다. 그들은 많은 십일조를 바쳤을 것이며 예루살렘 성전 완공을 위해 거액의 돈을 바쳤을 것입니다. 연보를 많이 한 바리새인들, 제사장들, 장로들, 서기관들은 과연 하늘에 보물을 많이 쌓아둔 자들 이었습니까? 그렇게 되면 주님을 대적한 예루살렘의 종교 지도자들은 하늘에 보물을 많이 쌓은 사람들이 되고 갈릴리의 초라한 예수님의 제자들은 하늘에 보물을 별로 쌓지 못한 자들이 됩니다. 과연 그것이 말이나 될 법할까요?

주님께서는 연보를 강요하는 그런 식의 교훈을 하시기 위해 보물을 땅에 쌓아두지 말고 하늘에 쌓아두라고 말씀하신 것이 아닙니다. 만일 연보를 강요함으로써 하늘에 보물을 쌓아두라고 요구하는 자가 있다며 그런 자들은 자기 자신이 하늘이 아니라 이 세상에 열심히 보물을 쌓아가고 있는 중입니다. 보물을 하늘에 쌓아두라는 의미는 이 세상에 값어치를 둔 삶을 포기하고 영원한 천국에 진정한 소망을 두고 살리는 뜻입니다.

필자가 처음 은혜를 받고 얼마 안 되었을 때에, 정신없이 기도원을 찾아다니고 했을 때였는데, 한 기도원 목사님이 이 말씀으로 설교하시는 것을 들은 적이 있었습니다.

그 목사님은 사십이 좀 넘어 보이는 체구가 좋으신 분으로 기도를 많이 하셔서 아주 신령한 분이라는 소문이었는데, 상기된

붉은 얼굴에 땀을 뻘뻘 흘리며 정열적으로 설교를 하던 모습이 지금도 생각이 납니다.

이 땅에다 물질 따위 쌓아두어 무엇하겠느냐, 하늘에 쌓아두어라, 하는 말씀을 정말로 있는 힘을 다해 외치고 또 외치는 것이었습니다.

"사람은 도독을 맞을까 겁이 나서 돈을 은행에 예금하지만, 천국은 은행보다 몇 벽 배 더 안전한 곳이란다. 재물을 땅에 가득 쌓아 두고 죽으면 무얼 하느냐, 죽은 후에 재물이 무슨 소용이 있느냐, 그것을 하늘에 쌓아 놓으면 죽어 천국에 가서 찾아 쓰게 되니 얼마나 좋으냐, 그러니 물질을 땅에 쌓아 두지 말고 하늘에 쌓아 두라."는 것이었습니다.

그럼 어떻게 하는 것이 재물을 하늘에 쌓아 두는 것입니까? 그 재물을 하나님께 드리면 되는 것입니다. 즉 교회에 드리면 되는 것입니다. 교회에 드리면, 하나님이 받으시고, 하나님이 받으셨으니 그 재물은 바로 하늘에 쌓이게 된다는 말씀인 것입니다.

그리고 그 목사님은 이렇게 말했습니다. "네 물질 있는 곳에 네 마음도 있느니라!" 필자는 그때, 이 설교 말씀을 듣고 많은 감동을 받았습니다. 내게 있는 것 다 하나님께, 교회에 드리고 싶었습니다. 하지만, 그 때 저는 별로 가진 것이 없었기 때문에 아무 것도 드리지 못했습니다. 몇 년인가 지나서 나는 우연히 그 목사님의 그 설교가 생각났습니다. 그리고 그 분의 설교 말씀 중에 좀 이상한 점, 그릇된 부분이 있다는 것을 발견했습니다.

그 목사님은 분명히 우리를 향해 큰 소리로 이렇게 말씀했습니

다: "네 물질 있는 그 곳에 네 마음도 있느니라!" 그런데, 성경에는, 마태복음 6장 21절에, 분명 이렇게 기록되어 있는 것입니다. "네 보물 있는 그 곳에는 네 마음도 있느니라." 그 목사님은 보물을 물질로 바꾸어 말한 것입니다.

보물이란 무엇인가? 가장 귀한 것이 곧 보물입니다. 나라에서 가장 귀한 것으로 여기는 것이 국보입니다. 어린이는 나라의 보배라는 말도 있습니다. 이 나라에서 가장 귀한 것이 이 나라의 다음 세대를 이어나갈 어린이라는 뜻입니다.

내가 이 세상에서 가장 귀한 것이라고 생각하는 것이 나에게는 나의 보물이 됩니다. 어떤 이에게는 금, 은, 보석이 보물일 수도 있고, 희귀한 골동품이나 옛 서화 혹은 고분 따위에서 출토된 유물이 보물일 수도 있습니다. 또 어떤 사람에게는 조상 대대로 물려 내려온 고가구나 아니면 낡고 색 바랜 한 권의 책이 보물일 수도 있을 것이고, 사별한 애인이 사랑의 표시로 손가락에 끼워 주었던 작은 반지 하나가 그의 일생 동안의 가장 귀한 보물이 될 수도 있을 것입니다. 그런가 하면 자식이 그 집안의 가장 귀한 보물이라고 생각하는 사람들도 있을 것입니다.

그런데, 그 때 그 목사님은 무의식중에 보물을 물질로 바꾸어 말했습니다. 말하자면, 그 목사님에게 있어서는 물질이 곧 보물이었던 것입니다. 그 목사님에게는 물질이 곧 보물이요, 보물이란 곧 돈을 뜻하는 것이었습니다.

이 세상에서 돈이 가장 귀한 것이라고 생각하는 사람, 이 세상에서 돈이 최고라고 생각하는 사람들에게는 돈이 곧 보물입니다.

그 때 우리들도 평소 재물이 이 세상에서 가장 귀한 것이라고 생각해 왔기 때문에, 말하자면 돈이 곧 보물이라고 생각해 왔기 때문에, 그 목사님이 우리를 향해 그토록 큰 소리로, 또 그렇게 당당하게, "네 물질 있는 곳에 네 마음도 있느니라!" 하고 외쳤을 때, 우리는 아무 저항도 느끼지 않고 그냥 아멘! 하고 화답할 수가 있었던 것입니다.

자, 한 번 생각해 보겠습니다. 예수님께서 우리를 향해, "너희를 위하여 보물을 땅에 쌓아 두지 마라 오직 너희를 위하여 보물을 하늘에 쌓아 두라"고 말씀하셨을 때, 그 예수님께서 말씀하신 보물은 무엇을 가리키는 것일까?

그 목사님의 말씀처럼, 돈을, 재물을 뜻하는 것이었을까? 예수님도 돈을, 재물을 보물이라고 생각하셨던 것일까? 그래서 돈을 교회에 드리면, 그것이 우리를 위하여 보물을 하늘에 쌓아 두는 것이 된다고 하신 것일까?

아닐 것입니다. 예수님은 단 한 번도 돈이, 재물이 보물이라고 가르치신 일은 없습니다. 오히려, 약대가 바늘귀로 들어가는 것이 부자가 하나님 나라에 들어가는 것보다 쉽다고 말씀하셨습니다.

그럼, 예수님께서 말씀하신 보물이란 무엇을 뜻하는 것일까? 땅에 속한 것은 땅에 떨어지고, 하늘에 속한 것은 하늘에 쌓입니다. 우리의 육신은 땅에 속한 것이요, 돈도, 물질도 다 땅에 속한 것입니다. 땅에 속한 것은 오직 땅에 떨어져 땅에 쌓일 뿐이며, 땅에 떨어져 썩을 뿐입니다. 땅에 속한 육이, 물질이, 돈이, 결코 하늘에 올라가 하늘에 쌓일 수는 없는 것입니다. 반면, 하늘의 속한 신령한 것들은 땅에 떨어지지 않고 하늘에 올라가 하늘에 쌓입니다.

"오직 너희를 위하여 보물을 하늘에 쌓아 두라"고 하신 예수님의 이 말씀의 뜻은, "하늘의 신령한 것으로 너희의 보물 삼으라."라는 뜻인 것입니다.

보물이란 무엇일까요? 그가 가장 귀한 것이라고 생각하는 것이 그의 보물입니다. 물질이, 돈이, 이 세상에서 가장 귀한 것이라고 생각하고 있는 사람들은 썩어질 땅의 것으로 보물 삼고 있는 자들입니다. 땅의 썩어질 것들은 하늘에 올라가 하늘에 쌓일 수는 없습니다. 오직 땅에 쌓일 뿐입니다. 이들은 보물을 땅에 쌓아두는 자들인 것입니다.

하늘의 신령한 것이 가장 귀한 것이라고 생각하는 사람들은 하늘의 신령한 것으로 보물 삼고 있는 사람들입니다. 하늘의 신령한 것만이 하늘에 쌓을 수 있습니다. 하늘의 신령한 것을 보물 삼고 있는 자들만이 그 자신의 보물을 하늘에 쌓아 둘 수 있는 자들입니다. 소망을 하늘에 두는 자만이 호흡이 건강할 때 마음하늘에 보물을 쌓을 수가 있는 것입니다. 예수 믿는 자들에게 가장 귀한 것이 무엇일까요? 바로 예수가 아닙니까? 예수 믿는 우리에게 가장 귀한 것은 예수님이요, 우리의 보물은 예수님인 것입니다. 예수님이 우리의 보물입니다. 예수님이야말로 우리가 모든 것을 다 버리고 그것 하나만을 소유해야 할 우리의 참 보물인 것입니다.

예수를 나의 보물 삼을 때, 나의 보물은 하늘에 쌓여 있게 됩니다. 예수로 나의 보물 삼았을 때, 나의 보물은 이미 하늘에 있는 것입니다. "네 보물 있는 그 곳에는 네 마음도 있느니라"

나의 보물은 예수님이요, 내 보물이 하늘에 있을 때, 나의 마음도 늘 하늘에 있으며, 예수님이 나의 보물일 때, 내 마음은 늘 예수님과 함께 있습니다. "또 천국은 마치 좋은 진주를 구하는 장사와 같으니 극히 값진 진주 하나를 만나매 가서 자기의 소유를 다 팔아 진주를 샀느니라"(마 13:45-46).

극히 값진 진주 하나 = 예수님. 이 세상에서 예수님보다 더 값진 것은 없습니다. 자기 소유를 다 팔아 값진 진주를 사다 = 나의 모든 것을 다 버리고 예수님만을 나의 소유로 삼다. 땅의 것으로 보물 삼지 마라. 예수로 너의 보물 삼아라.

예수님은 이렇게 말씀하고 있습니다. 우리의 보물을 이 땅이 아닌 하늘에 쌓으라는 것입니다. 보물이 있는 곳에 우리의 마음이 있기 때문입니다. 하늘에 쌓음은 하나님의 뜻대로 사용하라는 것입니다. 보물은 우리의 눈과 같습니다. 보물은 주인의 결정입니다. 보물이 돈이 되면 먹고, 마시고, 입는 것에 걱정으로 인생을 삽니다. 없는 자는 있음을 염려하고 있는 자는 더 있기를 염려하고… 예수님은 공중의 새, 들의 야생화, 들의 풀을 보라 하십니다. 창조주 하나님이 먹이시고 입히시는데 하물며 자신의 형상으로 지으신 사람들을 그냥 두시겠냐는 것입니다.

예수님을 믿는 사람들은 믿음이 없는 이방인들과 달라야 한다는 것입니다. 그리스도인들이 먼저 하나님의 나라와 의를 구하면 이 모든 것을 더하시리라 약속하십니다. 하나님의 나라의 근원은 에덴이며 에덴은 기쁨과 사랑의 동산입니다. 사람에게 가장 필요한 것은 구원의 기쁨이요 사랑이라는 의미입니다. 또한 그의 의는 하나님과의 올바른 관계를 의미합니다. 하나님은 창조자 우리는 피조물, 하나님은 아버지 우리는 자녀, 하나님은 구원자 우리는 죄인된 관계를 바르게 인식할 때 우리가 어떻게 살아야할지 옳고 그름의 가치를 분명하게 하여 그 분의 의를 이룰 수 있기 때문입니다. 처음동산 에덴도, 마지막 동산 천국도 보석들이 길과 벽과 기둥과 문짝으로 사용될 정도로 지천에 널려있는 곳입니다. 전부가 금이고, 다이아몬드이고, 진주인데 그곳에서 그 누가 그것을 보물이라 하겠습니까. 예수님이 말씀하신 보물은 무엇입니까. 보석도, 돈도 아닙니다. 바로 죄인 된 우리들입니다. 날마다 염려로 살아가는 사람들입니다. 그래서 하나님의 보물인 사람들이 평생 염려로, 돈의 염려로 살지 않기를 원하시는 것입니다. 염려는 하루면 족하다는 것입니다.

그리고 내일은 우리를 보물로 여기시는 그 분을 믿고 살라는 것입니다. 그 분의 뜻은, 하늘에 보물을 쌓는 것은 우리도 사람을 보물로 생각하며 살게 하려는 것입니다. 사람을 사랑하며, 사람을 최고의 가치로 여기며, 사람을 가장 소중한 보물로 여기며 살라는 것입니다. 그럴 때 없어도, 부족해도 자족하며, 넉넉해도 나눌 수 있는 하나님의 나라와 의가 실현되는 것이 아니겠습니다.

우리가 이 하루를, 이 한 주간을, 하나님께서 나 같은 죄인을 보물 삼아 주셨듯이 우리에게 보내주신 사람들 즉, 가족, 친지, 이웃, 직장 동료, 교회 교우, 세상의 사람들을 보물 삼아 더욱 가치 있고 의미 있게 살아가셨으면 합니다.

14장 예수님을 최고의 보물로 여기는 삶을 살자

(딤전 6:17-19) "네가 이 세대에서 부한 자들을 명하여 마음을 높이지 말고 정함이 없는 재물에 소망을 두지 말고 오직 우리에게 모든 것을 후히 주사 누리게 하시는 하나님께 두며(18) 선을 행하고 선한 사업을 많이 하고 나누어 주기를 좋아하며 너그러운 자가 되게 하라 (19) 이것이 장래에 자기를 위하여 좋은 터를 쌓아 참된 생명을 취하는 것이니라"

시대와 장소를 불문하고 사람들은 보물에 대한 큰 관심을 가지고 살아왔습니다. 그것은 현재에도 그렇고 앞으로도 마찬가지일 것입니다. 보물을 싫어하는 사람은 없습니다. 사실 인류 역사의 많은 사건들이 더 많은 보물을 가지려는 일과 관련되어 있습니다. 신대륙을 발견한 것은 보물을 찾아 나섰던 탐험가들의 활동 때문이었습니다. 미국 서부개척의 많은 부분은 금을 찾아 서부로 떠난 사람들에 의해서 이루어졌습니다. 또한 나라와 나라 사이의 전쟁의 이유도 경제적인 재화를 차지하려는 보물 쟁탈전은 경우가 많습니다. 그만큼 사람들의 삶은 보물과 밀접하게 관련되어 있습니다.

사람들은 할 수 있으면 많은 보물을 쌓기 위해서 수고하고 땀을 흘립니다. 오늘날 사람들이 보물을 쌓는 방식은 다양합니다. 어떤 사람은 저축으로, 어떤 사람은 주식투자로, 어떤 사람은 땅으로, 어떤 사람은 집으로, 어떤 사람은 보석으로, 어떤 사람은 명품으로 각각 더 많은 보물을 쌓기 위해서 애씁니다. 더 많은 보물을 쌓으려는 노력은 그것이 생활을 더 풍요롭게 하고 행복하게 해 줄 것이라고 하는 생각하기 때문입니다. 이런 생각은 예수님 당시의 사람들도 마찬가지였습니다.

그래서 사람들은 할 수 있으면 많은 보물을 쌓아두려고 했습니다. 특별히 예수님 당시에는 오늘날 은행처럼 보물을 안전하게 보관할 방법이 없었기에 보물을 자신이 아는 안전한 곳, 예를 들면 굴 같은 곳에 쌓아 두거나 땅 속에 묻어 두었습니다. 그렇게 부지런히 보물을 모으고 쌓는 사람들에게 예수님께서는 마태복음 6:19-20에서 이렇게 말씀하셨습니다. "너희를 위하여 보물을 땅에 쌓아 두지 말라. 거기는 좀과 동록이 해하며 도적이 구멍을 뚫고 도적질하느니라. 오직 너희를 위하여 보물을 하늘에 쌓아 두라. 거기는 좀이나 동록이 해하지 못하며 도적이 구멍을 뚫지도 못하고 도적질하지도 못하느니라."

여기에서 예수님께서 말씀하시는 보물은 단순하게 돈과 황금만을 의미하지 않습니다. 그것은 그보다 훨씬 광범위한 말인데 그것이 무엇이든 사람들이 가치를 부여하는 모든 것을 의미합니다. 예수님께서는 땅에 보물을 쌓지 말고 하늘에 보물을 쌓으라고 하셨습니다. 먼저는 실제적인 이유인데 땅에 보물을 쌓아두는 것은 안전하지 않기 때문입니다. 땅엔 언제나 위험요소가 있습니다. 예수님 당시에는 옷과 옷감은 매우 귀한 귀중품이었습니다.

당시의 사람들은 대개 외투가 하나 밖에 없을 정도로 옷이 귀했기에 의복들을 조심스럽게 창고에 보관했는데 그것은 언제 좀이 슬어서 쓸모없게 될지 모릅니다. 동전도 마찬가지입니다. 안전하게 보관한다고 창고에 쌓아두거나 땅에 묻어두면 녹이 슬어서 나중에는 동전의 기능을 하기 어렵게 됩니다. 좀과 동록으로부터 안전한 보물들은 도둑들이 언제 창고에 구멍을 내고 훔쳐갈지 모르기에 땅에 보물을 쌓는 것은 결코 안전할 수가 없습니다.

그에 반해서 하늘에 보물을 쌓으면 좀과 동록이 전혀 해를 끼칠 수 없고 도둑이 들 수 없으며 전혀 손해가 없으니 하늘에 보물을 쌓으라고 하십니다. 왜 하늘에 보물을 쌓으면 손해가 없습니까? 하나님께서 우리를 위해 간직해 두시기 때문입니다. 하나님께서 보관하시기에 그 어떤 것도 하늘에 쌓은 보물을 어떻게 할 수 없습니다. 그렇다면 하늘에 보물을 쌓는다는 것은 무엇입니까? 우리는 어떻게 하늘에 보물을 쌓을 수 있을까요?

첫째, "너희를 위하여 보물을 땅에 쌓아두지 말라" 특별히 왕이신 예수님께서는 본문의 말씀을 통해서 우리에게 뭐라고 명령하고 계십니까? 먼저 예수님께서는 마6:19절 말씀을 통해서 "너희를 위하여 보물을 땅에 쌓아두지 마라 거기는 좀과 동록이 해하며 도적이 구멍을 뚫고 도적질 하느니라"고 말씀하고 계십니다. 예수님께서는 아주 단호하게 "너희를 위하여 보물을 땅에 쌓아두지 말라"고 명령하고 계신 것입니다.

나라를 잃은 유대인들은 이 땅에서 의지할 수 있는 것이 돈 밖에 없었습니다. 그래서 그들은 아무런 목적도 없이 그저 돈을 쌓고 땅에 묻어주는 일을 좋아했습니다. 그저 소유하기 위해서 많은 보물과 돈을 땅에 쌓아두었던 것입니다. 여기서 쌓아둔다는 말은 그저 아무런 의미 없이 쌓아두기만 하는 것을 의미하는 것입니다. 자신을 지켜줄 수 있는 든든한 부모나 나라가 없는 경우에 가장 든든한 힘이 되는 것은 역시 돈과 재물입니다. 돈의 힘이 얼마나 막강합니까? 당연히 쌓아두는 것이 지혜로운 일이며 현명한 일인 것입니다.

그러나 예수님께서는 "너희를 위하여 보물을 땅에 쌓아두지 말라"고 말씀하셨습니다. 여기서 보물이란 값이 비싼 귀금속이나 돈을 의미합니다. 그리고 미래의 어려운 때에 최고의 가치를 발하게 될 귀중한 모든 것들(사람에 따라서는 돈이나 학문이나 권력 등등)을 의미하는 것입니다. 마땅히 미래의 보다나은 삶을 위해서 쌓아두어야만 하는 것들입니다. 그런데 예수님은 "너희를 위하여 보물을 쌓아두지 말라"고 명령하셨습니다. 그 이유가 무엇인가? 땅에 보물을 쌓아두면 좀이 생기거나 녹이 슬거나 아니면 도둑이 들어 훔쳐가기 때문입니다.

땅에 있는 것들은 보배처럼 보일지라도 시간이 지나면 한 순간에 변질되어서 어느새 낡은 것이 되고야 맙니다. 아무리 새로운 지식일지라도 불과 몇 년 만 지나면 낡은 지식이 되며 아무리 화려한 옷일지라도 오랜 시간이 지나면 좀이 생겨서 입지 못하게 되며 아무리 많은 돈을 갖고 있다 할지라도 도둑이 구멍을 뚫고 들어와서 훔쳐가 버리면 영원히 내 것이 될 수 없는 것입니다. 그런데도 어리석게도 사람들은 예쁜 옷을 땅에 묻어둘 뿐만 아니라 많은 돈을 훔쳐가도록 묻어두고 사는 것입니다.

나중에 쓰려고 보면 다 상해서 못쓰게 될 것입니다. 이 세상에 있는 것들은 모두가 일시적으로 하나님이 쓰라고 빌려주신 것입니다. 이런 것에 목숨을 걸어서도 안 되고 이런 것을 쌓고 모으는 일을 평생의 목표로 삼아서도 안 되는 것입니다. 예수님은 분명히 다 변할 수 있는 것들이기에 "이 세상 귀중한 것을 땅에 쌓아두지 말라"고 하셨습니다. 그러나 이 말씀은 열심히 공부하고 열심히 일해서 돈벌지 말라는 뜻은 아닙니다. 학식이나 돈을 무시하고 살라는 것은 더 더욱이나 아닙니다. 다만 가장 소중한 것을 잃어버린 채 보이는 것들에 매여서 그것을 쌓아두는 재미로만 살아서는 안 된다는 것입니다. 가장 소중한 것을 잊고 땅에 보물을 쌓는 재미로만 살아가고 있다면 지금 내가 바르게 살고 있는지 반드시 고민해 봐야 합니다. 실력을 쌓고 재물을 쌓고 명성을 쌓는 일은 필요한 일이지만 그것에만 목표를 두고 너무 몰두하고 있다면 그 삶은 반드시 잘못된 것입니다.

둘째, "오직 너희를 위하여 보물을 하늘에 쌓아두라" 그리고 왕이신 예수님께서는 "오직 너희를 위하여 보물을 하늘에 쌓아두라"고 명령하고 계십니다. 20절에 "오직 너희를 위하여 보물을 하늘에 쌓아두라 거기는 좀이나 동록이 해하지 못하며 도적이 구멍을 뚫지도 못하고 도적질도 못 하느니라"고 말씀하셨습니다.

이 말씀, "보물을 하늘에 쌓아두라"는 말씀의 의미는 무엇입니까? 이 말씀을 교회예배당에 헌금을 많이 하여 하늘에 보물을 쌓아두라고 이해하는 사람들이 있습니다. 물론 그런 뜻도 있습니다. 하지만 이 말씀은 단순히 헌금을 많이 하여 하늘에 보물을 쌓아두라는 뜻을 갖고 있는 것이 아니라, 하늘에 있는 것에 영원한 목표와 가치를 두고 살라는 뜻입니다. 다시 말해서 자신의 온몸이 살아계신 하나님의 성전이 되고 하나님의 나라가 되는 일에 보물을 쌓으라는 말입니다. 하나님의 뜻을 이루는 엄청난 일에 영원한 가치와 목표를 두라는 뜻입니다.

우리는 성령을 받은 신령한 사람들입니다. 신령한 사람들은 몸을 사용하여 다른 사람을 섬기고 회복시키는 삶을 살아야 하는 것입니다. 우리 몸은 가만히 앉아 있기만 하고 대접만 받고 싶어 합니다. 너희를 위하여 보물을 하늘에 쌓아두라는 것은 대접받기를 원하는 내 몸을 사용하여 다른 사람들을 섬기라는 것입니다. 예배당에 헌금을 많이 하는 것만을 의미하는 것이 아니라 내 몸과 내가 가진 모든 것을 사용하여 다른 사람을 섬기고 회복시키는 일에 몰두하라는 것입니다.

예수님께서는 이 세상에 있는 보물들 곧 지식이나 돈이나 권력이나 기술이 다 쓸데없는 것이라고 하지 않으셨습니다. 이런 것들은 우리가 살아가는데 매우 중요한 수단들이기에 요긴한 것들입니다. 문제는 이런 것들을 모아서 쌓는다고 해서 하나님의 뜻을 이루는 것은 아니라는 것입니다. 모으는 일에만 급급 한다면 사람들은 어떻게 생각할지 모르지만 하나님 앞에서는 욕심 많은 스크루지 영감님으로 밖에는 안 보이게 되는 것입니다.

얼마나 많은 돈을 갖고 있느냐가 중요한 것이 아닙니다. 그 돈을 얼마나 이웃과 나라와 가난한 사람들을 위해서 사용했느냐가 더 중요합니다. 세상이 하나님의 나라가 되는 일에 보물을 사용하라는 뜻입니다. 얼마나 배웠느냐가 중요하지 않습니다. 배우면 배운 만큼 더 많은 책임이 따라오는 것이기에 다른 사람을 위하여 얼마나 봉사했느냐가 훨씬 더 소중한 것입니다.

그래서 예수님께서는 이어서 "네 보물 있는 그곳에는 네 마음도 있느니라"고 말씀하신 것입니다. 내가 가진 보물을 지금 어디에 쓰고 있느냐는 것입니다. 누구를 위해서 사용하느냐에 따라서 그 사람의 마음이 지금 어디에 가 있는지를 알 수 있다는 것입니다. 내 보물이 있는 그 곳에 내 마음이 있고 거기에 내 몸이 따라가며 결국 그것을 위하여 내가 가진 돈이나 시간이나 재능을 쓰게 되어 있는 것입니다.

하나님으로부터 무엇을 받으셨습니까? 그 받은 것을 어디에 가장 많이 투자하고 계십니까? 그것을 보면 그 사람이 땅에 속한 사람인지 하늘에 속한 사람인지 쉽게 알 수가 있습니다. 내 시간이나 물질이 어디에 가장 많이 사용되고 있는지 점검해 보시기 바랍니다. 물론 육신을 갖고 있기에 세상에서 돈과 시간을 가장 많이 사용할 것입니다.

그러나 예수님이 말씀하시는 것은 양이 아니라 질입니다. 단 1달러를 쓰더라도 마음을 다해서 하나님과 다른 사람을 위해서 사용하면 되는 것입니다. 아직도 세상의 것들에 듬뿍 인심을 쓰고 계십니까? 아니면 뭐 하나라도 생기면 하나님 나라를 생각하고 사람들이 변화되는 일에 마음과 돈과 시간이 가고 있습니까?

셋째, "눈이 성해야 온 몸이 밝을 것이니라" 예수님은 우리에게 땅의 것을 가지고 위엣 것을 추구하라고 말씀하셨습니다. 몸을 가지고 살면서도 하나님이 원하시는 영원한 것에 마음을 두고 살라고 명령하셨습니다. 그럼 보물을 하늘에 쌓아두는 신령하고 아름다운 삶을 살려면 어떻게 해야 합니까? 말씀의 빛을 흡수할 수 있도록 영적인 눈이 열려야 합니다. 그래서 예수님께서는 "눈이 성해야 온 몸이 밝고 건강하게 살 수 있다"고 눈과 몸의 비유를 갑자기 말씀하신 것입니다. 마태복음 6장 22~23절에 보면 "눈은 몸의 등불이니 그러므로 네 눈이 성하면 온 몸이 밝을 것이요 눈이 나쁘면 온 몸이 어두울 것이니 그러므로 네게 있는 빛이 어두우면 그 어두움이 얼마나 하겠느냐"라고 말씀하셨습니다. 눈이란 무엇입니까? 눈이란 외부의 빛을 받아들이는 유일한 기관으로써 사물의 실체를 보게 하는 기능이 있습니다. 여기서 눈이라는 것은 비유로서 "말씀의 빛을 받아들이는 기능"을 상징하는 것입니다. 우리의 눈이 열려야 온 몸이 밝아지는 것을 경험하고 빛 가운데 건강하게 살아갈 수 있듯이 영적인 눈이 활짝 열려 있어야 말씀의 빛을 받아들일 수 있고 그 때에야 비로소 우리의 몸이 하늘의 것을 추구할 수 있는 것입니다. 성령으로 영적인 눈이 열려야 하나님의 말씀을 흡수하며 하늘의 것을 추구할 수 있는 것입니다.

그런데 우리는 영적인 세계를 전혀 보지 못하고 말씀도 가까이 하지 않는 영적인 소경으로 살아가고 있습니다. 육신의 눈이 온전치 못하면 얼마나 답답하고 위험한지 모릅니다. 그러나 더욱 위험한 것은 영적인 눈이 열리지 않은 것입니다.

그래서 지옥을 향해 줄을 맞추어 사람들이 걸어가고 있는 것입니다. 돈이 있다고 명예를 얻었다고 지식이 있다고 자랑하지만 힘들게 얻기만 했을 뿐 바른 곳에 사용하지 못하고 무겁게 짊어지고 가고 있는 것입니다. 성령으로 천국의 눈이 열려야 합니다. 하나님의 뜻을 볼 수 있는 영적인 눈이 활짝 열려야 합니다. 그래야 보물을 하늘에 쌓아두는 존귀한 삶을 살 수 있습니다.

넷째, "하나님과 재물, 두 주인을 겸하여 섬길 수 없느니라"
그러시면서 왕이신 예수님께서는 "한 사람이 두 주인을 섬기지 못할 것이니… 너희가 하나님과 재물을 겸하여 섬기지 못하느니라"고 못을 박고 계십니다. 마태복음 6장 24절에 보면 "한 사람이 두 주인을 섬기지 못할 것이니 혹 이를 미워하며 저를 사랑하거나 혹 이를 중히 여기며 저를 경히 여김이라 너희가 하나님과 재물을 겸하여 섬기지 못하느니라"고 말씀하셨습니다.

어떻게 한 종이 두 주인을 동시에 섬길 수가 있습니까? 그것은 불가능한 일입니다. 한 주인이 부르면 또 다른 주인도 부를 것인데 그 때는 누구의 말을 들어야 하는 것입니까? 마찬가지로 우리도 하나님과 재물을 동시에 섬길 수 없습니다.

그러므로 우리도 누구를 주인으로 섬길 것인지 삶의 방향을 잘 잡아야 합니다. 하나님을 주인으로 목적으로 살 것인지 나 자신을 위해서 재물을 목적으로 삼으며 살 것인지를 정해야 합니다. 그것을 정하라고 이 말씀을 하신 것입니다.

우리에게 가장 큰 힘을 발휘하는 것은 역시 돈입니다. 이 돈과의 관계를 잘 정돈하지 못하면 평생을 돈이 주는 무거운 멍에 속에서 살게 됩니다. 그러므로 지금 이 시간에 결단해야 합니다. 우리는 마땅히 하나님을 사랑하며 중히 여기고 재물을 미워하고 경히 여겨야 합니다. 재물을 미워하고 경히 여긴다는 것은 진짜 미워하고 배척하라는 것이 아니라 그것이 갖고 있는 원래의 가치대로 사용하며 돈의 잘못된 요구를 거부하는 것입니다.

돈이나 재물은 수단이기에 수단으로만 사용하고 그것들이 나를 움직이려고 할 때 단호하게 거부하라는 것입니다. 돈에 의해 얼마나 많은 사람들이 움직이고 있는지 모릅니다. 그것을 거부해야 합니다. 사람들은 돈을 섬기면서 살고 있습니다. 그러나 돈을 더 받을 수 있고 하나님을 더 잘 섬길 수 있는 직장이 있다면 옮기는 것도 괜찮은 것입니다. 일한만큼 정당한 보수를 받는 것은 마땅한 일이기 때문입니다. 그리고 하나님을 잘 섬길 수 있는 기회가 주어진 것은 주의 은혜이기 때문입니다.

우리는 하나님의 사람들입니다. 우리의 주인은 분명히 하나님이십니다. 하나님이 기뻐하시는 곳에 재물을 바르게 사용해야 합니다. 움켜쥐고 남을 위해 사용하지 않으면 나중에 크게 후회할 것입니다. 하나님과 재물 어느 것을 섬기며 살 것인지를 선택하시기 바랍니다.

다섯째, 하나님을 자신의 주인으로 모셔야 한다. 호흡이 건강할 때 온몸이 살아계신 하나님의 성전되는 일에 보물을 쌓으려면 하나님께 만 소망을 두어야 합니다. 딤전6:17절 말씀입니다. "네가 이 세대에 부한 자들을 명하여 마음을 높이지 말고 정함이 없는 재물에 소망을 두지 말고 오직 우리에게 모든 것을 후히 주사 누리게 하시는 하나님께 두며" 여기에서 부한 자들에게 명하라고 해서 이 말씀이 부자들에게만 해당하는 말씀이라고 생각하면 안 됩니다. 이 말씀은 모든 사람을 위한 말씀인데요. 사람은 자신이 소망을 두는 것에 자신의 마음과 생각이 머뭅니다.

그리고 자신의 마음과 생각이 있는 곳에 자연스럽게 자신의 보물도 있게 됩니다. 마음과 보물은 따로 있지 않고 함께 있습니다. 그렇습니다. 예수님께서 말씀하신 것처럼 보물이 있는 곳에 그 사람의 마음도 있습니다. 사람들의 마음이 어디에 있는지를 보는 방법은 그 사람이 지금 재물을 어디에 사용하고 있는지를 보면 됩니다. 사람들은 자신이 소망을 두는 곳에 물질을 사용하기 때문입니다.

지금 우리의 마음의 어디에 있는지 알아보는 것도 어렵지 않습니다. 우리들이 보물이 어디에 사용되고 있는지를 보면 됩니다. 본문은 세상에 보물을 쌓는 사람과 하늘에 보물을 쌓는 사람의 확연한 차이를 보여주는데요. 그것은 그들이 어디에 소망을 두고 있느냐 하는 것입니다.

땅에 보물을 쌓는 사람은 재물에 소망을 둡니다. 반면에 하늘에 보물을 쌓는 사람은 모든 것의 주인 되시는 하나님께 소망을 둡니다. 지금 자신은 어디에 소망을 두고 있습니까? 세상의 많은 사람들이 자신의 소망을 재물에 두고 살아갑니다. 재물이 많으면 행복할 것이라고 생각하고 안전할 것이라고 생각합니다. 사실 살다보면 재물이 주는 유익함이 있습니다. 없는 것보다는 편리하고 더 편안한 삶을 살 수 있습니다.

어떤 때는 재물이 없으면 마음 아픈 일을 당하기도 합니다. 어떤 가게에 가면 입고 가는 옷, 타고 가는 차에 따라서 손님을 맞이하는 종업원의 태도가 다른 곳이 있습니다. 그래서 대접받기 위해서 무시당하지 않기 위해서 재물을 가지려고 합니다. 요즘은 신용카드가 일반화되어서 현금이 없어도 카드만 있으면 결제가 가능하기에 카드 한 장만 있으면 되지만 얼마 전까지만 해도 현금이 없으면 안 되는 곳이 많이 있었습니다.

그런 곳에서 친구를 만나면 지갑에 돈이 있으면 마음이 편했지만 지갑이 비면 마음까지 위축되는 경우가 있었습니다. 그렇게 재물 때문에 마음이 상하거나 망신을 당하는 일을 겪지 않으려고 사람들은 재물에 소망을 두는 경우가 많습니다. 그래서 더 많이 가지려고 하다 보니 재물이 우상이 되고 맙니다.

하지만 그것은 부질없는 일입니다. 재물은 참된 소망의 근거가 되지 못합니다. 그것은 정함이 없습니다. 정함이 없다는 말은 불확실하다는 말인데 이것은 재물은 있다가도 없을 수도 있고 없다가도 있을 수 있으므로 믿을 수가 없다는 것입니다. 잠언

23:5은 "정녕 재물은 날개를 내어 하늘에 나는 독수리처럼 날아가리라"라고 말하면서 재물 불확실한 속성을 말하고 있습니다.

그러므로 언제 어떻게 될지 모르는 재물에 소망을 두고 그것을 믿는 것은 어리석은 일입니다. 그러므로 하늘에 보물을 쌓고자 하는 사람은 재물을 신뢰해서는 안 됩니다.

하늘에 보물을 쌓는 것을 목적으로 살아가는 사람은 오직 하나님께만 소망을 두어야 합니다. 왜 그렇습니까? 하나님께서 우리에게 모든 것을 후히 주사 누리게 하시는 분이시기 때문입니다. 하나님은 우리에게 필요한 것이 무엇인지 아십니다. 그리고 때를 따라 우리에게 필요한 것을 주시되 차고 넘칠 정도로 풍성히 주시는 분입니다. 또한 주실 뿐 아니라 우리에게 준 것을 누리게 하시는 분입니다. 그 하나님께만 소망을 둘 때 우리는 부질없는 재물에 마음을 빼앗기지 아니하고 하나님께서 기뻐하시는 삶을 살 수 있을 것입니다. 그러므로 하늘에 보물을 쌓기 위해서 하나님께만 소망을 두고 살 수 있기를 소망합니다.

십일조와 헌물은 모든 것이 하나님의 것임을 믿음으로 고백하는 것입니다. 이것은 하나님의 자녀라면 마땅히 감사함으로 드려야 하는 것입니다. 그런데도 종종 많은 신앙인들이 마땅히 드려야 하는 하나님의 것을 하나님께 드리지 못하고 시험에 빠지는 경우가 있습니다.

이것을 잘 보여주는 실례가 있는데요. 영국에 한 농부가 있었습니다. 어느 날 가족들에게 와서 암소가 송아지 두 마리를 낳았는데 붉은 놈과 흰 놈을 낳았다고 하면서 이렇게 말합니다. 나는 이 두 마리 중의 하나를 주께 바쳐야겠다는 생각이 들었소.

그러니 우리가 두 마리를 잘 길러서 때가 되면 그 중 한 마리를 팔아서 그 수익금을 저축하고 또 한 마리를 팔아서 주의 사업에 바칩시다. 그러자 아내가 그 중의 어느 것을 주님께 드릴 것이냐고 물었습니다. 남편이 대답하기를 당장 그 문제로 고민할 것은 없고, 그 두 마리를 똑같이 취급했다가 때가 오면 내가 말한 대로 합시다. 라고 말했습니다.

그렇게 몇 달이 지난 어느 날 농부가 매우 비참하고 우울한 얼굴로 들어왔습니다. 아내가 무슨 일이 있느냐고 묻자 대답하기를 '아주 슬픈 소식이냐, 주님의 송아지가 죽었소.'라고 말했습니다. 그러자 아내가 '당신은 어느 것이 주님의 것인지 결정하지 않았잖아요. 라고 말합니다. 남편이 말하기를 '아, 나는 항상 흰 놈을 주님의 것으로 결정하고 있었는데 그놈이 죽었단 말이야'라고 말했습니다.

이 이야기를 들으면서 우리는 웃을 수 있습니다. 하지만 이것은 웃고만 넘길 문제가 아닙니다. 사람들이 재물을 사용하는 방식을 보면 이와 비슷할 때가 얼마나 많은지 모릅니다. 죽는 것은 거의 대부분 주님의 송아지입니다. 자기 송아지는 죽지 않습니다. 경제 사정이 어려워질 때 많은 사람들이 이런 저런 핑계를 대면서 마땅히 하나님께 드려야 할 것을 드리지 못합니다. 하나님의 것을 하나님께 드리는 것이야 말로 하늘에 보물을 쌓는 것입니다. 그러므로 우리는 어떤 상황에서도 하나님의 것은 온전하게 하나님께 드리는 믿음의 사람이 되길 소원합니다.

15장 예수님을 최고의 보물로 여기는 자의 축복

(마 6:19-24)"너희를 위하여 보물을 땅에 쌓아 두지 말라 거기는 좀과 동록이 해하며 도둑이 구멍을 뚫고 도둑질하느니라 (20) 오직 너희를 위하여 보물을 하늘에 쌓아 두라 거기는 좀이나 동록이 해하지 못하며 도둑이 구멍을 뚫지도 못하고 도둑질도 못하느니라. (21) 네 보물 있는 그 곳에는 네 마음도 있느니라. (22) 눈은 몸의 등불이니 그러므로 네 눈이 성하면 온 몸이 밝을 것이요 (23) 눈이 나쁘면 온 몸이 어두울 것이니 그러므로 네게 있는 빛이 어두우면 그 어둠이 얼마나 더하겠느냐 (24) 한 사람이 두 주인을 섬기지 못할 것이니 혹 이를 미워하고 저를 사랑하거나 혹 이를 중히 여기고 저를 경히 여김이라 너희가 하나님과 재물을 겸하여 섬기지 못하느니라"

하나님은 예수님을 최고의 보물로 여기는 삶을 사는 성도를 영원하게 축복하십니다. 오늘 저는 오늘 우리가 함께 읽은 성경 말씀을 통해서 좀 더 큰 이야기를 하고자 합니다. 단지 올 한 해 어떻게 살아야 하는가가 아니라, 우리 전체 인생을 두고 우리가 어떻게 살아야 하는가를 성경말씀을 통해서 확인해 보려고 합니다. 여러분, 군에 다녀온 남자 성도님들은 잘 아실 것입니다. 군대에 가면 사격을 합니다. 총을 쏘는 것이죠. 그런데 우리가 영화를 보면 주인공이 아무렇게나 총을 쏴도 악당들이 다 알아서 죽습니다. 그래서 영화만 보면 총은 쏘기만 하면 다 맞는 줄 알아요. 하지만 군대 다녀오신 분들은 다 압니다. 사실 사격이 그렇게 쉽지 않습니다. 쏜다고 다 알아서 맞는 것이 아닙니다. 아무리 잘 조준하고 쏘아도 전혀 엉뚱한 방향으로 총알이 날아가는 경우가 있습니다. 이런 경우 그 총은 영점이 맞춰지지 않았다고 말합니다. 영점이 맞지 않는 총은 올림픽 사격 대표선수가 쏜다 해도 과녁에 맞지 않습니다.

그래서 항상 사격을 시작하기 전에 총의 영점을 맞추는 일을 합니다. 총에는 가늠자와 가늠쇠가 있습니다. 총을 쏘는 사람은 가늠자와 가늠쇠를 일치시킨 후에 목표를 향해 쏘게 됩니다. 그런데 가늠자와 가늠쇠가 일치했음에도 불구하고 목표를 벗어나게 총알이 날아간다면, 가늠자를 조정하게 되는 것입니다. 그래서 총알이 정확하게 목표까지 날아가도록 하는 것이 영점을 맞추는 일입니다.

그리고 이 영점을 맞추기 위해서 하는 사격을 영점 사격이라고 합니다. 그래서 군대에 가면 제일 먼저 하는 사격이 영점 사격입니다. 처음부터 저 멀리에 있는 과녁을 보면서 쏘지 않습니다. 총의 영점이 잡혀 있지 않으면 절대 과녁에 맞지 않습니다. 그래서 항상 먼저 25M 영점 사격장에서 영점 사격을 하여서 총알이 바르게 나가도록 조정하는 일을 먼저 하는 것입니다.

저는 우리 성도에게도 영점을 맞추는 일이 꼭 필요하다고 생각합니다. 인생의 영점을 맞추지 않으면, 열심히는 살았는데, 그 결과가 전혀 엉뚱할 수 있기 때문입니다. 영점을 맞추지 않은 총에서 나간 총알이 목표와는 상관없이 엉뚱한 곳에 날아가는 것과 같습니다. 그러므로 우리가 열심히 사는 것도 정말로 중요하지만, 어떤 방향으로 살아가야 하는지를 아는 것은 더 중요하다고 할 수 있습니다. 이런 점에서 오늘 우리가 함께 읽은 말씀은 우리 성도들에게 인생의 영점을 맞춰주는 말씀이라 할 수 있습니다. 저는 오늘 말씀을 통해서 우리 모두가 우리 인생의 영점사격을 하여, 우리 인생이 나아가야 할 정확한 방향을 알게 되는 복된 시간이 될 수 있기를 바랍니다.

그러면 우리 인생의 영점, 즉 성도인 우리가 나아가야 할 바른 방향은 무엇일까요? 오늘 본문 마 6:19~20절을 함께 보도록 하겠습니다. "너희를 위하여 보물을 땅에 쌓아 두지 말라 거기는 좀과 동록이 해하며 도둑이 구멍을 뚫고 도둑질하느니라. (20) 오직 너희를 위하여 보물을 하늘에 쌓아 두라 거기는 좀이나 동록이 해하지 못하며 도둑이 구멍을 뚫지도 못하고 도둑질도 못하느니라"

이 말씀에서 예수님은 우리에게 보물을 어디에 쌓을 것인가에 대해서 말씀해 주고 있습니다. 여기서 보물이란 단지 눈에 보이는 재물만을 뜻하는 것이 아니라, 우리가 인생을 살면서 가장 중요하게 생각하는 것들을 가리키는 것입니다. 그것이 어떤 사람에게는 돈이 될 수도 있고, 권력이 될 수도 있고, 명예나 인기 전문성이나 기술 등이 될 수도 있을 것입니다.

그런데 우리 모두는 우리에게 중요하다고 생각하는 이런 것들을 추구하면서 살아가기 때문에, 결국 보물을 어디에 쌓는가는 우리가 무엇을 추구하며 사는지를 보여주는 것이라 할 수 있습니다. 예수님은 우리가 보물을 쌓아둘 수 있는 곳이 두 곳이라고 말씀합니다. 바로 땅과 하늘입니다.

즉 우리들은 땅에 우리의 보물을 쌓아두든지, 아니면 하늘에 보물을 쌓아두든지 할 수 있다는 것입니다. 그러면서 예수님은 땅에 보물을 쌓아두지 말고, 하늘에 보물을 쌓아야 된다고 말씀합니다. 그 이유가 무엇 때문입니까? 마태복음 6장 19절 하반절에 보면 이렇게 말씀합니다. "거기는 좀과 동록이 해하며 도둑이 구멍을 뚫고 도둑질하느니라" 우리가 보물을 이 땅에 쌓아두어서는 안 되는 분명한 이유가 있습니다. 그것은 우리의 가장 귀한 보물을 쌓아두기에는 이 땅이 너무나 위험하기 때문입니다. 이 땅에 보물을 쌓아두면 좀 벌레가 파먹고, 녹이 슬고, 도둑이 와서 훔쳐간다고 말씀합니다. 이 땅에는 우리의 보물을 안전하게 보관할 수 있는 곳이 전혀 없습니다. 우리는 이것을 IMF 경제위기 때 뼈저리게 경험하지 않았습니까? 그 때 수많은 사람들이 순식간에 모든 것을 잃는 경험을 하였습니다. 이 땅에서 영원한 것은 없다는 것을 깨닫게 되었습니다.

그런데 아무리 귀중한 보물이 있더라도 그것을 안전하게 보관할 수 없다면 그것은 아무 소용없는 일입니다. 그래서 예수님은 뭐라고 말씀합니까? 우리가 보물을 쌓아야 할 곳은 이 땅이 아니라, 하늘이라고 말씀합니다. 하늘은 이 땅과 달리 안전하기 때문입니다. 마6:20절을 다시 보시기 바랍니다. "오직 너희를 위하여 보물을 하늘에 쌓아 두라 거기는 좀이나 동록이 해하지 못하며 도둑이 구멍을 뚫지도 못하고 도둑질도 못하느니라"

하늘에 보물을 쌓는 것은 안전합니다. 왜냐하면 하늘에는 좀 벌레도 없고, 녹도 슬지 않으며, 더욱이 보물을 훔쳐갈 도둑도 없기 때문입니다. 그렇기 때문에 예수님은 우리에게 위험한 이 땅이 아니라, 하늘에 보물을 쌓으라고 말씀하는 것입니다. 그렇다면 하늘에 보물을 쌓는다는 것은 구체적으로 무엇을 말씀하는 것일까요? 우리는 어떻게 하늘에 보물을 쌓을 수 있을까요? 이 질문에 답하기 위해서 우리가 알아야 할 가장 중요한 것이 있습니다. 그것은 하늘이 어떤 곳이냐 하는 것입니다.

우선 예수님이 여기서 말씀하신 하늘은 그저 우리 눈으로 볼 수 있는 그런 하늘이 아닙니다. 예수님이 말씀하신 하늘은 바로 하나님이 계신 곳을 뜻합니다. 성전입니다. 즉 하나님의 나라, 천국입니다. 우리는 이것을 예수님께서 가르쳐주신 기도, 즉 주기도에서 분명히 알 수 있습니다. 주기도문은 어떻게 시작됩니까? "하늘에 계신 우리 아버지여"입니다.

하나님께서 어디에 계십니까? 바로 하늘에 계십니다. 하나님이 계시는 곳은 예수를 믿는 성도의 온몸 안입니다. 그러므로 하늘에 보물을 쌓으라는 것은 결국 하나님께 보물을 쌓아야 된다는 뜻입니다. 자신이 살아계신 하나님의 성전이 되고 하나님의 나라가 되는 일에 보물을 쌓으라는 것입니다. 그리고 이처럼 하나님께 보물을 쌓는다는 것은 결국 하나님께 인정받는 삶을 사는 것을 말하는 것입니다. 하나님께 인정받는 삶, 그것이 바로 하늘에 보물을 쌓는 것입니다. 하나님 앞에서 부유한 사람은 하늘에 보물을 쌓는 사람입니다. 반대의 경우도 그대로 통합니다. 하나님 앞에서 가난한 사람은 땅에 보물을 쌓는 사람입니다. 이것이 바로 우리 성도가 추구해야 하는 삶의 방향, 즉 우리가 맞춰야 할 영점이라 할 수 있습니다. 우리가 이 방향대로 살아간다면 결단코 우리 인생은 중간에 멈추거나, 도둑맞거나, 허망하게 끝나는 일이 없을 것입니다. 그야말로 보물이 계속해서 차곡차곡 쌓이게 될 것입니다.

그런데 문제는 무엇입니까? 우리가 보물을 하늘보다는 땅에 더 쌓고 싶어 한다는 사실입니다. 하나님께 인정받는 삶보다는 내가 원하고 만족하는 삶을 더 살고 싶어 한다는 것입니다. 그런데 이것은 하나님을 모르는 세상 사람들만 그런 것이 아닙니다. 하나님을 믿는 성도인 우리들 또한 크게 다르지 않습니다. 몇 년 전에 우리는 충격적인 뉴스를 전해 들었습니다. 독일에서 신학박사를 받은 교수이자 목회자가 자신의 막내딸을 때려서 죽이고는 몇 달 동안 시체를 숨겼다가 발각이 된 사건입니다.

경찰은 그 사람이 왜 자수를 하지 않고 시체를 그렇게 몇 달 동안 숨겼는지에 대해서 조사를 하였는데, '사회적 지위를 잃을까봐' 두려워서 그렇게 한 것으로 결론을 내렸다고 합니다. 자신이 신학박사라는, 교수라는, 목사라는 사회적 지위를 지키기 위해서 자신이 죽인 딸의 시체를 몇 달 간이나 숨겼던 것입니다. 그러면서 그 동안 아주 정상적인 생활을 하고 있었던 것입니다. 이것은 매우 극단적인 경우이기는 하지만, 하나님을 믿는다고 말하는 성도라 하더라도 얼마든지 땅에 보물을 쌓고 싶어 한다는 것을 분명하게 보여주는 경우라 할 수 있습니다. 여러분, 우리는 어떤 내용의 기도를 가장 많이 합니까? 예수님이 말씀하신대로 먼저 그의 나라와 그의 의를 구하는 기도를 많이 하십니까? 아니면 우리가 드리는 기도의 대부분이 이 땅에 보물을 쌓기 위한 내용은 아닙니까?

구약성경에 나오는 이스라엘 백성들이 왜 하나님께 항상 책망을 받았는지 아십니까? 그들이 하나님을 믿지 않았기 때문이 아닙니다. 또한 그들이 하나님께 예배드리는 것을 소홀히 해서도 아닙니다. 겉으로 볼 때 이스라엘 백성들의 신앙에는 아무 문제가 없는 것처럼 보였습니다. 하지만 그럼에도 불구하고 항상 하나님께 책망을 받았습니다. 그 이유는 그들이 혼합주의적인 신앙을 갖고 있었기 때문입니다. 이 혼합주의적 신앙이란 하나님을 믿기는 하지만, 하나님만 믿는 것이 아니라, 자신에게 도움이 된다는 생각하는 우상도 함께 믿는 것을 말합니다. 하나님과 우상을 함께 섬기는 신앙, 이것을 혼합주의적 신앙이라고 말하는 것입니다.

이스라엘 백성들은 하나님을 믿었습니다. 하지만 우상도 함께 믿었습니다. 그래서 농사를 지을 때는 풍년을 주는 신으로 여겨졌던 바알에게 가서 도움을 요청합니다. 하나님만 믿는 것이 아니라, 바알과 함께 믿는 것입니다. 자식을 낳을 때도 마찬가지입니다. 다산의 신으로 여겨졌던 아세라에게 가서 기도하였습니다. 이처럼 이스라엘 백성들은 하나님을 믿기는 믿었지만, 하나님만 믿는 것이 아니라, 우상도 함께 믿었던 것입니다.

하나님이 이스라엘 백성들을 야단친 것은 바로 이런 혼합주의적 신앙 때문이었습니다. 이처럼 하나님도 믿고, 우상도 믿는 것은 결코 하나님을 바르게 믿는 것이 될 수 없습니다. 왜냐하면 이 땅에 참된 신은 오직 우리가 믿는 하나님 밖에 없기 때문입니다. 그래서 이사야서 42:8절에 보면 이렇게 말씀합니다. "나는 여호와이니 이는 내 이름이라 나는 내 영광을 다른 자에게, 내 찬송을 우상에게 주지 아니하리라" 하나님과 우상을 함께 섬기는 것은 결코 진정한 신앙이 될 수 없습니다.

이러한 사실은 우리 인생의 보물을 쌓는 것과도 연결됩니다. 우리는 이 땅에 보물을 쌓으면서도, 동시에 온몸이 하나님의 나라가 되는 일에도 보물을 쌓는 다면 혼합주의 신앙입니다. 여러분 자신의 온몸이 살아계신 하나님의 성전, 하나님의 나라가 온전하게 되면 세상을 살아가면서 필요한 모든 것을 성령하나님께서 공급하십니다. 그런데 예수를 믿고 교회예배당에 다니는 성도들이라도 눈에 보이는 이 세상의 재물과 권력, 명예를 도저히 놓지를 못합니다. 그래서 나름대로 신앙생활도 열심히 하는 것입니다. 이것이 바로 이스라엘 백성들이 행했던 혼합주의적인 신앙의 모습입니다. 얼마 전 기독교 신문을 읽다가 기가 막힌 내용을 읽었습니다. 성도 중에 점집에 가는 사람이 그렇게 많다는 것입니다. 기자가 점쟁이에게 가서 직접 조사를 해 봤더니, 자신에게 오는 손님 중 90%가 기독교인이라도 대답하더랍니다. 그런데 더 기가 막힌 것은 목사들과 선교사들도 온다는 것입니다. 와서 앞으로 목회를 어떻게 할지, 선교지를 어디로 나가야 할지 물어본다는 겁니다. 그러면서 뉴스 기사의 마지막 부분은 이런 황당한 이야기로 끝을 맺었습니다. 그 점쟁이가 너무 인기가 있어서 예약을 반드시 해야 하는데, 금요일 저녁에는 예약이 불가능하다는 것입니다. 왜 그러냐고 물었더니, 점쟁이가 교회에서 하는 금요심야기도회에 참석을 해야 한다는 것입니다. 정말 기가 막힌 현실이 아닐 수 없습니다.

오늘날 많은 성도들이 땅에서도 보물을 쌓고 싶어 하고, 하늘에서도 보물을 쌓고 싶어 합니다. 하지만 예수님은 둘 다 할 수 없다고 말씀합니다. 왜 그렇습니까? 보물이 있는 곳에 그 사람의 마음도 있기 때문입니다. 오늘 마태복음 6장 21절입니다. "네 보물 있는 그 곳에는 네 마음도 있느니라" 보물이 있는 곳에 당연히 우리의 마음이 있습니다. 그런데 마음이 나눠질 수 있습니까? 나눠질 수 없습니다. 땅에 보물을 쌓으면 땅에 마음이 있게 되고, 하늘에 보물을 쌓으면 하늘에 마음이 있게 되는 것입니다. 땅과 하늘에 각각 우리의 마음이 있을 수 없습니다.

그러므로 예수님은 우리에게 선택해야 한다고 분명하게 말씀합니다. 오늘 본문 마6:24절을 보시기 바랍니다. "한 사람이 두 주인을 섬기지 못할 것이니 혹 이를 미워하고 저를 사랑하거나 혹 이를 중히 여기고 저를 경히 여김이라 너희가 하나님과 재물을 겸하여 섬기지 못하느니라" 한 사람이 두 주인을 섬길 수 없습니다. 한 사람이 두 사람을 동시에 사랑할 수 없습니다.

어떤 한 남자가 한 여자를 사랑하였습니다. 그래서 "난 너만을 사랑해"라고 늘 말했습니다. 그런데 어느 날 그 남자에게 사랑하는 여자가 또 한 명 생겼습니다. 그러자 이 남자가 원래 사랑했던 여자에게 이렇게 말을 했습니다. "난 너도 사랑하고, 그 여자도 사랑하게 되었어." 이 말을 들은 여자의 반응은 어땠을까요? 따귀 한 대 때리고 뒤돌아 갔겠죠. 사랑은 나눠질 수 없습니다. 하나님도 사랑하고 우상도 사랑할 수 없습니다. 하나님도 따르면서, 이 세상도 따를 수는 없습니다. 예수님은 "너희가 하나님과 재물을 겸하여 섬기지 못한다"라고 분명하게 말씀하셨습니다. 둘 다 사랑하지 못한다는 것입니다. 우리가 재물을 사랑하면 하나님을 사랑할 수 없습니다. 반대로 우리가 하나님을 사랑하면 재물을 사랑할 수 없습니다.

그러므로 우리는 선택해야 합니다. 하나님을 사랑할 것지, 세상의 보이는 재물을 사랑할 것인지 선택해야 합니다. 땅에 보물을 쌓을 것인지, 하늘에 보물을 쌓을 것인지를 선택해야 하는 것입니다. 그런데 여기서 우리는 왜 하늘이 아니라, 땅에 보물을 쌓고 싶어 하는지에 대해서 생각해 보아야 합니다. 그 이유는 간단합니다. 땅에 보물을 쌓아 두면 그것이 우리 눈에 보이기 때문입니다. 돈이나, 권력, 명예 등은 실제로 눈에 보이거나 우리 피부로 느껴지는 것 아닙니까? 그러니까 이런 것들이 많으면 우리 마음이 안정이 되는 것입니다. 그래서 우리는 땅에 보물을 쌓으려고 애쓰게 됩니다.

하지만 우리는 여기서 다시 한 번 예수님의 말씀에 귀를 기울여야 합니다. 땅에 쌓는 재물이 지금은 눈에 보이고, 피부에 느껴져서 우리를 안전하게 하고, 든든하게 해 주지만 그것이 결코 영원할 수 없다는 사실입니다. 예수님 말씀처럼 이 땅에 쌓은 보물은 좀이 먹고, 녹이 슬고, 도둑이 와서 훔쳐가게 되어 있습니다. 순식간에 다 잃어버릴 수가 있는 것입니다.

그런데 더 중요한 사실은 이것입니다. 이 땅의 쌓은 보물은 그저 이 땅에서만 쓸 수 있다는 사실입니다. 우리가 죽으면 우리가 가지고 있던 것들 중에 무엇을 가져갈 수 있습니까? 아무것도 없습니다. 사람이 죽어갈 때, 그 동안 돈을 많이 못 모아서 후회하시는 분을 보신 적 있습니까? 아니면 권력을 누리지 못해서, 명예를 얻지 못해서 슬퍼하신 분 본 적 있습니까? 그런 것으로 후회하거나 슬퍼하는 사람은 아무도 없습니다.

필자가 병원에 능력전도를 3년을 다녔습니다. 그때 많은 사람들을 만났습니다. 70대에 암에 걸려서 시한부 인생을 살고 있는 사람을 만나 대화를 하면 100명이면 백 명 모두다 인생을 잘못 살았다고 합니다. 돈과 재산이 전부 인 것으로 알고 살아, 돈도 재산도 조금 모았는데 지금 와서 깨달으니 그게 중요한 것이 아니었다고 합니다. 조금이라도 주변 사람을 생각하고 내 자신을 생각했더라면 후회 없는 인생을 살았을 것이라고 합니다. 불신자는 예수를 영접시키면서 기도하면 눈물을 펑펑 흘립니다. 왜냐하면 자신이 죽을 때는 이 땅에 쌓은 보물들이 아무 소용없다는 것을 분명하게 깨닫기 때문입니다. 정말 아무 소용없습니다. 그러므로 예수님은 우리에게 뭐라고 말씀합니까? 이 땅이 아니라, 하늘에 보물을 쌓으라고 말씀합니다. 하늘에 보물을 쌓으면 결코 사라지지 않습니다. 더욱이 하늘에 쌓은 보물은 우리가 죽는다고 해서 쓸모없어지는 것이 아닙니다. 아니 오히려 우리가 이 땅의 생명을 다할 때, 하늘에 쌓은 보물은 우리에게 주어지는 승리의 면류관이 될 것입니다. 그러므로 우리는 하늘에 보물을 쌓는 삶을 살아야 합니다. 하나님이 인정하시는 삶을 살아야 하는 것입니다. 우리 인생의 목적이 우리 자신에게 있지 않고, 하나님께 있기를 바랍니다. 그래서 우리가 내 뜻이 아닌 하나님의 뜻대로 살아갈 수 있기를 바랍니다. 매 순간 하나님의 말씀대로 살아가려고 힘쓰는 것, 하나님의 뜻에 순종하는 것이 바로 하늘에 보물을 쌓는 삶입니다. 그런 삶을 살아갈 때 우리는 땅에 보물을 쌓는 삶보다 더 복되고 든든한 삶을 살게 될 것입니다. 왜냐하면 예수님께서 분명하게 약속하셨기 때문입니다. 마태복음 6:33절에서 이렇게 약속하셨습니다. "그런즉 너희는 먼저 그의 나라와 그의 의를 구하라 그리하면 이 모든 것을 너희에게 더하시리라"

하늘에 보물을 쌓는 삶은 이 땅에서는 아무 것도 없이 가난하게 살아야 한다는 뜻이 결코 아닙니다. 예수님이 뭐라고 약속하셨습니까? 먼저 그의 나라와 그의 의를 구하라. 즉 하늘에 보물을 쌓으라는 말씀입니다. 그리하면 어떻게 해 주시겠다고요? 이 모든 것을 너희에게 더하시리라고 분명히 말씀하셨습니다. 저는 오늘 예배하는 우리 모두가 우리의 삶 속에서 이 약속이 성취되는 것을 경험할 수 있게 되기를 바랍니다.

하늘에 보물을 쌓는다는 것은 이 땅에서는 아무 것도 가지지 않는다는 뜻이 아닙니다. 오히려 하늘에 보물을 쌓을 때, 우리는 진정으로 이 땅에서 부요한 삶을 살 수 있습니다. 우리가 세상의 재물이나 권력, 명예를 쫓아가면 그것의 노예가 될 수밖에 없습니다. 아무리 쫓아가도 원하는 만큼 얻을 수 없습니다. 마치 사막에서 신기루를 잡으려고 쫓아가는 것과 같습니다. 하지만 우리가 하늘에 보물을 쌓는 삶을 살아가면 우리가 쫓아가지 않더라도 하나님께서 우리에게 필요한 것들을 충분하게 공급하시는 것을 경험하게 될 것입니다. 하나님께서 출애굽한 이스라엘 백성들을 사람이 살 수 없는 땅, 광야에서 40년 동안 살게 하셨다는 사실을 기억하시기 바랍니다. 하나님은 공중의 나는 새와 들에 핀 백합화도 먹이시고 입히시는 하나님입니다. 결코 우리를 망하게 하지 않으십니다. 오히려 자녀 된 우리들을 가장 복되게 하실 것입니다. 필자는 항상 치유를 받으려는 분들에게 자신이 치유 받는 것은 하나님의 나라가 되기 위해서 자신의 온몸에 보물을 사용하는 것이라고 합니다. 이렇게 자신의 온몸이 하나님의 성전 하나님의 나라가 되면 치유 받으면서 들어가는 물질을 하나님께서 보상해 주신다고 믿으라고 합니다. 왜 그럴까요. 자신의 온몸이 하나님의 나라가 되는 일에 물질을 사용했기 때문입니다. 자신의 온몸이 하나님의 것이기 때문입니다.

그러므로 우리는 우리의 하늘 아버지가 되시는 하나님을 믿어야 합니다. 하늘에 보물을 쌓는 것은 하나님을 온전히 믿을 때 할 수 있는 일입니다. 결국 예수님은 땅에 보물을 쌓지 말고, 하늘에 보물을 쌓으라고 말씀하심으로서, 우리로 하여금 하나님 아버지만을 믿어야 한다는 사실을 가르쳐 주고 있는 것입니다. 오늘 예배하는 우리 모두가 하늘 아버지이신 하나님을 굳게 믿을 수 있기를 바랍니다. 그 믿음으로 땅이 아닌 하늘에 보물을 쌓는 삶을 살 수 있기를 바랍니다. 하나님께 인정받는 삶, 하나님의 뜻에 순종하는 삶, 하나님의 말씀을 따라 무슨 일이든 결정하는 삶, 그런 삶을 살아갈 수 있기를 바랍니다. 이것이 바로 우리 성도가 마땅히 살아야 할 삶이라고 오늘 예수님께서 말씀하십니다. 우리가 살아가는 인생의 방향이 어디를 향하고 있습니까? 인생의 영점이 하늘에 맞춰져 있습니까? 아니면 땅에 맞춰져 있습니까? 하늘에 보물을 쌓고 계십니까? 아니면 땅에 보물을 쌓고 계십니까? 만약 땅에 보물을 쌓는 삶이라면 지금이라도 돌이키셔야 합니다. 오늘 예수님이 주신 말씀을 마음에 깊이 새기셔야 합니다. 좀이 먹고, 녹일 슬고, 도둑이 다 훔쳐간 다음에 깨닫는다면 그것은 이미 늦은 것입니다.

하늘에 보물을 쌓는 삶을 살아가는 우리 모두가 될 수 있기를 바랍니다. 매순간 하나님의 뜻대로, 말씀대로 살려고 힘쓸 수 있기를 바랍니다. 그렇게 쌓은 보물은 절대 좀먹지 않고, 녹슬지 않고, 도둑맞지 않습니다. 하늘에 쌓은 보물은 차곡차곡 계속 쌓여갈 것이고, 결국 우리가 주님 앞에 섰을 때, 승리의 면류관으로 빛나게 될 것입니다. 바라기는 하나님께서 오늘 예배하는 우리 모두의 영적인 눈을 뜨게 해 주셔서 하늘에 보물을 쌓는 삶이 얼마나 복된 지를 깨닫게 해 주시기를 바랍니다. 그리고 하나님을 믿는 것이 이 땅을 살아가는 가장 든든한 길임을 알게 해 주시기를 주님의 이름으로 간절히 축원합니다.

16장 건강을 위해 온몸 안에 예수님을 쌓아라.

(요삼 1:2)"사랑하는 자여 네 영혼이 잘됨 같이 네가
범사에 잘되고 강건하기를 내가 간구하노라"

하나님은 예수를 믿고 성령으로 거듭난 크리스천들이 영육으로 건강한 삶을 살아가기를 소원하십니다. 호흡이 건강할 때 건강을 위하여 온몸에 보물을 쌓아야 합니다. 보물을 영혼 건강 관리하는데 사용하라는 것입니다. 건강에 관심을 가지라는 뜻입니다. 건강하게 살기 위해서 주기적으로 건강진단을 받아야 하는 것처럼, 건강한 영적 삶을 살기 위해서는 주기적으로 영적 진단을 받을 필요가 있습니다. 필자는 주기적인 영적진단을 아주 많이 강조합니다. 예방신앙이 되어야 하기 때문입니다. 몸속의 독소가 쌓이지 않게 하기 위해서입니다. 성령의 역사가 강한 장소에 가서 자신의 영적인 상태를 주기적으로 진단하는 것입니다.

암은 조기에 진단하면 100% 치유가 되지만, 검진을 하지 않으면 말기가 될 때까지 우리 몸은 암을 느끼지 못합니다. 그래서 의사들이 하는 말이 암을 발견하는 것은 주기적인 검진 밖에 없습니다. 라고 합니다. 영적인 병도 이렇습니다. 병의 바이러스인 마귀나 귀신이 들어왔는데도 우리의 몸이 느끼지 못하는 경우가 많습니다. 영은 신호를 보내는데도 무지해서 그 신호를 놓치는 경우가 많습니다. 그러므로 주기적으로 자신의 영적인

상태를 점검할 필요가 있습니다. 영적검진을 어떻게 해야 합니까? 성령의 역사가 있고 개별로 안수하며 치유하는 교회를 찾아가야 합니다. 목사님이 전하는 진리의 말씀을 듣고 안수를 받으며 성령으로 기도할 때 자신의 영적인 상태를 검진할 수가 있는 것입니다. 영적검진을 하려면 시간과 물질과 노력이 투자되어야 합니다. 주기적인 영적 상태 점검은 무엇보다 중요합니다. 세대에 역사하는 영적인 존재들은 태중에서 들어옵니다. 이것들이 평소에는 잠복하여 있다가 스트레스를 받고 몸속에 독소가 쌓여서 취약한 시기가 되면 고개를 들고 일어나 문제를 일으키는 것입니다. 이를 예방하기 위하여 주기적인 영적 검진이 필요한 것입니다.

저는 평소에 이렇게 말합니다. 예수를 믿고 교회에 들어오면 먼저 성령으로 세례를 받아야 합니다. 성령으로 세례를 받은 다음에 말씀과 성령으로 내면의 상처를 치유하는 것입니다. 상처를 치유 받으면서 병행하여 자아를 십자가에 매다는 것입니다. 몸속의 염증과 독소를 녹여서 배출하는 것입니다. 성령의 역사가 자신 안에서 일어나면 성령께서 몸속의 독소를 배출하십니다. 어려울 것이 없습니다. 문제는 자신이 다니는 교회에 성령의 역사가 일어나느냐 일어나지 않느냐가 문제입니다. 성령의 역사가 일어나면 성령께서 몸속의 독소를 배출하십니다. 성령님은 우리 개인의 심령의사로 오셔서 주인으로 계시기 때문입니다. 자신의 마음 안에서 성령의 역사만 일어나면 몸속의 독소는 녹아지고 배출이 됩니다. 성령께서 성도들의 몸속에 독소가 쌓이는 것을 불허하기 때문입니다.

교회에 나와서 예배드리면서 자신의 영적 상태를 진단받는 것입니다. 자신이 마음만 열면 성령께서 하십니다. 물론 처음 성령을 체험하는 분은 거북스러울 수가 있습니다. 초자연적인 성령님이 자신을 지배하고 장악할 때 일시적으로 일어나는 현상입니다. 이는 누구나 필연적으로 체험하는 것입니다. 자신이 영이시고 권능이신 하나님께서 지배하고 다스리게 됨으로 일어나는 현상입니다. 이런 살아계신 초자연적인 성령의 역사가 일어나야 몸속의 독소가 녹아지고 배출되는 것입니다.

교회에 나와서 졸기나 하고 예배드리지 않으면 문제가 생길지도 모르기 때문에 의무로 생각하고 예배에 참석하면 안 됩니다. 교회에 나와서 예배를 드리는 것은 담임목회자에게 얼굴 도장 찍기 위해서 교회에 나오면 안 됩니다. 이런 의식을 가지고 있으면 예배시간에 졸음이 오고 졸다가 예배 끝내는 것입니다. 예배는 자신을 살리는 것입니다. 자신을 위하여 드리는 것입니다. 예배를 통하여 모든 것이 이루어집니다. 마음을 열고 영과 진리로 예배를 드리면서 잠자는 영혼을 깨우기도 합니다. 설교 말씀을 들으면서 영이 자립니다. 기도하면서 몸속의 염증과 독소를 녹이기도 하고 배출하기도 합니다. 기도하면서 영적진단을 받는 것입니다. 예배는 참으로 중요한 시간입니다.

그래서 교회는 참으로 중요한 곳입니다. 교회를 잘 찾아가야 합니다. 교회마다 성령의 나타남이 각각 다르기 때문입니다. 이유는 무엇입니까? 그것은 한마디로 교회의 담임목회자가 추구하는 방향에 따라 성령의 역사가 다르게 나타나는 것입니다. 많은 성도들이 성령의 다양한 은사들을 사모함에도 불구하고 자신의 교회 안에서는 잘 일어나지 않는데, 기도원이나 치유센터나 부흥회와 같은 특별한 성격의 집회에서 잘 일어나는 까닭이 무엇인지 궁금해 하는 분들이 많을 것입니다. 그토록 사모했고 기도도 많이 했는데 혼자 기도할 때나 교회 안의 예배나 집회에서는 전혀 받을 수 없던 은사가 특별한 모임에서는 흔히 나타나는 것을 누구나 알고 있을 것입니다.

그래서 은사를 사모하는 사람들은 그런 집회를 찾아가게 되는 것입니다. 오랜 신앙생활을 했음에도 불구하고 방언조차 하지 못하던 목회자들이 특별한 집회에 참석했다가 뜻하지 않게 방언을 받는 경우가 흔히 있습니다. 우리가 알아야 할 것은 혼자 기도하여 방언의 은사조차 받기가 쉽지 않습니다. 어쨌든 교회 안에서 열리는 모임에서는 그토록 사모하건만 잘 되지 않던 영적 경험이 영성집회에서는 쉽게 경험할 수 있는데, 은혜를 경험하고 다시 교회로 돌아오면 얼마 가지 못해서 다시 냉랭해지는 것입니다. 일종의 영적 '요요현상'인 것입니다. 이는 자기 교회에서는 영성집회와 같은 성령의 역사가 일어나지 않기 때문에 나타나는 현상입니다. 사람은 육이 있기 때문에 항상 성령으로 충만한 곳에서 말씀을 듣고 기도하지 않으면 육으로 돌아가기가 쉬운 것입니다. 목회자들도 자신의 교회 안에서 뜨거운 성령의 역사가 일어나기를 간절히 사모함에도 불구하고 좀처럼 역사가 일어나지 않기 때문에 갈등이 심합니다.

이런 영적 경험이 교회 안에서 나타나지 않는 이유는 개 교회마다 다를 수 있겠으나 원칙적으로 성령의 역사를 사모하느냐 아니냐에 따라서 성령께서 역사하시고 나타나는 것입니다. 현대교회는 보수성이 강한 편이고 다양한 영적 현상들을 적절히 다룰 수 있는 수준에 이르지 못한 것이 가장 큰 이유입니다. 그렇기에 성령께서 사모하지 않고 관심을 두지 않는 보수적인 교회 안에서 강력하게 역사할 수 없는 것입니다. 성령님은 인격이시기 때문에 관심을 가지고 사모하고 받아들일 때 역사하십니다. 앞에서도 말씀드렸지만 목회자의 영성과 추구하는 목회방향에 따라 성령의 역사가 다른 것입니다. 목회자가 성령의 역사를 사모하고 관심을 가지고 목회하면 나타나지 않을 수가 없는 것입니다. 성령은 성령의 사람을 통하여 나타나기 때문입니다.

　　목회자로부터 성도에 이르기까지 신령한 은사에 관한 이해가 부족한 현실에서 교회 안에서 성령의 역사가 광범위하게 일어나게 되면 고린도교회와 같은 오류를 범할 수 있습니다. 교회 안에는 성숙한 성도와 미숙한 성도가 섞여 있을 뿐만 아니라 다양한 형태의 믿음을 소유한 사람들이 모여 있습니다. 목회자가 성도들의 수준을 어느 정도 높여서 그 차이를 좁혀놓아야 할 뿐만 아니라 성향도 일정한 형태로 변화시켜주어야 합니다. 그런데 목회자가 성령의 역사와 은사에 대하여 박식하지 못해서 성령의 깊은 것까지 이해하지 못한 연고입니다. 그래서 목회자가 성령과 은사에 대하여 알고 체험하고 이해하는 수준에서 성령의 역사가 일어나는 것입니다.

목회자가 큰 은사가 있는 경우에 그 교회에 모이는 성도들은 그와 같은 은사를 사모하는 사람들이 대부분입니다. 우리 충만한 교회의 경우가 그러한데, 성령의 세례와 내적치유, 영육건강 검진하는 일, 몸속의 독소를 배출하는 일, 온몸 안에 보물을 쌓는 일, 성령의 은사를 비롯해서 그 밖의 은사를 사모하는 사람들이 모입니다. 경건하고 거룩한 예배를 지향하는 사람들은 우리 충만한 교회에 오지 않습니다. 일정한 성향을 지닌 사람들이 모이는 교회에서는 성령은 역사할 수 있는 바탕이 마련되기 때문에 강하게 역사가 일어나는 것입니다. 우리 충만한 교회의 경우 주일 예배에도 성령의 강한 역사가 일어납니다. 충만한 교회에 오시는 분들이 성령의 역사를 사모하고 예배에 참석하기 때문입니다. 예배에 참석한 모든 사람들이 성령을 체험하고 영육을 치유하며, 귀신을 떠나보내고 몸속의 독소가 배출됩니다. 자신의 영육의 상태를 검진 받습니다. 정말 대단한 성령의 역사가 일어납니다.

성령의 은혜를 경험하게 되면 자신도 모르게 고린도 교인들과 같은 생각을 하게 됩니다. 대체로 감성적인 사람은 지성이 딸리는 법이기에 제 멋대로 생각하고 판단하는 경향이 강합니다. 즉 은혜를 받는 사람은 하나님이 더 사랑하고, 그렇지 못한 사람은 바리세인들처럼 형식적인 신앙생활을 하거나 아니면 죄가 있을 것이라는 생각을 하게 됩니다. 따라서 교회가 은혜 받은 사람들과 받지 못한 사람들로 나뉠 가능성이 많습니다. 이것은 바람직하지 못할 뿐만 아니라 위험하기까지 합니다. 이러한 현상을 담임 목회자가 하나로 만들어야 합니다. 하나를 만드는 제일 좋은 수단이 말씀과 성령의 역사입니다. 목회자가 성령의 강력한 역사가 모든 성도들을 장악하여 뜨겁게 기도하게 해야 합니다.

그 다음 이유는 교회 안의 영적 분위기에 기인합니다. 성령의 역사는 다양한 영적 주체들의 작용에 의해서 일어납니다. 즉 수많은 천사들이 주의 명령에 따라서 역사를 수행하게 되는데, 기도원이나 치유센터와 같은 장소는 그곳에 이미 성령으로부터 보내심을 받은 일정한 기능을 담당하는 천사들이 있습니다. 이들은 기도원이나 치유센터의 전임 사역자에게 부여된 직임과 연관되어 있기 때문에 보다 더 강력하게 역사하게 됩니다.

목회자들의 수준을 높여야 교회마다 강력한 성령의 역사가 일어날 것입니다. 성도들 역시 성령의 역사와 지배와 장악과 인도를 사모해야 합니다. 성령의 역사하심은 이미 설명한 것이지만 영적 분위기가 무척 중요합니다. 성령은 모성성이기 때문에 분위기를 무척 타는 분입니다. 즉 여성은 분위기를 좋아하는 것처럼, 성령의 역사는 반드시 영적 분위기가 되어야 합니다. 그런데 개인이나 교회는 남성적인 사고구조로 오랫동안 내려왔기 때문에 분위기에 어색합니다. 무뚝뚝한 남자들처럼 삭막한 것이 우리 교회 현실이 아닙니까? 분위기를 잘 타는 여성들에게 숨이 막힐 지경입니다. 그러니 성령 또한 숨이 막히는 것입니다. 그러니까 영적인 것을 아는 성도들은 이곳저곳을 돌아다니면서 부족한 영성을 채우려고 하는 것입니다.

청춘 남녀가 사랑을 고백하기 위해서는 분위가 좋은 장소로 가야 합니다. 그리고 그윽한 조명 아래에서 사랑을 고백한다면 성공할 것입니다. 그런데 이런 분위기를 모르고 시장 한 복판 분식점에서 고백한다면 일을 그르칠 수가 있을 것입니다. 성경의 아가서가 무엇을 의미하는 줄 아시지 않습니까? 하나님과 사랑의 고백이 아닙니까? 우리는 그런 그윽한 분위기를 좋아하시는 성령님의 취향을 이해해야 합니다. 교회는 그윽한 분위기를 잡기에는 다소 모자라는 곳입니다. 그렇기 때문에 분위기를 바꿀 필요가 있습니다. 목회자부터 고답적이고 권위적인 분위기에서 벗어나야 합니다. 목회자가 성령으로 변화되어야 합니다. 그래야 교회 전체에 흐르는 영적 분위기가 바뀌게 됩니다. 목회자가 변하지 않으면 절대로 교회가 성령으로 충만 할 수가 없습니다. 교회는 목회자의 영적 성향으로 인해서 성도들이 자신도 모르게 솔타이(영의얽힘)가 되어 있습니다. 이것이 성령의 역사를 가로막는 중요한 장애가 되기도 합니다.

자신이 다니는 교회 안에서는 부흥회 때 단회적으로 밖에 일어날 수 없는 성령의 역사가 교회 밖, 치유센터나 기도원 등 다른 곳에서는 흔히 일어나는 것을 조금 이해가 되었을 것입니다. 성령의 역사하심이 얼마나 신앙생활에 중요한 것인지는 말하지 않아도 잘 알 것입니다. 결혼한 사람은 정서적으로 안정을 갖는 까닭은 사랑하는 사람이 있기 때문입니다. 그 가족의 사랑이 힘들고 어려운 세상을 이기게 하고 인간다운 삶을 살게 해줍니다. 그러나 가족을 이루지 못한 사람은 자신들은 잘 몰라도 어딘가 부족함을 주변 사람들은 느낍니다. 주님의 사랑은 성령을 통해서 경험하게 됩니다. 그 사랑이 날마다 확인되고 넘쳐 난다면 영적 삶은 분명히 다르게 될 것입니다. 영적 경험은 혼자 하기란 쉽지 않습니다. 그래서 경건한 사람들이 여럿이 모여서 기도회를 한다면 보다 쉽게 경험하게 될 것입니다.

성령의 역사는 장작불의 원리입니다. 성령으로 충만한 성도들이 모인 장소에 성령의 역사가 강하게 나타나는 것입니다. 성령은 자신 안에 계십니다. 그리고 우리 안에 계십니다. 성령의 임재 하에 전하는 말씀 안에 성령님이 계십니다. 그러므로 성령으로 충만한 사람들이 모인 장소에 성령이 강하게 역사하는 것입니다. 일반 교회에서 영적현상이 나타나는 것이 미약한 것은 성령의 역사를 거부하는 사람들이 있기 때문에 영적 현상이 약하게 일어나는 것입니다. 이는 마가복음 6장 4-5절을 보면 알 수가 있습니다. "예수께서 그들에게 이르시되 선지자가 자기 고향과 자기 친척과 자기 집 외에서는 존경을 받지 못함이 없느니라 하시며, 거기서는 아무 권능도 행하실 수 없어 다만 소수의 병자에게 안수하여 고치실뿐이었고" 알고 대비하시어 항상 성령의 영적현상이 일어나는 교회가 되도록 하기를 바랍니다. 이를 위하여 담임 목회자부터 성령의 역사의 중요성을 깨닫고 성령의 지배와 장악이 되고 성령의 인도를 받는 사람으로 변해야 할 것입니다. 목회자가 변하지 않고는 절대로 교회에서 성령의 역사가 일어날 수가 없습니다. 그래서 담임 목회자의 추구하는 목회 방향과 영성이 중요한 것입니다. 성령의 역사를 예배마다 체험하고 싶은 분은 우리 교회에 성령의 역사가 일어나지 않는 다고 불평하지 말고, 그런 성향의 교회를 선택하여 믿음 생활을 하면 쉽게 해결이 될 것입니다.

교회에 나와서 예배를 드리면서 성령의 역사로 몸속에 쌓인 독소를 녹이고 배출하며 혈통에 대물림되는 악한 영을 축귀하는 것입니다. 그리하여 호흡이 건강할 때 온몸 안에 보물을 쌓는 영적체질을 만드는 것입니다. 이는 어려서부터 적용해야 되는 것입니다. 세대에 역사하는 악한 영을 성령의 역사로 들어내어 미리 축귀하는 것입니다. 그래서 저는 우리 충만한 교회에 다니고 있는 성도들의 자녀를 매주 안수를 해서 영적으로 맑은 상태를 유지하게 합니다. 이렇게 주기적으로 안수를 받으니 영적으로 깨끗해지는 것은 물론이고 육적으로도 건강하게 지냅니다.

기존 성도들은 주일날 영적점검을 받는 것입니다. 성령의 역사가 강하게 나타나니 세대에 대물림 되던 악한 영이 더 이상 숨어있지 못하고 정체를 폭로하는 것입니다. 폭로되어 떠나가게 하고 매 주일 성령의 역사를 체험하며 영적 상태를 유지하는 것입니다. 자신의 영육의 상태를 환하게 보면서 깨달을 수가 있습니다. 저는 항상 이렇게 말합니다. 성도들은 주일날이 아주 중요하다고 말입니다. 요즈음 세상 살아가는 것이 힘이 들어 주일 하루 밖에 교회를 나오지 못하는 분들이 많습니다. 이 중요한 주일을 성령으로 충만하게 예배를 드려서 영성을 유지하는 것입니다. 이렇게 신앙생활을 하지 못하니 세대에 역사하던 악한 영들이 예수를 믿어도 꼼짝하지 않고 숨어 있다가 영육으로 취약한 시기에 고개를 들고 나와 문제를 일으키는 것입니다. 제가 지금까지 성령치유 사역을 하면서 체험한 바로는 세대에 역사하던 악한 영이 장로가 된 다음에도 영육으로 이해 못하는 고통을 가하는 것입니다.

우리 충만한 교회 성령치유 집회와 주일 예배에 참석하여 성령의 강한 역사를 체험하고 자신 안에 도사리고 있던 중풍의 영들이 정체를 폭로하여 떠나보낸 분들이 부지기수입니다. 또 무속의 영들이 숨어 있다가 정체를 폭로하여 떠나보낸 성도 목회자가 많습니다. 이는 현재 진행형입니다. 지금도 역사가 일어난다는 것입니다. 오늘도 일어날 것입니다. 이렇게 사전에 성령의 역사로 정체를 폭로하여 떠나보내지 않고 취약한 시기에 드러나서 고통을 당하다가 찾아오는 분들 또한 부지기수입니다.

고통을 당하다가 이렇게 해도 안 되고, 저렇게 해도 안 되니, 할 수 없이 저희 교회 같은 곳에 치유를 받는 것입니다. 그런데 때는 이미 늦은 것입니다. 이미 정체를 드러냈기 때문에 치유하려면 시간이 많이 걸리는 것입니다. 세대에 역사하는 악한 영은 태중에서 침입을 합니다. 침입하여 정체를 드러내는 시기는 두 가지가 있습니다. 첫째로 성령의 역사에 의하여 정체를 드러냅니다. 이것이 제일로 좋은 현상입니다. 두 번째는 여러 가지 상황이 좋지 못하여 스트레스를 당하여 영육으로 취약한 시기에 드러내는 것입니다. 이 상황이 제일로 나쁜 것입니다. 이런 취약한 시기에 드러나는 것을 방지하기 위하여 주기적인 영적 점검을 하여 악한 영들을 드러내는 것입니다. 그래서 성도는 교회를 잘 정해야 합니다. 그리고 주일을 효과적으로 보내면서 주기적인 영적 점검을 받아야 합니다. 많은 성도들이 이렇게 주기적인 영적 점검을 받지 않음으로 인하여 불필요한 고통을 당하고 있습니다. 어떤 분은 목사가 된 다음에 스트레스를 많이 받음으로 악한 영들이 드러나 고생을 합니다. 어떤 분은 안수 집사가 된 다음에 악한 영이 드러나 말로 표현 못하는 고통을 당하기도 합니다. 저는 하나님의 은혜로 성령치유 사역을 하고 있습니다. 사역을 하다가 보면 영적으로 무지하여 예수를 잘 믿으면서 불필요한 고통을 당하면서 사는 분들을 볼 때 참으로 안타깝기 짝이 없습니다.

참으로 안타까운 일입니다. 필자는 참으로 안타까운 전화를 많이 받습니다. 목사님! 저희 어머니는 젊었을 때 노방전도도 열심히 하셨고, 교회에서 기도도 봉사도 열심히 하셨습니다. 그런데 갱년기에 들어서니 점점 영적인 상태가 좋지 못하시다가 지금 치매가 와서 요양원에 계십니다. 목사님! 저의 어머니를 치유할 수 있을 까요? 다른 사정은 우리 딸이 어려서부터 믿음이 좋아서 교회를 그렇게 잘 다녔습니다. 그런데 고등학교에 들어가더니 시름시름 아프다가 지금 영적이고 정신적인 문제가 발생하여 학교를 다니지 못합니다. 어찌해야 하겠습니까? 모두가 정기적인 영적검진을 받지 않아생긴 일입니다. 영적검진을 받았으면 사전에 예방이 가능한 질병입니다. 예방신앙이 정말로 중요합니다. 보물을 영적검진 받는데 사용해야 합니다.

기독교 신앙은 예방 신앙입니다. 주기적인 영적검진이 필요한 것입니다. 다시 한 번 강조합니다. 우상 숭배가 혈통에 대물림되는 성도는 반드시 들어납니다. 어떤 사람은 15세(중2) 다른 사람은 17세(고1)에 발생합니다. 어떤 사람은 20세에 발생합니다. 어떤 분은 26세에 발생하기도 합니다. 어떤 분은 34세에 발생할 수도 있습니다. 어떤 분은 43세에 발생할 수도 있습니다. 드러나는 시기는 스트레스를 받고, 충격을 받다가 독소로 변하여 혼이 감당하지 못할 때 정체를 드러냅니다. 거의 태중에서 들어온 존재들이 영혼육의 상태가 정상일 때는 숨어있다가 상황이 악화되면 정체를 폭로하는 것입니다. 대략 이런 증상이 발생하는 사람의 유형을 보니 집안에 우상의 숭배가 심한 집안의 내력이 있는 가문에서 발생을 합니다. 그리고 태중에서나 유아시절에 상처를 많이 발생한 분들이 많이 발생이 됩니다. 대개 심장이 약하여 잘 발생합니다. 그러므로 제가 강조하는 것과 같이 불같은 성령을 체험하고 내적치유를 미리 받아야 합니다. 그러면 성령의 임재로 사전에 상처가 드러나서 치유가 됩니다. 정기적인 영적 진단이 아주 중요합니다.

그리고 병이 들었을 때 주변에서 안다고 해서 그 사람이 고치지 못하듯이 영적 질환도 같은 이치입니다. 병이 들면 전문의의 도움이 필요하듯이 영적 질병 역시 전문 사역자의 도움이 필요한 것입니다. 목회자는 부분적으로 고칠 수는 있습니다. 그러나 전문가가 접근하는 방식과는 다릅니다. 전문가는 총체적으로 접근하며 병의 뿌리를 제거합니다. 그래서 전문가가 있는 것입니다. 영적 진단은 주기적으로 받아볼 필요가 있습니다. 병의 근원을 조기에 발견하면 치유가 쉽습니다. 그러나 그 시기를 잃게 되면 거의 치유가 되지 않습니다. 치유가 된다하더라도 시간과 노력이 많이 듭니다. 조기 검진 이것이야말로 효과적인 치유의 지름길입니다.

주기적인 영적진단을 하여 영육의 문제가 발생하기 전에 치유를 받는 것입니다. 그러면 불필요한 고생을 방지 할 수가 있습니다. 저는 군에서 지휘관을 했습니다. 군대는 정말로 예방활동이 중요한 곳입니다. 그런데 목사가 되어 영적인 면을 깨닫고 보니 교회가 예방 신앙을 철저하게 해야 한다는 것입니다. 그런데 일부 성도들이나 성도들이 예방신앙을 잘 이해하지 못합니다. 그래서 방심하고 지내다가 영육의 문제가 발생한 다음에 해결을 하려고 하니 힘이 듭니다. 우리 주기적으로 영적인 진단을 받아 예방 신앙을 생활화 합시다. 그래서 귀중한 생명과 재산을 보호 합시다. 영육의 문제가 발생한 다음에 불필요한 곳에 보물을 사용하지 말고 예방건강에 시간과 물질을 사용하여 하나님의 나라 천국을 누리기를 바랍니다.

하나님은 "너희를 위하여 보물을 땅에 쌓아 두지 말라."(마 6:19). 하십니다. "네 보물 있는 그 곳에는 네 마음도 있느니라."(마 6:21). 마음을 건강하게 지내는데 두시기를 바랍니다. 주기적으로 영적 검진하여 영혼이 건강하게 지내는데 보물을 사용하시기를 바랍니다. 자신의 온몸이 성전되도록 하는 예방건강과 영적검진에 보물을 사용하는 습관을 들이시기를 바랍니다. 그러면 지금 천국을 만끽하며 살아갈 수가 있습니다.

3부 보물을 땅에 쌓아 인생망친 사람들

17장 세상의 부귀를 따라가 망한 사람

(창 13:10-11)"이에 롯이 눈을 들어 요단 지역을 바라본즉 소알까지 온 땅에 물이 넉넉하니 여호와께서 소돔과 고모라를 멸하시기 전이었으므로 여호와의 동산 같고 애굽 땅과 같았더라. 그러므로 롯이 요단 온 지역을 택하고 동으로 옮기니 그들이 서로 떠난지라"

아브라함은 보물을 온몸과 마음 안에 계신 하나님께 쌓았습니다. 하나님께만 소망을 두고 살았습니다. 하나님만 함께하시면 무엇이든지 잘 된다는 믿음의 선택입니다. 롯은 부귀영화만을 바라보고 아브람을 따라왔습니다. 롯에게는 하나님은 안중에도 없었습니다. 롯의 눈에 보인 것은 부귀와 물의 넉넉함입니다. 그의 중심에는 자신의 인간적인 이익이 있었습니다. 자신의 행복을 중심에 두고 추구하는 이 세상적인 시각이 있었습니다.

롯은 이 요단 온 지역을 택하고 동으로 옮겨 가다가(11절) 결국 소돔까지 갑니다(12절). 소돔과 고모라가 어디인지는 정확하게 알 수 없습니다. 어떤 분은 사해의 물속이라고도 하고, 어떤 사람은 사해 근처라고도 합니다. 소돔 성과 소알이 서로 멀리 떨어져 있지는 않습니다. 하나님께서 소돔 성을 멸망시킬 때 롯은 이 가까운 소알로 피하게 해달라고 요청했습니다(창 19장 19-

22). 소돔과 소알은 가까운 거리에 있었음을 의미합니다.

창세기 11장 27-31절을 보면 "데라의 족보는 이러하니라. 데라는 아브람과 나홀과 하란을 낳고 하란은 롯을 낳았으며 하란은 그 아비 데라보다 먼저 고향 갈대아인의 우르에서 죽었더라. 아브람과 나홀이 장가들었으니 아브람의 아내의 이름은 사래며 나홀의 아내의 이름은 밀가니 하란의 딸이요, 하란은 밀가의 아버지이며 또 이스가의 아버지더라. 사래는 임신하지 못하므로 자식이 없었더라. 데라가 그 아들 아브람과 하란의 아들인 그의 손자 롯과 그의 며느리 아브람의 아내 사래를 데리고 갈대아인의 우르를 떠나 가나안 땅으로 가고자 하더니 하란에 이르러 거기 거류하였으며."고 기록하고 있습니다.

이 기록을 보면 테라의 아들은 아브람과 나홀과 하란 셋이었고, 하란이 롯을 낳고 갈데아 우르에서 죽었으며, 아브람과 나홀도 각각 아내를 얻었는데 아브람의 아내는 사래(다투는 자라는 뜻)로 아브람의 이복동생이었고, 나홀의 아내의 이름은 밀가로 하란의 딸이었다고 알려줍니다. 즉 아브람은 자신의 누이동생과, 나홀은 자신의 친조카와 결혼을 한 것입니다. 이런 식의 결혼은 당시로는 하나님께서 허락하신 것으로 출애굽기에서도 그대로 용인되고 있음을 볼 수 있습니다. 곧 모세의 아버지는 알람이고(출6:20), 어머니는 요게벳이었는데, 요게벳은 바로 알람의 고모였습니다. 그러나 모세를 통해 율법이 주어진 다음에는 비로소 이런 식의 결혼은 하나님께서 금지하신 것을 성경에서 확인할 수 있습니다.

오늘의 주인공 롯은 갈데아 우르를 떠날 때 분명히 아내가 없었습니다. 창세기 12장 1-5절을 보겠습니다. "여호와께서 아브람에게 이르시되 너는 너의 고향과 친척과 아버지의 집을 떠나 내가 네게 보여 줄 땅으로 가라. 내가 너로 큰 민족을 이루고 네게 복을 주어 네 이름을 창대하게 하리니 너는 복이 될지라. 너를 축복하는 자에게는 내가 복을 내리고 너를 저주하는 자에게는 내가 저주하리니 땅의 모든 족속이 너로 말미암아 복을 얻을 것이라 하신지라. 이에 아브람이 여호와의 말씀을 따라갔고 롯도 그와 함께 갔으며 아브람이 하란을 떠날 때에 칠십오 세였더라. 아브람이 그의 아내 사래와 조카 롯과 하란에서 모은 모든 소유와 얻은 사람들을 이끌고 가나안 땅으로 가려고 떠나서 마침내 가나안 땅에 들어갔더라." 여기에서 보고 읽은 바대로 아브람은 하나님으로부터 고향과 친척과 아버지의 집을 떠나 내가 네게 보여 줄 땅으로 가라는 명령을 받고 하란을 떠났음을 알 수 있습니다. 그런데 4절과 5절을 보면 하나님께서 말씀하시지 않은 하란의 아들인 조카 롯도 동행했음을 보여줍니다. 그러나 롯의 아내에 대한 언급은 없습니다.

그 뒤 13장 1,2절을 보겠습니다. "아브람이 애굽에서 그와 그의 아내와 모든 소유와 롯과 함께 네게브로 올라가니 아브람에게 가축과 은과 금이 풍부하였더라" 여기서도 롯의 아내에 대한 언급은 없습니다. 하갈 역시 성경에 언급은 안 되었어도 창세기 16장 1-3절에 의해 아브람과 함께 애굽에서 나왔음을 알 수 있습니다. 따라서 롯 역시 에굽 시절에 아내를 얻었을 가능성이 높고, 만약 그렇지 않았다면 창세기 13장 13절 이후였을 것입니다. 창세기 13장 10절 "애굽 땅과 같더라."는 의미심장한 기록으로 미루어 롯의 아내는 애굽 여자였을 가능성이 매우 큽니다. 그렇지 않고서는 롯의 아내가 소돔에서 도망하는 중 애굽 같은 곳을 돌아다본 사건(창19:26)을 달리 설명할 수가 없기 때문입니다. 롯의 딸들은 소돔에서 자랐으며 자기 어머니의 고향에 애굽에 대해 심히 마음이 기울었을 것입니다. 롯의 아내는 아마도 이스마엘의 어머니 하갈과 동향인이었을 가능성이 있는 것입니다.

오늘 본문말씀을 보면 아브람과 함께 갔던 롯도 양떼와 소떼와 장막들을 소유했고 아브람의 목자와 롯의 목자 사이에 다툼이 자주 발생하여 함께 거할 수 없었음을 알려줍니다. 아마도 목축의 가장 중요한 조건인 풀이 충분치 못했던 듯합니다. 그러자 아브람은 롯에게 "아브람이 롯에게 이르되 우리는 한 친족이라 나나 너나 내 목자나 네 목자나 서로 다투게 하지 말자. 네 앞에 온 땅이 있지 아니하냐. 나를 떠나가라 네가 좌하면 나는 우하고 네가 우하면 나는 좌하리라"고 말합니다. "내가 부탁하노니, 나에게서 갈라져 나가라." 이것은 분리를 실행에 옮기는 장면입니다. 여기서 주목할 것은 관대한 아브람이 롯에게 첫 번째로 선택할 권리를 주었다는 점입니다.

그런데 롯은 이브가 선악과를 택할 때와 똑같은 방식으로 선택을 하게 되는 것을 봅니다. "형제애로 서로 다정하게 사랑하며, 서로 존경하기를 먼저 하라."(롬12:10)는 말씀처럼 아브람은 롯에게 대했고, 이에 따라 롯은 얼씨구나 하고 삼촌보다 먼저 선택권을 행사했습니다. 롯에게는 하나님은 안중에도 없었습니다. 보이는 세상만 믿었습니다. 오늘 본문말씀 10절, 11절이 바로 그것을 보여줍니다. "이에 롯이 눈을 들어 요단 지역을 바라본즉 소알까지 온 땅에 물이 넉넉하니 여호와께서 소돔과 고모라를 멸하시기 전이었으므로 여호와의 동산 같고 애굽 땅과 같았더라. 그러므로 롯이 요단 온 지역을 택하고 동으로 옮기니 그들이 서로 떠난지라라." 이리하여 오래도록 여정을 함께했던 삼촌과 조카는 헤어져 서로 다른 땅을 차지하고 각자의 삶을 살아가게 됩니다. 그리고 이것으로써 오늘의 본문말씀을 중심으로 한 전후시말을 알아볼 만큼은 알아본 셈이고, 바로 이러한 사실들을 토대로 오늘의 제목과 말씀에 나타난 그대로 "세상의 부귀를 따라가 망한 사람"에서 몇 가지 교훈을 생각해 보고자 합니다.

첫째, 롯의 선택은 인간적인 선택입니다. 롯의 선택은 육신의 정욕에 따른 철저히 이기적인 선택이었다는 점입니다. 아브람이 하란을 떠나올 때 하나님께서 말씀하시지도 않은 롯을 대동하고 떠난 것은 먼저 죽은 형제(롯의 아비 하란)를 생각하고 순전히 어린 조카를 좀 더 자기 곁에 두고 보호하고 이끌어주어야겠다는 인간적 연민에서 비롯되었을 것입니다. 그리하여 수십 년을 동행하는 동안 그의 몫으로 누리게 된 재산 또한 삼촌인 아브람의 배려에 힘입은 바 컸다고 할 수 있을 것입니다. 실제로 아브람은 조카인 롯을 분가한 후에도 남으로 생각지 않았습니다.

창세기 14장 1-4절을 보겠습니다. "당시에 시날 왕 아므라벨과 엘라살 왕 아리옥과 엘람 왕 그돌라오멜과 고임 왕 디달이 소돔 왕 베라와 고모라 왕 비르사와 아드마 왕 시납과 스보임 왕 세메벨과 벨라 곧 소알 왕과 싸우니라. 이들이 다 싯딤 골짜기 곧 지금의 염해에 모였더라. 이들이 십이 년 동안 그돌라오멜을 섬기다가 제십 삼년에 배반한지라" 이 전쟁은 우리가 잘 아는 대로 성경에 나타난 최초의 전쟁이었습니다. 이 전쟁에서 남방 왕들이 져서 소돔에 거하는 아브람의 형제의 아들인 롯과 그의 재물도 **빼앗아**가는 사건이 발생했습니다.

그 뒤 창세기 14장 14-16절까지를 보겠습니다. "아브람이 자기 형제가 사로잡혀갔음을 듣고 자기 집에서 태어난 훈련받은 종 삼백십팔 명을 무장시켜, 그들을 추격하여 단까지 가서, 그들을 대항해서 그와 그의 종들을 나누어 밤에 그들을 치고 다마스커스 왼편에 있는 호바까지 추격하여, 모든 재물을 다시 찾아오고 자기 형제 롯과 그의 재물과, 여자들과, 백성들도 다시 찾아 왔더라." 아브람이 상대한 엘람왕 크돌라오멜은 당시 최강의 왕이었고 시날 왕 아므라펠은 최초의 법전으로 유명한 함무라비 왕이었습니다.

세상의 학자들이나 믿음이 없는 성경학자들은 아브람이 물리친 왕이 그들이 될 수 없다고 성경의 사실을 곧잘 부정합니다. 318명의 군대가 북방 왕들의 대군을 이길 수 없다는 것입니다. 그들은 물론 기드온의 300명의 용사가 13만 5천명을 물리친 사실도 믿지 못하는 자들입니다. 그러나 아브람은 기드온보다 700년 전의 사람이고 당시 왕들의 군대 규모는 기드온 시대보다 훨씬 적었을 것이며, 아브람이 추격한 군대는 30일 이상이나 거인들과 싸운 후에 귀국하는 지쳐 있는 군대였습니다. "밤에 그들을 치고" 아브람은 바로 기드온처럼 야습을 감행하여 대승을 거두었던 것입니다. 하나님께서 아브람의 군대와 함께하심으로 승리하게 된 것입니다.

어쨌거나 아브람은 조카를 구하기 위해 자신의 모든 것을 동원했습니다. 하나님께서 주신 축복을 자신의 조카를 구출하는데 사용합니다. 그러나 일이 잘못되면 조카를 구하기는커녕 자신이 죽을 수도 있는 위기일발의 전쟁이었습니다. 그러나 아브람은 조카의 위기 앞에 자신의 안위만을 추구하는 겁쟁이가 아니고 하나님께서 함께 하신다는 믿음이 있었습니다. 그리고 그는 자기 집 사람뿐만 아니라, 동맹군도 합세하도록 해서 끝내는 대승을 거두었던 것입니다. 물론 이것은 전쟁의 영이신 하나님의 역사하심에 힘입은 바임은 두말할 여지가 없습니다.

이런 마음을 가진 삼촌이라면 롯은 자신에게 선택권이 주어졌더라도 자신의 선택권을 다시 아브람에게 돌려주어야 했습니다. 그러나 롯은 땅을 선택하는 문제에 있어서 조금의 양보도 없었습니다. 삼촌을 따라 나그네로 왔다가 자기의 소유가 많아지자 서로 헤어져야 할 상황이 되었습니다. 마침 운 좋게도 아브람은 롯더러 먼저 땅을 선택하라고 선택권을 넘기는 것이 아니겠습니까. 그러지 않아도 손위 어른인 삼촌이 자신이 먼저 좋은 땅을 차지하고 조카인 자신에게는 나쁜 땅을 우격다짐으로 차지하게 하면 어쩌나 하고 가슴이 조마조마했는데 어리석게도 조카에게 천재일우의 선택권을 넘겨버리다니요! 롯은 얼씨구나 하고 동쪽인 소돔을 택했습니다. 결과적으로 이 선택은 대의를 따르지 못한 이기적이고 소아적인 선택이었고, 방향도 잘못된 방향이었습니다.

창세기 3장 24절을 보겠습니다. "이같이 하나님이 그 사람을 쫓아내시고 에덴 동산 동쪽에 그룹들과 두루 도는 불 칼을 두어 생명나무의 길을 지키게 하시니라." 보다시피 아담과 이브는 동쪽으로 향해 갔습니다. 이 방향은 성경에서 보자면 비극적이거나 잘못된 움직임의 전형적인 방향입니다. 가인도 서쪽에서 동쪽으로 쫓겨났습니다. 야곱은 타락해 있을 때 라반을 섬겼으며, 이를 위해 그는 서쪽에서 동쪽으로 갔습니다. 유대인들은 서쪽에서 동쪽으로 포로로 잡혀갔고 성령께서는 복음이 그 방향으로 전파되는 것을 금하셨습니다(행16장).

성막에 들어가는 방향도 동쪽에서 서쪽이며, 예수 그리스도께서도 재림하실 때 동쪽에서 서쪽으로 들어오실 것입니다. 만일 나폴레옹이나 히틀러가 이 사실을 알았다면 둘 다 러시아 공격을 포기했을 것입니다. 결국 롯은 육신의 정욕을 따라 스스로 선택하여 서쪽에서 동쪽을 향하여 소돔으로 갔고, 그는 결국 인생의 혹독한 실패를 맛보아야 했던 것입니다.

둘째, 롯의 선택은 안목의 정욕에 따른 인간적인 선택이었습니다. 애굽를 동경하는 롯은 자신의 아내에게서 영향을 받았을 가능성이 큽니다. 사람은 청소년기에는 친구의 영향이 가장 크지만 결혼을 하고 나면 아내의 영향이 매우 커집니다. 같이 잠자고 같이 밥 먹고 같이 생활하니 그 영향이 커지지 않을 수 없는 것입니다. 함족이면서 애굽 태생의 롯의 처는 남편인 롯에게 말끝마다 애굽의 문화를 자랑하며 그 타락한 세상을 동경하게 했을 것입니다. 경건한 삼촌을 두었으나 밤마다 속삭이는 아내의 말에 세뇌되고 동화되어 아브람이 선택권을 줄 무렵에는 이미 영적분별력이 아주 마비되었던 것이 틀림없습니다. 초라한 나그네의 천막생활보다는 집을 짓고 정착해 사는 소돔과 고모라가 너무도 화려하고 좋게 보였을 것입니다. 성경은 롯이 아브람으로부터 선택권을 부여받고 동쪽인 소돔 쪽을 택하는 장면을 "이에 롯이 눈을 들어 요단의 온 평지를 바라보니, 소알에 이르기까지 어느 곳이나 물이 넉넉하더라. 그곳은 주께서 소돔과 고모라를 멸망시키기 전이었으니, 주의 동산 같고 애굽 땅과 같더라. 그리하여 롯이 요단의 온 평지를 택하고 롯이 동쪽으로 옮겨가니, 그들이 서로에게서 갈라서더라."고 기록하고 있습니다. "애굽 땅과 같더라." 실로 의미심장한 말입니다. 만일 그의 아내가 애굽 사람이 아니었다면 이 말은 설명하기가 쉽지 않을 것입니다. 이 말이야말로 애굽 여인인 아내로부터 길들 대로 길든 당시 롯의 마비된 영적분별력의 상태를 보여주고 있기 때문입니다.

앞서 살펴본 성경 속의 최초의 전쟁에서 낯선 침략자들에게 모든 재물을 빼앗기고 자신과 가족들까지도 사로잡히는 신세가 되었습니다. 그러나 롯에게 있어 불행 중 다행은 의롭고 용감한 삼촌 아브람을 두었다는 사실입니다. 만일 아브람이 이기적이고 겁쟁이 삼촌이었다면 위험을 무릅쓰고 조카를 구하려 하지는 않았을 것입니다. 그러나 아브람은 그 당시 유일하게 하나님의 인도하심을 받는 선지자였습니다. 설령 고고학자들과 어원학자들의 두려움의 대상이었던 위대한 법전의 창시자 함무라비 대왕이라 하더라도 하나님의 사람 아브람 앞에서는 마귀의 하수인에 지나지 않았습니다. 그는 창세기 14장 17절에서 아브람에게 속수무책으로 깨져 죽고 말았던 것입니다.

롯의 선택은 하나님을 기쁘시게 하려는 것보다 자신의 눈을 기쁘게 하는 것이었습니다. 이러한 자기중심적 선택은 사소하게 생각될지 모르나 우리의 생에 중대한 영향을 미칩니다. 물론 오늘날에도 롯과 같은 선택의 우를 범하는 사람이 적지 않습니다. 무조건 자식이 영어만 잘하면 제일이라고, 미국의 일류 대학만 나오면 그것이 곧 출세라며 아내와 자식을 범의 굴 같은 이국땅에 보내놓고 자신은 기러기 아빠로 이 땅에 남아 사서 고생하는 남자들이 한둘이 아닌 것입니다. 그러나 그들이 최종적으로 얻는 것이 무엇입니까? 성공은 백에 하나도 못 되고 처절한 실패가 대부분이 아닙니까!

셋째, 롯은 선택의 대가를 치릅니다. 롯의 선택은 생의 자랑을 위한 선택으로 간증을 잃어버린 부끄러운 노년을 맞고 말았다는 사실입니다. 창세기 19장은 그의 실패를 아주 적나라하게 보여줍니다. 먼저 1절입니다. "저녁때에 그 두 천사가 소돔에 이르니 마침 롯이 소돔 성문에 앉아 있다가 그들을 보고 일어나 영접하고 땅에 엎드려 절하며" 이 부분으로 미루어 보건대 롯은 소돔

시의 시의원이거나 판사였을 가능성이 큽니다. 물론 이 정도 되면 세상적으로는 성공했다고 해도 좋을 것입니다. 롯은 완전히 주님 편도 아니고 완전히 마귀 편도 아니었습니다. 롯은 부유하게 되고자 하는 간절한 소망에다 유명하게 되고자하는 생의 자랑으로 가득 차 있었습니다. "부하려하는 자들은 시험과 올무와 여러 가지 어리석고 해로운 욕심에 떨어지나니 곧 사람으로 파멸과 멸망에 빠지게 하는 것이라"(딤전 6:9) 그는 부와 생의 자랑을 쫓다가 파멸과 멸망을 부르고 말았습니다.

다음은 8절입니다. "내게 남자를 가까이 하지 아니한 두 딸이 있노라. 청하건대 내가 그들을 너희에게로 이끌어 내리니 너희 눈에 좋을 대로 그들에게 행하고, 이 사람들은 내 집에 들어왔은즉 이 사람들에게는 아무 일도 저지르지 말라" 이 장면에서 롯은 자기 집을 찾아온 성도착자들에게 자기 딸을 내어주려 하는 것을 봅니다. 이 말은 "원한다면 내 딸들을 욕보여도 좋다. 혹시 내 딸들이 죽을지라도 상관하지 않겠다."는 그 말입니다. 오늘날 21세기를 사는 부호들 역시 그들의 처녀 딸들을 사회와 상업과 교육에 떠맡기고 그들 눈에 좋을 대로 행하라고 방치하고 있는 실정이라면 믿으시겠습니까.

14절을 보겠습니다. "롯이 나가서 그 딸들과 결혼할 사위들에게 말하여 이르기를 여호와께서 이 성을 멸하실 터이니 너희는 일어나 이곳에서 떠나라 하되 그의 사위들은 농담으로 여겼더라." 롯이 사위집을 찾아가 문을 두드립니다. 술에 취한 사위가 문을 엽니다. "이봐, 사위! 내 말 잘 듣게! 하나님께서는 이곳을 불로 태우실 것일세! 자, 빨리 피하세.", "하나님이 이곳을 불로 태우신다니!⋯ 장인어른이 말씀하신 성경에는 하나님은 사랑이시던데⋯ 집사람도 그렇다고 하던데요. 설마 농담이겠죠?" 롯은 사위와 딸을 설득할 수 없었습니다.

26절을 보겠습니다. "롯의 아내는 뒤를 돌아보았으므로 소금 기둥이 되었더라." 롯의 아내는 롯과 같이 가다가 뒤를 돌아본 것이 아니고, 그의 뒤에 처져 있다가 뒤를 돌아다보았습니다. 그녀는 뒤에 처져 창세기 13장 10절의 "이에 롯이 눈을 들어 요단 지역을 바라본즉 소알까지 온 땅에 물이 넉넉하니 여호와께서 소돔과 고모라를 멸하시기 전이었으므로 여호와의 동산 같고 애굽 땅과 같았더라."의 상황을 생각하며 뒤를 돌아보다 소금 기둥이 되고 만 것입니다. 그리고 바로 그 순간 롯은 홀아비가 되고 말았습니다.

끝으로 36절입니다. "롯의 두 딸이 아버지로 말미암아 임신하고," 소돔 멸망 후의 사건은 시작보다 더욱 침울한 암영을 던져 줍니다. 잠언 22장 6절을 보겠습니다. "마땅히 행할 길을 아이에게 가르치라 그리하면 늙어도 그것을 떠나지 아니하리라." 롯은 자신의 딸들을 제대로 훈육하지 못했습니다. 그 결과 간증, 인격, 명성, 가정, 집, 땅, 가축, 아내, 하나님과의 교제를 잃어버리는 것에 그치지 않았습니다. 그는 소돔이 잿더미로 변하고 난 다음에도 그 자신이 뿌린 씨앗, 곧 생의 자랑이라는 잘못된 선택이 가져온 악의 쭉정이를 거두어들일 수밖에 없었습니다. 이는 그에게 남은 두 딸이 그를 술꾼으로 만들었고 근친상간으로 태어난 손자를 선물로 주었기 때문입니다.

말씀을 정리합니다. 아브람의 조카 롯이 육신의 정욕과 안목의 정욕과 이생의 자랑을 택했을 때 얼마나 처절하게 실패를 거두었는가를 조목조목 뜯어 살펴보았습니다. 롯은 세상과 세상에 있는 것을 사랑한 사람이었습니다. 인류의 어머니 하와가 받은 시험도 바로 이와 관련이 있습니다. 즉 먹음직한 것은 육신의 정욕이요, 보암직한 것은 안목의 자랑이요, 현명하게 할 만큼 탐스러운 것은 생의 자랑이었습니다. 예수님께서 받으신 시험도 이와 일치하고 있습니다. "이 돌들에게 명하여 떡이 되게 하라."는 육신의 정욕이고, "세상의 모든 나라들과 그것들의 영광을 주께 보여주며"는 안목의 정욕이며, "뛰어내려 보라."는 생의 자랑이었던 것입니다. 선택의 길은 롯에게만 있는 것이 아닙니다. 선택의 길은 날마다 우리 앞에 펼쳐집니다. 과연 우리는 지금까지 어떤 선택을 하며 살아왔습니까? 롯처럼 세상을 사랑하는 선택이었습니까? 아니면 아브람처럼 하나님을 사랑하는 선택이었습니까?

오늘날 소위 그리스도의 몸인 교회는 대부분이 철저히 세속화되었습니다. 디모데후서 3장 1-5절을 보겠습니다. "너는 이것을 알라 말세에 고통하는 때가 이르러 사람들이 자기를 사랑하며 돈을 사랑하며 자랑하며 교만하며 비방하며 부모를 거역하며 감사하지 아니하며 거룩하지 아니하며 무정하며 원통함을 풀지 아니하며 모함하며 절제하지 못하며 사나우며 선한 것을 좋아하지 아니하며 배신하며 조급하며 자만하며 쾌락을 사랑하기를 하나님 사랑하는 것보다 더하며 경건의 모양은 있으나 경건의 능력은 부인하니 이같은 자들에게서 네가 돌아서라." 여기에 나온 것처럼 오늘날 교회는 세상제도로 완전히 전락했습니다. 그리스도인들이 사고팔고 권위를 행사하고 성공을 판단하고 사사건건 세상과 일치하고 있습니다. 현재 미국 교회는 그리스도인들 중 90%가 세속화되었다고 합니다. 한국도 더하면 더했지 못할 것이 없습니다. 여기에서 우리를 향한 권면은 바로 "이런 자들에게서 돌아서라."입니다.

우리 그리스도인들에게는 이 모든 선택에 한 가지 원칙이 있습니다. 그것은 바로 "세상도, 세상에 있는 것들도 사랑하지 말라."는 한 가지 원칙입니다. 그리고 그 이유로 "이는 세상에 있는 모든 것이 육신의 정욕과 안목의 정욕과 이생의 자랑이니 다 아버지께로부터 온 것이 아니요 세상으로부터 온 것이라(요일 2:16)"고 말씀합니다. 매일 매일의 선택에서 육신의 정욕과 안목의 정욕과 생의 자랑이 아닌, 하나님 편을 택하고 하나님 편에 설 수 있는 우리 모두가 되기를 간절히 바랍니다.

우리 모두는 호흡이 건강할 때 아브라함과 같이 자신의 마음 하늘에 보물을 쌓으면서 살아야 합니다. 자신의 온몸에 쌓은 보물은 영원한 것입니다. 온몸 마음에 하나님께서 주인으로 계시기 때문입니다. 온몸과 마음에 보물을 쌓은 성도는 영원하시고 살아 역사하시는 하나님께만 소망을 두는 자들입니다. 하나님께만 소망을 두니 하나님께서 주인이 되시어 영원한 행복으로 축복으로 천국으로 인도하시는 것입니다.

18장 세상에 취해 살다가 망한 사람

(롬 9:12-14)"리브가에게 이르시되 큰 자가 어린 자를 섬기리라 하셨나니 기록된 바 내가 야곱은 사랑하고 에서는 미워하였다 하심과 같으니라. 그런즉 우리가 무슨 말을 하리요 하나님께 불의가 있느냐 그럴 수 없느니라"

온몸 마음 안에 계신 하나님께 소망을 두고 보물을 온몸 안에 쌓으며 하나님을 주인으로 모시고 하나님의 눈에 들도록 살면 하나님의 사랑을 받고 하나님의 눈 밖에 나면 미움을 받는 것은 당연한 이치인 것입니다. 성경에는 하나님께서 한날, 한시에 한 어머니 배에서 쌍둥이로 태어난 두 아들인 에서와 야곱에 대한 하나님의 태도를 분명하게 말하고 있습니다.

하나님께서는 그 쌍둥이 형제를 보시고 "나는 야곱은 사랑하고 에서는 미워했다" 그렇게 말했습니다. 왜 하나님께서 그렇게 하실까요? 야곱과 에서는 무슨 점이 달랐기에 하나님은 야곱은 사랑하고 에서는 미워했다고 주님께서 말씀하실까요? 어떠한 야곱의 성품이 하나님을 기쁘시게 하였을까요? 우리는 이 사실을 알아봄으로 우리의 삶이 하나님께 기쁨을 드리는 삶이 되도록 교훈을 생각하는 시간이 되도록 해 봅시다.

첫째, 에서와 야곱의 다른 점이 무엇일까요? 에서는 하나님께 대해서 전혀 관심이 없었다는 것입니다. 이것이 창세기를 읽어 보면 에서의 생애 속에서 충격적으로 느껴지는 것입니다. 에서는 사냥꾼이었습니다. 아침에 일찍 일어나서 전통을 걸어 메고 화살을 잔뜩 넣은 다음에 활을 들고 나가면 하루 종일 산과 들로 뛰어다니면서 창을 던지고 활 쏘고 그렇게 해서 짐승을 잡아옵니다. 그러면 그걸 요리해서 자기도 맛있게 먹고 아버지도 드리니 아버지는 에서의 사냥요리 때문에 에서를 좋아했습니다.

그러나 에서의 생애를 통해서 볼 때 그가 하나님에 대한 말을 한 번도 한 적이 없고 에서가 하나님을 찾으면서 기도했다는 말 한 마디도 없습니다. 에서는 도무지 하나님께 관해서 무관심했습니다. 하나님은 어디에도 없고 오로지 자신의 힘과 능력을 믿었습니다. 한마디로 영적인 무지한 이였습니다.

하나님께서는 하나님께 대해서 전혀 무관심하고 하나님에 대해서 사랑이 없는 에서는 미워하고 무관심하고 버렸습니다. 하나님은 "또한 그들이 마음에 하나님 두기를 싫어하매 하나님께서 그들을 그 상실한 마음대로 내버려 두사 합당하지 못한 일을 하게 하셨으니"(롬 1:28)라고 무서운 말씀을 하십니다.

그러나 비록 교활하고 성격이 꾀가 많은 약삭빠르며 인격적인 결점이 많아도 하나님은 하나님에 대한 관심을 가지고 하나님을 사랑하고 끊임없이 하나님에 대한 생각으로서 그 삶이 전개되어 가는 야곱을 사랑했습니다. 왜냐하면 하나님의 손위에 얹히면 어떠한 사람의 인격도 변화될 수 있는 권능이 하나님께 있기 때문에 사람의 성격은 문제가 아닙니다. 사람에게 행위도 문제가 아닙니다. 하나님의 손에 얹히면 성격과 행위는 하나님께서 토기장이가 진흙을 변화시키듯이 변화시킬 수 있기 때문입니다.

잠언서 8장 11절에 "나를 사랑하는 자들이 나의 사랑을 입으며 나를 간절히 찾는 자가 나를 만날 것이니라"고 말씀하고 있는 것입니다. 우리 하나님께서도 하나님을 사랑하는 자를 사랑하고 하나님을 찾는 자에게 나타나십니다. 하나님을 사랑도 안 하고 찾지도 않는데 하나님이 사랑해 주고 하나님이 내가 여기 있다고 당신이 스스로 걸어오실 리는 만무한 것입니다. 그러므로 우리는 오늘 이 시간에 이 자리에서 배워야 할 것은 우리의 현실적인 윤리나 도덕적이나 우리의 행위가 중요한 것이 아닙니다. 우리의 마음속에 하나님을 믿고 사랑하느냐 안 하느냐가 이것이 중요한 것입니다. 하나님을 믿지 않고 아무리 윤리나 도덕적으로 완전한 삶을 살아도 하나님은 그 사람을 버리는 것입니다.

그러나 윤리나 도덕적으로 부실한 사람일지라도 하나님을 사랑하고 하나님을 찾으면 하나님은 그 사람을 사랑하고 붙잡아 주십니다. 하나님은 하나님을 사랑하고 하나님을 찾는 사람을 끝까지 그 사람을 따라가서 하나님께서는 윤리와 도덕적으로 온전한 사람으로 변화시켜 버리고 마는 것입니다. 하나님 손에는 변화시키시는 위대한 능력이 있습니다. 가나의 혼인 잔치에 가서 물을 변하여 포도주로 만드신 하나님께서는 오늘날 우리 인생을 변화시키지 못할 리가 만무한 것입니다. 우리가 하나님 품에 안기면 하나님은 우리를 새 사람으로 변화시켜 주시는 것입니다. 이렇기 때문에 하나님께서 야곱을 사랑하고 에서를 미워하는 것은 야곱은 신앙심이 있었고 에서는 하나님을 향한 신앙심이 없었기 때문에 그런 것입니다.

둘째, 하나님을 향한 꿈이 없었습니다. 아버지 이삭과 어머니 리브가는 두 아들에게 그들의 조부 아브라함의 소명과 하나님께서 주신 약속이며 그 약속이 대를 이어 아버지 이삭이 물림 받았고 또 이삭의 장남 에서가 하나님의 약속을 대물림 받아야할 장남임을 늘 말해 주었습니다. 그러므로 그들 식구들은 저녁 먹을 때는 반드시 밥상에 둘러앉아서 아버지 이삭과 어머니 리브가가 하나님에 대한 이야기를 하는 것을 계속 들었습니다. 그래서 하나님께서는 아브라함의 하나님, 이삭의 하나님이 되었고 이제는 장남인 에서의 하나님이 마땅히 될 것이라고 했습니다. 그리고 하나님은 그 광대한 가나안 땅을 이스라엘 백성들에게 선물로 주셨다는 이러한 이야기를 할 때 야곱은 눈이 샛별처럼 빛났습니다.

야곱은 그 마음속에 꿈을 꾸었습니다. 야곱은 이미 내일을 바라보았습니다. 이스라엘 백성들이 와서 가나안 땅을 점령하고 거대한 나라를 세울 것을 꿈꾸고 그는 마음속에 영광이 꽉 들어찼습니다. 에서는 아버지, 어머니가 그 말을 할 때 한 말도 듣지 않고, 그 마음속에는 뛰어가는 노루를 따라간다고 그것만 생각하고 활을 쏘아 돼지를 관통시켜서 돼지가 꿀꿀거리고 곤두박질치는 그런 것만 생각했습니다.

야곱에게는 하늘나라에 대한 거대한 찬란한 꿈이 있었지만 에서는 전혀 하늘나라에 대한 꿈이 없었습니다. 내일에 대한 꿈이 없어요. 현재 창 던지고 활 쏘고 짐승잡고 먹고 마시는 그 취미 이외에는 에서에게는 아무 것도 없는 것입니다. 그래서 하나님께서는 이렇게 꿈 없는 에서를 좋아할 턱이 없습니다.

예를 들어 말하면 한번은 에서가 사냥을 하고 배가 고파서 왔는데 야곱이 열심히 팥죽을 끓이고 있었습니다. 야곱은 마음에 꿈이 있었습니다. "야, 아브라함의 하나님, 이삭의 하나님, 에서의 하나님이 되면 안 되겠다. 반드시 야곱의 하나님이 되어 내가 축복을 대물림을 받고 내가 하나님이 세우는 하늘나라의 조상의 반열에 들어가야겠다는 그 꿈이 불타 있었습니다. 언제고 내가 에서에게서 장자의 명분을 취해야 되겠다." 계획을 세우고 있었는데 에서가 와서 "야, 배고프다. 그 팥죽 좀 내 놓아라.", "아 형님, 공짜가 어디 있습니까? 형님, 그 장자의 명분을 내게 팔아요. 그러면 내가 팥죽 한 그릇 줄 테니까." 형이 하늘을 쳐다보고 허허허 너털웃음을 지었습니다.

　배가 고픈데 뭐 그까짓 거 장자의 명분이 무슨 소용 있나? 옛다. 팔았다. 야곱은 얼른 팥죽을 잔뜩 담아서 형에게 주고 형에게 장자의 명분을 받았습니다. 그때 하나님이 보좌에 앉아서 보고 난 다음 "이 바보 멍청이 같은 놈아. 장자의 명분이 어떤 것인 줄 아느냐. 바로 아브라함에게 주신 약속, 이삭에게 주신 약속, 너에게 주실 약속이다. 이것을 야곱에게 팔아먹다니 네가 장차 어떻게 위대한 축복을 빼앗긴지 아느냐? 이렇게 꿈도 없고 망나니 같은 짓을 하는 놈! 아이고 이 자식아." 그러나 야곱을 보고는 "이 나쁜 고약한 놈아. 형에게서 그렇게 사기를 쳐서 장자의 명분을 빼앗는 법이 어디 있느냐. 그러나 기특하다, 기특해…. 하나님의 그 거대한 나라에 대해서 너는 꿈을 가지고 기대를 가지고 좌우간 팥죽 한 그릇을 가지고도 형의 장자의 명분을 사겠다고 한 그 마음의 꿈이 있어 장하다.”

그래서 비록 에서는 윤리나 도덕적으로 나쁜 짓을 한 적이 없지만, 그 마음속에 하나님의 계획에 대한 꿈이 없었습니다. 에서는 내일이나 미래를 바라보는 눈이 없어요. 현재 밖에 못 봐요. 그러나 야곱은 내일과 장엄한 미래를 바라보고 있는 눈이 있었습니다. 그래서 하나님께서는 꿈이 없는 에서는 버리고 꿈이 있는 야곱을 비록 그가 사기를 쳤더라도 야곱을 하나님이 사랑하고 선택한 것입니다. 성경에는 “꿈이 없는 백성은 망한다”고 했습니다. 누구나 앞서 보고 멀리 보는 눈이 없을 때는 패망하고 마는 것입니다. 서양 속담에 “벌레의 눈을 가진 민족은 망하고, 새의 눈을 가진 민족은 흥한다.”는 말이 있습니다. 벌레의 눈을 가졌다는 것은 벌레는 그 흙 속에 꿈틀꿈틀하고 다니니까 벌레는 지금 밖에 안 보여요. 지금 있는 흙더미, 지금 있는 더러운 것, 그것밖에 안 보여서 그것만 파먹고 있는 것입니다.

그러나 새는 높은 하늘에 있기 때문에 미래가 보이고 멀리 보입니다. 미래가 보이고 멀리 보이기 때문에 현실의 삶을 언제나 미래와 멀리 보이는 그것에 조화를 해서 자기를 꿈에 앉히는 것입니다. 그러나 벌레는 미래도 안 보이고 멀리 안 보기 때문에 현재 속에 꿈틀꿈틀 했다가 자동차 바퀴에 치어 죽기도 하고, 까마귀가 찍어가기도 하고, 언덕에 뒹굴어 떨어져 죽기도 하고 절단강산이 나는 것입니다.

우리 모든 사람들이 내일을 바라보고 멀리 바라보는 눈이 없는 사람은 개인이나 가정이나 한 민족이나 망해 버리고 마는 것입니다. 우리 인생도 그렇지 않습니까? 오늘 예수 믿지 않는 사람은 멀리 바라보지 않습니다. 현재 무엇을 먹을까 무엇을 입을까 무엇을 마실까 육신의 정욕, 안목의 정욕, 이 세상 자랑, 지금 세상만 바라보고 자꾸 벌레처럼 파고 야단입니다.

그러나 예수 믿는 사람은 미래를 바라보고 멀리 바라봅니다. 장차 이 땅에 심판 받을 것을 바라봅니다. 우리 죽은 후에 영원히 다가올 영원한 세계를 바라봅니다. 하나님이 만드는 새 하늘과 새 땅과 새 예루살렘을 바라봅니다. 예수 믿는 사람은 내일을 바라보고 멀리 바라보는 눈을 가지고 있습니다. 그 날이 다가올 것이기 때문에 그 날에 대비해서 지금의 생활을 회개하고 자복하고 예수를 믿고 성령의 인도를 따라 경건하고 절도 있게 살려고 애를 쓰는 것입니다. 왜냐하면 예수 믿는 사람들은 미래를 바라보는 먼 앞날을 바라보는 눈을 가지고 있기 때문인 것입니다. 꿈이 있습니다. 그러나 예수 믿지 않는 사람은 내일과 멀리 바라보는 꿈이 없기 때문에 현실에 안주해서 살다가 현실과 함께 멸망해 버리고 마는 것입니다. 오늘 우리 모든 문제는 내일을 바라보는 눈, 멀리 바라보는 눈이 없기 때문에 그런 것입니다.

내일에 꿈이 없는 자에게는 예수님께서 뭐라고 말씀했습니까? 누가복음 6장 24절로 26절에 "그러나 화 있을 진저 너희 부요한 자여 너희는 너희의 위로를 이미 받았도다. 화 있을 진저 너희 지금 배부른 자여 너희는 주리리로다. 화 있을 진저 너희 지금 웃는 자여 너희가 애통하며 울리로다. 모든 사람이 너희를 칭찬하면 화가 있도다 그들의 조상들이 거짓 선지자들에게 이와 같이 하였느니라" 지금 벌써 배불렀고 지금 벌써 만족했고 지금 웃음을 웃고 지금 모든 사람이 너 잘났다고 하면 그 사람은 벌써 내일을 잃어버린 것입니다. 지금 배고픈 사람은 내일을 위해서 애를 쓰게 되는 것입니다. 지금 고통스러운 사람은 내일의 평안을 위해서 멀리 바라볼 수 있는 것입니다.

성경은 말하기를 "그 후에 내가 내 영을 만민에게 부어 주리니 너희 자녀들이 장래 일을 말할 것이며 너희 늙은이는 꿈을 꾸며 너희 젊은이는 이상을 볼 것이며"(요엘서 2:28)고 말한 것입니다. 미래와 내일에 대해 멀리 바라보는 눈은 다시 말하면 꿈이요, 환상인 것입니다. 이 꿈과 환상이 없는 개인이나 나라는 미래가 이미 버림받은 것입니다. 희망이 없습니다. 하나님은 에서를 버렸습니다. 개인도 가정도 사회도 국가도 에서와 같이 사는 민족은 하나님이 버리시는 것입니다. 야곱과 같이 내일을 바라보는 꿈을 얻어서 사는 사람은 하나님께서 같이 하십니다. 바로 성경은 꿈의 책입니다. 성경은 바로 다가올 내일에 대한 꿈과 환상을 주는 책입니다.

우리가 하나님의 은총과 복을 받고 살려면 말씀과 기도 중에서 먼저 보고 멀리 보는 눈을 얻게 되시기를 축원합니다. 그래서 멀리 바라보고 현실을 거기에 조화시켜서 우리가 살게 될 때, 꿈이 있을 때, 그 꿈도 이루어지고 하나님이 그러한 사람에게 복을 주시는 것입니다. 꿈이 없는 민족은 망한다는 것을 잊지 마십시오. 내일에 대한 멀리 바라보는 눈이 없는 사람에게는 내일도 장래도 하나님이 다 빼앗아 간다는 것을 우리가 알아야 되는 것입니다.

셋째, 에서는 야심이 없었습니다. 야심이란 말을 나쁘게만 종종 쓰기 때문에 억양이 좋지 않지만 그러나 좋은 야심이 없는 사람은 쓸모없는 사람인 것입니다. 종종 우리는 이런 말을 많이 듣습니다. "야 그 사람 법이 없어도 살 사람이다 그 사람 호인 아닌가." 그러나 법이 없어도 살 사람, 호인을 만나 보십시오. 어떠한 사람이냐 자기 밥벌이도 못하는 무능력자인 것입니다. 오늘날 호인이나 법이 없이도 사는 사람이라면 그 사람 야심이 없는 사람이기 때문에 모든 사람에게 좋게 하고 바람 부는 대로 물결치는 대로 떠내려가는 사람인 것입니다.

거룩한 야심에 있어서 에서와 야곱은 틀립니다. 왜냐하면 에서는 야심이 없어요. 그렇기 때문에 팥죽 한 그릇에 장자의 명분을 팔아먹는 것입니다. 에서는 야심이라고는 털끝만치도 없습니다. 장자가 되면 아버지의 축복을 받고 아버지의 재산을 상속으로 받는데 거기에 대한 야심도 없습니다. 그는 전혀 하루하루 쾌락만 위해서 사는 사람인 것입니다. 이러기 때문에 장자의 명분에 아무런 미련도 두지 않았던 에서는 하나님의 후사가 되는 야심도 없었습니다. 그러나 야곱은 너무 교활하고 사기성조차 있었지만 그러나 거룩한 야심에 불탔습니다. "나는 어찌하든지 장자가 되어야 되겠다. 아버지에게 장자의 명분을 받아야 되겠다. 하나님 앞에서 장자로서의 복을 받아야 되겠다."는 그 야심이 마음속에 이글이글 불탔습니다.

그렇기 때문에 그 야심이 좀 빗나가서 팥죽 한 그릇으로 형에게 장자의 명분을 삽니다. 혹은 형의 옷을 대신 입고 가죽 털을 손에 붙이고 목에 붙여서 털이 부슬부슬 나게 해서 눈이 어두운 아버지에게 자기가 에서라고 하며 들어가서 장자의 명분의 축복도 받았습니다. 그것 자체를 보면 잘못된 것이지만 그러나 그 마음속에 거룩한 야심이 불타고 있었다는 것입니다.

에서는 야심을 버리기 때문에 그 사람은 버림을 당한 것입니다. 하나님께서는 야심이 없는 사람을 저 버립니다. 그리고 야심이 있는 사람을 택해서 쓰시는 것입니다. 야곱은 거룩한 야심에 불타는 사람이었기 때문에 하나님이 그를 들어 사용했습니다. 그러나 에서는 야심이 없고 그냥 현실적인 생활에 안주해서 바람 부는 대로 물결치는 대로 살았기 때문에 하나님이 저를 버린 것입니다.

넷째, 회개하고 깨어짐과 그렇지 않은 큰 차이가 있는 것입니다. 이사야 66장 2절에 "나 여호와가 말하노라 내 손이 이 모든 것을 지었으므로 그들이 생겼느니라. 무릇 마음이 가난하고 심령에 통회하며 내 말을 듣고 떠는 자 그 사람은 내가 돌보려니와"라고 말한 것입니다. 그런데 에서의 생활을 보면 에서는 모든 것이 남의 탓이지 자기 탓이 아닙니다. "장자의 명분을 빼앗은 것도 야곱이 교활하게 나의 장자의 명분을 빼앗았으니 야곱 탓이다. 그 다음에 장자의 축복을 받은 것도 야곱이 형을 속이고 형의 옷을 입고 나가서 아버지께 받았으니 야곱 탓이다. 야곱을 죽여 버려야 되겠다." 동생을 죽이려고 하매 할 수 없이 어머니가 외삼촌의 집으로 피난 보낸 것입니다. 동생이 돌아올 때까지

이십 년 동안 에서는 동생 탓으로 내가 이렇게 되었다고 이를 갈며 분노를 품고 살았습니다. 에서는 동생을 죽이려고 칼을 갈고 있었습니다. 그러다가 동생이 온다는 말을 듣자 사백 명의 군대를 거느리고 동생을 죽이려고 나갔었습니다. 에서는 자기의 처지를 살펴보고 자기의 잘못을 회개하고 깨어지고 하나님 앞에서 떠는 그런 마음이 전혀 없었기 때문에 하나님은 에서 편에 서서 일하지 않으셨습니다.

무엇이든지 남의 탓으로 돌리고 자기가 회개하고 깨어지지 않으면 그 사람은 희망이 없습니다. 무슨 일을 당해도 언제나 이것이 남의 탓이 아니라 내 탓이다. 내가 잘못한 것이 있다. 내가 가슴을 치고 통회하고 자복 하고 내가 깨어지고 내가 변화되면 그 사람에게는 내일이 약속되는 것입니다. 잘 되면 자기 탓이요, 잘못 되면 나라 탓이라고 자기의 잘못을 항상 깨닫고 회개하고 하나님 앞에서 겸손히 깨어지는 자가 하나님의 사랑을 받지, 잘못 되는 것마다 이것은 나라 때문에 부모 때문에 형제 때문에 이웃 때문에 교회 때문에 목사 때문에 장로 때문에 집사 때문에 전부 남의 탓으로 돌리고 자기는 타당화 합니다. 이러한 사람은 하나님이 져버리는 것입니다.

하나님께서는 마음이 가난하고 겸손하며 자기가 모든 일에 통회하고 자복할 줄 알고 하나님 말씀 앞에 떨고 말씀대로 살려고 애를 쓰는 이런 사람은 귀하고 아름답게 생각해서 전능한 하나님이 뒤에서 손으로 밀어 주시는 것입니다. 이러한 사람은 내일이 약속되는 것입니다. 사랑을 받고 미움을 받는 것은 다 자기 탓이라는 것을 깨달아야 합니다. 에서가 버림받은 것도 자기 탓이요, 야곱이 사랑 받는 것도 자기 탓인 것입니다. 그러므로 오늘 이 시간 우리는 세상을 살면서 에서와 같은 생활 태도를 버리고 야곱과 같은 생활 태도를 우리는 취하고 사십시다. 우리는 항상 하나님께 관심을 가지고 24시간 무엇을 하든지 하나님을 주인으로 인정하고 하나님께 기도하고 하나님과 함께 사는 그런 마음의 태도를 가져야 될 것입니다.

우리는 모든 일에 내일을 바라보고 먼 장래를 바라보는 눈을 가집시다. 영안을 열어 성경을 읽고 장차 다가올 새 하늘과 새 땅과 새 예루살렘을 바라봅시다. 장차 강림하실 예수님을 바라보고 거기에 비추어서 오늘 우리 현실을 살아가야 되는 것입니다. 그리고 우리의 모든 삶 자체도 생활도 사업도 현재 당장 일확천금할 것을 생각지 말고, 내일을 바라보고 멀리 눈을 바라보고 먼 미래 큰 수확을 얻을 수 있도록 지금부터 천천히 천천히 단계적으로 일해 나가는 그러한 꿈이 있는 삶을 살아야 될 것이요, 우리는 마음속에 거룩한 야심을 가지고 기도하고 힘쓰고 애쓰고 노력하고 땀을 흘려 항상 발전하겠다는 야심을 저버리면 안 되는 것입니다. 야심이 없으면 하나님도 저버리는 것입니다.

그리고 늘 회개하고 깨어지고 하나님 말씀 앞에 떨면서 하나님 앞에 겸비하게 낮아져서 살게 될 때, 일생 동안 하나님은 우리를 사랑하시고 우리와 같이 계십니다. 야곱을 높이 들어 하나님의 위대한 종으로 삼은 것처럼, 아브라함의 하나님, 이삭의 하나님, 야곱의 하나님은 자신의 하나님이 될 것입니다.

19장 하나님의 말씀을 믿지 않아 망한 사람들

(고전 10:1-6)"형제들아 나는 너희가 알지 못하기를 원하지 아니하노니 우리 조상들이 다 구름 아래에 있고 바다 가운데로 지나며, 모세에게 속하여 다 구름과 바다에서 세례를 받고, 다 같은 신령한 음식을 먹으며, 다 같은 신령한 음료를 마셨으니 이는 그들을 따르는 신령한 반석으로부터 마셨으매 그 반석은 곧 그리스도시라. 그러나 그들의 다수를 하나님이 기뻐하지 아니하셨으므로 그들이 광야에서 멸망을 받았느니라. 이러한 일은 우리의 본보기가 되어 우리로 하여금 그들이 악을 즐겨 한 것 같이 즐겨 하는 자가 되지 않게 하려 함이니"

하나님은 하나님께 소망을 두고 호흡이 건강할 때 온몸과 마음에 보물을 쌓으면서 살아가는 사람을 들어 사용하십니다. 자신에게 하나님이 가장 중요한 보물이라는 믿음을 가지고 살아가는 사람과 함께 하십니다. 하나님은 하나님보다 세상에 소망을 두고 살아가는 사람은 결정적인 순간에 버리십니다. 보물 중에 최고의 보물이 하나님이라는 믿음으로 행하는 사람들을 통하여 하나님의 뜻을 이루어가십니다.

하나님은 애굽에서 430년 동안 종살이하던 이스라엘인들에게 젖과 꿀이 흐르는 가나안 땅을 약속해 주셨습니다. 큰 기대와 기쁨으로 모세를 따라 그들이 험한 광야를 천신만고로 지나면서 가나안 땅을 바라보고 국경지대인 가데스바네야까지 왔습니다. 그러나 결국 그들은 약속의 땅에 들어가지 못하고 도로 광야로 쫓겨나가 40년 동안 방황하다가 20세 이상 애굽에서 나온 모든 사람들은 다 죽고 말았습니다. 왜 그들은 가나안 땅에 들어가지 못했을까요? 하나님을 온몸과 마음에 주인으로 모시고 살지 않았기 때문입니다. 그들의 잘못이 오늘 우리에게 거울이 되어 하나님의 약속의 복을 누리지 못하는 일이 없어야만 할 것입니다.

첫째, 그들이 가나안 땅에 들어가지 못한 이유가 있습니다. 성경은 호세아서 4장 6절에 "내 백성이 지식이 없으므로 망하는 도다. 네가 지식을 버렸으니 나도 너를 버려 내 제사장이 되지 못하게 할 것이요 네가 네 하나님의 율법을 잊었으니 나도 네 자녀들을 잊어버리리라" 그렇게 탄식했는데 그들이 올바른 정보를 얻지 못했기 때문에 하나님을 반역하게 된 것입니다. 열두 정탐꾼을 가나안 땅을 정탐하라고 보냈는데 정탐을 하고 돌아온 10명이 하나님이 빠진 인간적인 정보를 백성들에게 전파한 것입니다. 하나님께서 함께 하신다는 믿음이 없이 자신들이 해야 된다는 인간적인 생각의 결론을 알려준 것입니다.

그래서 똑같은 사물을 경험할 때에 그것을 바라보는 사람의 마음의 태도에 따라서 다 틀립니다. 마음에 하나님이 없는 사람은 자신의 입장을 가지고 사물을 바라보고 말합니다. 즉, 마음이 부정적인 사람은 사물의 어두운 면만 바라보게 되고 긍정적인 사람은 밝은 곳만 바라보게 되는 것입니다.

우리가 바르게 알아야 할 것이 있습니다. 10명의 정탐꾼이 부정적이 된 것에는 원인이 있다는 것입니다. 그것은 애굽에서 큰 사람들에게 받은 상처 때문입니다. 이 사람들이 애굽에서 큰 사람들에게 고역과 고통을 당했습니다. 그것이 상처가 되어 무의식에 잠재하여 있었던 것입니다. 이 상처가 가나안에서 애굽 사람들과 비슷한 큰 사람을 보자 순간 두려움에 사로잡힌 것입니다. 두려움에 사로잡히니 순간 영성이 잠식이 된 것입니다. 두려움은 육성이라 두려움이 찾아오면 영성을 잠식합니다. 필자는 말씀과 성령으로 사람의 내면세계를 전문으로 연구하며 사역합니다. 원래 영이 약한 사람(하나님의 은혜가 약한=심장이 약한 사람)이 두려움을 잘 타고, 잘 놀라고, 상처를 잘 받습니다. 온몸이 하나님을 믿는 믿음과 성령으로 충만하면 담대해지고 상처를 받지 않습니다. 이래서 내적치유를 받으라고 하는 것입니다. 영성이 잠식되어 육체가 되니 하나님이 함께 하신다는 것을 생각하지 못한 것입니다.

열 지파 사람들은 마음에 하나님을 향한 믿음이 없었습니다. 마음이 자신과 세상을 향해 있었습니다. 그래서 함께 하시는 하나님은 생각하지도 못하고, 자신과 가나안에 거주하는 사람과 비교한 것입니다. 비교하는 순간 10명의 정탐꾼의 무의식에서 "모든 백성은 신장이 장대한 자들이며, 거기서 네피림 후손인 아낙 자손의 거인들을 보았나니 우리는 스스로 보기에도 메뚜기 같으니 그들이 보기에도 그와 같았을 것이니라"(민13:32-

33). 이렇게 생각하고 보고를 한 것입니다.

중요한 것은 애굽에서 모세의 인도로 광야로 나온 사람들은 가나안에 들어가 편안하게 먹고 사는 것에만 관심을 갖은 것입니다. 그러니까, 광야를 걸어올 때 물 달라, 고기 달라 소리만 지른 것입니다. 홍해를 가르고, 만나가 내리고, 낮에는 구름기둥 밤에는 불기둥으로 인도해도 누가 어떻게 이런 역사를 일으키는지 관심을 갖지 않은 것입니다. 기사와 이적이 일어나도 관심을 두지 않으니 하나님이 함께 하신다는 것을 알도리가 없는 것입니다. 이런 사고와 정신을 가지고 가나안을 정찰하니 놀라지 않을 수가 없는 것입니다. 하나님이 함께 하신다는 믿음이 없어 모든 것을 자신들이 해야 하니 메뚜기가 된 것입니다.

하나님이 함께 하신다는 믿음이 없는 인간적인 정보를 들은 백성들은 절망했습니다. 10명이 가져온 정보는 완전히 비극적이었습니다. "그 땅은 곡식을 심을 수 없는 메마르고 황막한 땅이요, 사람들을 삼키는 땅이더라. 그리고 그 땅의 주민들은 이미 성을 쌓아 놓았는데 하늘을 찌를 듯이 높은 성을 쌓아 놓았다." "그러니 그들이 우리를 보면 어떻게 볼 것이냐, 우리가 들어가면 반드시 전쟁에 패하고, 우리는 죽임을 당하고 우리 처자들은 종으로 잡힐 것이다." 이런 하나님이 빠진 인간적인 정보를 듣고 낙심하지 않을 사람이 어디에 있겠습니까? 이스라엘 백성들이 인간적인 정보를 듣고는 전부다 땅을 치고 통곡을 하고 울고 밤새도록 모세를 원망하다가 그 이튿날 아침에는 우리 장관을 세워서 돌아가자고 했습니다. 치유되지 않은 상처는 이렇게 무섭습니다.

　그 결과로 하나님이 진노하셔서 그 열 사람의 정탐꾼을 불러내어 그 자리에서 죽게 하고 반역한 모든 이스라엘 백성을 광야로 회진시켜 40년 동안 방황하면서, 그들이 다 죽게 만드신 것입니다. 하나님이 없이 자신의 능력으로 보고 판단한 잘못된 정보는 사람들로 하여금 올바른 판단을 내리지 못하게 합니다. 반드시 하나님을 포함시킨 정보가 진실된 정보입니다.

　미국의 유명한 성공 철학자는 나폴레옹 힐은 말하기를 성공적인 인생과 실패하는 인생은 종이 한 장 차이라고 말했습니다. 성공하는 사람은 지혜나 재능이 특별한 많은 것이 아니고, 언제나 절망을 딛고 소망의 눈을 가지고 바라보는 사람들이 성공한다. 그렇게 말했습니다. 절망을 절망으로 바라보고 원망 불평 탄식하는 사람은 재기 불능입니다. 그러나 절망을 딛고 소망의 눈으로 내일을 바라보는 것입니다. 이 놀라운 것입니다.

　일이 안 된다고 해서 그것이 파멸이 아닙니다. 절망을 딛고 성령께서 열어준 희망의 눈을 가지고 있는 사람에게는 절망이 희망의 근원이 되는 것입니다. 서양 속담에 새의 눈을 가진 민족은 흥하고, 벌레의 눈을 가진 민족은 망한다고 말했습니다. 벌레는 늘 땅만 바라보지만, 새는 멀리 공중에 떠서 바라볼 수 있기 때문인 것입니다. 좌절과 절망을 그대로 받아들이는 사람은 좌절과 절망 속에 침몰되고 말지만, 그 속에서도 희망을 바라보는 사람은 좌절과 절망이 희망의 길이 될 수가 있는 것입니다.

　히브리서 4장 2절에 "저희와 같이 우리도 복음 전함을 받은 자이나 그러나 그 들은바 말씀이 저희에게 유익되지 못한 것은 듣는 자가 믿음을 화합지 아니함이라" 하나님 없이 인간의 생각으로 판단한 잘못된 정보를 가지고서 그들이 믿음을 가질 수가 없습니다. 그래서 좌절하고 절망하기 때문에 파멸되고 마는 것입니다. 우리가 올바르게 알아야 합니다. 하나님의 말씀도 올바르게 알아야지 잘못 알면 믿음을 가질 수가 없습니다.

창세기부터 요한계시록까지 우리가 올바르게 깨닫고 알아야 정확한 믿음을 가지고 성공적인 인생을 살 수 있지 부정적이고 절망적인 그런 태도로써 성경을 믿는 사람이 많습니다. 이런 사람은 올바른 믿음을 가질 수가 없기 때문에 하나님의 축복의 땅에 들어가지 못하게 되는 것입니다.

둘째, 꿈을 저버렸기 때문인 것입니다. 성경에는 꿈이 없는 백성은 망한다고 했습니다. 꿈은 하나님이십니다. 꿈(하나님)은 살아 있는 희망입니다. 희망은 기쁨과 활기의 원천이 됩니다. 희망이 있으면 어떠한 역경도 이겨 나갈 수 있는 용기가 생겨나는 것입니다. 그런데 이스라엘 백성들에게 하나님이 처음 뭐라고 말했습니까? 모세를 통해서 젖과 꿀이 흐르는 땅으로 가자고 했습니다. 이 얼마나 놀라운 희망의 말씀입니까? 젖과 꿀이 흐르는 땅이라 그런 놀라운 것이 세상에 어디에 있겠습니까? 그 때문에 이스라엘 백성들은 험한 광야의 길을 이기고 앞으로 전진해 나갈 수가 있었습니다. 그들의 가슴속에 꿈이 있었기 때문인 것입니다. 그러나 이 꿈이 시련에 부딪히자 산산조각으로 깨어지고 마는 것입니다. 이것이 문제인 것입니다.

꿈은 언제나 하나님의 약속의 말씀을 믿고 꿈을 꿔야지 현실에 부딪혀서 꿈이 깨어지면 안 됩니다. 꿈이란 것은 현실을 변화시키는 능력이지 현실을 그것을 받아들여서 내 마음의 꿈이 깨어지면 안 되는 것입니다. 우리는 항상 남북통일이 될 꿈을 가지고 있습니다. 그러나 현실은 그렇지 못합니다. 무시무시한 무기로써 무장한 북한이 언제나 우리와 대치되어 있습니다. 현실을 바라보면 마음속에 불안과 공포로 꿈이 산산조각으로 깨어질 수 있습니다. 그러나 우리는 현실을 바라보고 낙심하면 안 됩니다. 현실이 어떻게 어렵고 고통스러울지라도 꿈은 언제나 마음속에 가지고 있어야 되는 것입니다. 꿈은 내일에 대한 놀라운 희망인 것입니다. 꿈이 현실에 의해서 짓밟혀 버리면 아무것도 못하는 것입니다.

이스라엘 백성들은 그 하나님이 주신 아름다운 꿈을 가슴속에 가지고 있었으나 가데스바네아에서 10명의 정탐꾼의 하나님께서 함께 하신다는 믿음이 없이 자신들의 눈보고, 인간적으로 판단한 부정적인 소식을 듣자 그들은 꿈을 포기해 버리고 만 것입니다. 현실을 받아들이고 그만 낙심하고 좌절하고 만 것입니다. 꿈(하나님)을 저버리면 미래를 저버리게 되는 것입니다.

로마서 4장 18절로 22절에 보면 아브라함 같은 분은 현실적으로 봐서 도저히 꿈을 꿀 수 없는 그런 처지에 그는 꿈을 꾸었습니다. "아브라함이 바랄 수 없는 중에 바라고 믿었으니 이는 네 후손이 이같으리라 하신 말씀대로 많은 민족의 조상이 되게 하려 하심을 인함이라. 그가 백세나 되어 자기 몸의 죽은 것 같음과 사라의 태의 죽은 것 같음을 알고도 믿음이 약하여지지 아니하고 믿음이 없어 하나님의 약속을 의심치 않고 믿음에 견고하여져서 하나님께 영광을 돌리며 약속하신 그것을 또한 능히 이루실 줄을 확신하였으니 그러므로 이것을 저에게 의로 여기셨느니라" 자기 나이 100살이 되고 사라의 나이 90이 되었는데 하나님이 아들을 주겠다고 약속하였으므로 그 약속을 통하여 꿈을 저버리지 않았습니다. 그는 기어코 그 몸이 100살이 되고 사라의 나이 90이 되어도 하나님이 약속한 대로 반드시 아들을 줄 것이라는 그 확실한 믿음으로 꿈을 가지고 있었습니다. 꿈을 저버리지 않았습니다. 그 결과로 하나님은 그들에게 복을 주셔서 100세에 아들을 낳았습니다.

이처럼 꿈이라는 것은 현실 속에서 무너지면 안 되는 것입니다. 우리 예수 믿는 사람들은 언제나 찬란한 꿈(하나님)을 가지고 있습니다. 우리는 갈보리 십자가에 못 박히신 예수님을 바라볼 때에 그리스도의 그 피 흘리신 은혜로 우리에게 주신 놀라운 약속의 말씀이 있습니다. 이 그리스도의 은혜의 약속의 말씀을 우리는 마음속에 믿음으로 받아들이고 그대로 이루어질 것을 꿈꿔야 됩니다.

우리는 용서받은 의인이 될 것을 꿈꿔야 되는 것입니다. 세상과 마귀가 쫓겨 나가고 천국과 성령이 충만한 꿈을 갖고 살아야 하는 것입니다. 슬픔이 떠나가고 질병이 치료받고 기쁨과 건강이 올 것을 꿈꿔야 되는 것입니다. 저주와 가난이 물러가고 형통과 복이 올 것을 꿈꿔야 되는 것입니다. 사망과 음부가 떠나 가고 영생과 천국이 올 것을 꿈꿔야 되는 것입니다. 우리 마음 속에 하나님의 약속의 말씀을 받고 마음속에 꿈을 꾸는 그 사람 에게 내일이 있는 것입니다.

이 꿈을 자기의 경험으로 짓밟아 버리면 안 됩니다. 자기의 지식으로 꿈을 짓밟아도 안 됩니다. 자신의 감각으로 꿈을 짓밟 아도 안 됩니다. 자신의 처한 환경으로 꿈을 짓밟아도 안 됩니 다. 꿈은 눈에는 아무 증거 안 보이고 귀에는 아무 소리 안 들리 고 손에는 잡히는 것 없을지라도 하나님의 약속의 말씀에 의해 서 우리 가슴속에 꿈꾸는 것입니다.

그러므로 오늘 예수 믿는 사람이 갈보리 십자가 밑에 나올 때 에 얼마나 영롱하고 놀라운 꿈을 꿀 수 있지 않습니까? 내 처지 가 얼마나 비참하고 처참하고 좌절되었을지라도 그것을 바라볼 필요가 없습니다. 우리의 꿈은 하나님의 약속에 의한 것이고 갈 보리 십자가에 의한 것입니다. 그러므로 예수 그리스도의 십자 가를 바라보고 우리가 꿈을 얻으면 우리는 낙심하지 않습니다. 어둡고 캄캄한 밤에 광명한 내일을 꿈꿀 수 있습니다. 우리 영 혼이 잘 됨 같이 범사에 잘 되며 강건하고 생명을 얻되 넘치게 얻는 꿈을 얻을 수가 있는 것입니다. 예수 믿는 사람보다 더 꿈 을 확실하게 얻을 수 있는 사람은 이 천하에 없습니다.

그러므로 우리가 십자가를 바라보고 꿈을 가슴속에 품고 꿈 가운데서 우리가 감사하고 믿고 앞으로 나아가지 아니하면 우 리는 패배자가 되고 마는 것입니다. 이러므로 예수 믿는 사람들은 매일 매일 이 꿈을 먹고살고 이 꿈에 취해서 살고 이 꿈으로 감사하며 살아야지, 이 꿈(하나님)을 버리고 현실을 바라보고 원망하고 불평하고 탄식하면 하나님께서는 그러한 사람을 광야로 내 몰아쳐 버리고 마는 것입니다. 꿈이 없는 백성은 망합니다. 꿈이 없는 사람은 하나님이 광야로 내보내는 것입니다. 꿈이 없는 사람은 내일이 없기 때문에 광야로 내보내서 죽게 만들어 버리고 마는 것입니다.

셋째, 믿음을 포기했기 때문인 것입니다. 히브리서 11장 6절에 "믿음이 없이는 기쁘시게 못하나니 하나님께 나아가는 자는 반드시 그가 계신 것과 또한 그가 자기를 찾는 자들에게 상주시는 이심을 믿어야 할지니라"고 말했습니다. 믿음은 마음의 느낌에 의존하지 않고 하나님 말씀에 서는 것입니다. 우리가 인생을 살아가면서 끊임없이 비바람이 치고 우리에게 어려움이 다가올 때가 있습니다. 그 때에 우리가 우리의 눈으로 보고 귀로 듣고 마음으로 느끼고 감동하는 것으로 산다면 좌절하고 절망하고 추락하고 맙니다. 우리는 어떠한 환경에도 저 하늘이 무너지고 이 땅이 꺼져도 일점일획도 변하지 않는 말씀에 서야 되는 것입니다.

바람아 불어라, 비야 쏟아져라, 천둥 번개야 쳐라. 그러나 나는 성령의 인도와 말씀에 서서 간다, 나는 말씀을 붙잡고 간다, 믿음이란 바로 말씀을 믿는 것이지 말씀 이외에 아무 것도 근거가 되지 못합니다. 그렇게 하면 우리는 어떠한 역경이 다가와도 하나님 말씀대로 됩니다. 성경에는 "네 믿음대로 될지어다"라고 말한 것입니다. "네 느낌대로 될지어다"라고 말하지 않았습니다. "네 보는 대로 될지어다"라고 말하지 않았습니다. 이스라엘 백성들은 감각적인 지식을 믿었습니다. 항상 하나님께서 함께 하신다는 하나님 말씀을 믿지 않았기 때문에 파산했습니다.

시편 106편 24절로 27절에 보면 "저희가 낙토를 멸시하며 그 말씀을 믿지 아니하고 저희 장막에서 원망하며 여호와의 말씀을 청종치 아니하였도다. 이러므로 저가 맹세하시기를 저희로 광야에 엎더지게 하고 또 그 후손을 열방 중에 엎드러뜨리며 각지에 흩어지게 하리라 하셨도다" 보십시오. 하나님의 말씀을 믿지 아니하고 장막에서 원망과 불평과 탄식을 하니까 하나님이 저들을 저버리고 만 것입니다.

우리 믿음이란 성경의 계시에 확고히 서야만 하는 것입니다. 여호수아와 갈렙은 하나님 약속에 섰습니다. 젖과 꿀이 흐르는 땅으로 인도하겠다고 하셨으니 그 약속에 서서 사물을 바라보았습니다. 그러므로 그들은 광야를 지나도 낙심하지 않고 높은 성벽을 보고도 낙심하지 않았습니다. 그들은 아낙자손 대장부를 보고도 겁을 내지 않았습니다. 왜 그렇습니까? 하나님의 약속이 있기 때문에, 하나님께서 함께 하신다는 믿음이 있기 때문에, 하나님의 약속은 하늘이 무너지고 땅이 꺼져도 변함이 없다는 것을 알기 때문에 그들은 낙심하지 않았습니다. 믿음 위에 설 수가 있었던 것입니다.

민수기 14장 8절에서 9절에 그들이 보고한 것을 보십시오.

"여호와께서 우리를 기뻐하시면 우리를 그 땅으로 인도하여 들이시고 그 땅을 우리에게 주시리라 이는 과연 젖과 꿀이 흐르는 땅이니라. 오직 여호와를 거역하지 말라. 또 그 땅 백성을 두려워하지 말라. 그들은 우리 밥이라. 그들의 보호자는 그들에게서 떠났고 여호와는 우리와 함께 하시느니라. 그들을 두려워 말라 하나"라고 말했습니다. 여호수아와 갈렙은 마음에 하나님을 믿는 믿음으로 가득했기 때문에 오히려 고통스럽고 괴로운 환경이 우리에게 유익이 된다, 하나님만 의지하면 모든 것을 극복하고 소화시키고 이길 수 있다고 그들은 담대하게 말했던 것입니다.

넷째, 담대함을 버렸기 때문인 것입니다. 히브리서 10장 35절에 "그러므로 너희 담대함을 버리지 말라 이것이 큰 상을 얻느니라"고 말했습니다. 이스라엘 백성은 하나님과 원수들을 비교하지 않고, 그들 자신과 원수들을 비교한 후에 메뚜기가 되고 만 것입니다. 우리 예수 믿는 사람은 인생을 살 때에 나하고 비교하는 것이 아닙니다. 우리는 하나님을 의지하기 때문에 하나님과 우리 환경하고 비교하는 것입니다. 이스라엘 백성들이 하나님하고 광야하고 비교했더라면 하나님은 광야를 화초 동산으로 만드는 능력이 있기 때문에 두려울 것 없지요. 하나님과 철벽성하고 비교했더라면 하나님은 철벽 성을 손가락 하나로 무너뜨릴 수가 있습니다. 하나님과 네피림의 후손 아낙자손 대장부하고 비교한다면 아무리 사람이 장대해도 하나님 앞에 뭡니까?

하나님과 비교했으면 좋은데 그들은 하나님을 제켜 놓고 자기와 원수하고 비교했습니다. 자기들과 광야를 비교하니 자기들이 광야를 도저히 개척할 수 없지요. 자기들과 성벽을 보니 성벽문은 무너뜨릴 수가 없습니다. 자기들과 대장부를 비교해보니 메뚜기 새끼 같다. 우리는 못한다. 이것이 가장 큰 문제입니다.

우리가 오늘날 살아갈 때도 우리의 환경을 우리 자신과 비교하면 안 됩니다. 하나님과 환경을 비교해야 합니다. 하나님은 이런 사람을 사용하십니다. 우리는 예수를 믿고 하나님의 백성이 되었다는 것을 알아야 하는 것입니다. 그러면 우리는 하나님을 의지했을 것입니다. 하나님은 나의 피난처요, 나의 요새요, 나의 의뢰하는 하나님이시니 저가 새 사냥꾼의 올무에서와 극한 염병에서 건지실 것임이로다 하나님이 건지시지 우리가 건지는 것은 아닙니다. 그러므로 우리는 하나님과 비교해야 합니다. 슬픔도 하나님과 비교해보면 아무 것도 아닙니다. 질병도 하나님과 비교하면 아무 것도 아닙니다. 원수도 하나님과 비교하면 아무 것도 아닌 것입니다.

우리가 하나님을 바라보고 하나님을 의지하고 마음속에 강하고 담대함을 버리지 말아야 하는 것입니다. 마음에 겁을 집어먹고 뒤로 물러가면 하나님이 저를 기뻐하지 아니하는 것입니다.

신명기 12장 29절로 32절에 "내가 너희에게 말하기를 '그들을 무서워 말라 두려워하지 말라 너희 앞서 행하시는 너희 하나님 여호와께서 애굽에서 너희를 위하여 너희 목전에서 모든 일을 행하신 것 같이 이제도 너희를 위하여 싸우실 것이며 광야에서도 너희가 당하였거니와 사람이 자기 아들을 안음 같이 너희 하나님 여호와께서 너희의 행로 중에 너희를 안으사 이곳까지 이르게 하셨느니라'하나 이 일에 너희가 너희 하나님 여호와를 믿지 아니하였도다"라고 말한 것입니다.

성경 시편 121편 1절로 2절에 "내가 산을 향하여 눈을 들리라 나의 도움이 어디서 올꼬 나의 도움이 천지를 지으신 여호와에게서로다" 환란과 시험 당했을 때 눈을 들어 산을 바라보니 우람한 산, 바람이 불고 비가와도 흔들리지 않는 그 산을 바라볼 때에 태산준령이 얼마나 믿음직합니까? 그 산을 만드신 하나님은 더 위대하고 더 변하지 않는 하나님인 것을 알고 하나님을 의지할 수가 있는 것입니다.

베드로전서 2장 9절로 10절에 "오직 너희는 택하신 족속이요 왕같은 제사장들이요 거룩한 나라요 그의 소유된 백성이니 이는 너희를 어두운 데서 불러내어 그의 기이한 빛에 들어가게 하신 자의 아름다운 덕을 선전하게 하려 하심이라. 너희가 전에는 백성이 아니더니 이제는 하나님의 백성이요, 전에는 긍휼을 얻지 못하였더니 이제는 긍휼을 얻은 자니라"고 하셨으니 하나님이 우리를 지극히 사랑하시고 극진히 돌보아 주시는 것입니다.

이러므로 이 하나님의 품에 안겨서 그 날개 밑에 살므로 원수를 바라볼 때에 우리와 원수하고 비교하지 말고 하나님과 원수하고 언제나 비교하시기 바랍니다. 문제를 당했을 때 우리와 문제를 비교하지 말고 하나님과 문제를 비교하면 우리 마음속에 강하고 담대함을 가질 수가 있는 것입니다. 성경에는 "하나님이 그 깃으로 우리를 덮으시니 우리가 전능자의 날개 아래 거하리로다"라고 말했습니다.

전능자의 날개 아래 거하니까 "우리는 밤의 놀램과 낮에 흐르는 살과 흑암 중에 행하는 염병과 백주에 황폐케 하는 재앙을 두려워하지 않게 되는 것입니다. 천인에 내 앞에서 만인이 내 우편에서 넘어지나 이 재앙이 내가 가까이 올 수 없다고 우리가 담대하게 말하는 것은 왜냐하면 우리가 하나님을 가리켜 저는 나의 피난처시요 나의 요새라"고 말하기 때문인 것입니다. 하나님을 의지하면 마음속에 강하고 담대함을 얻을 수가 있습니다.

여호수아 1장 5절에서 9절까지 보면 "하나님이 내가 너와 같이 하므로 강하고 담대하라고 몇 번이나 말했습니다. 내가 네가 명한 것이 아니냐, 마음을 강하게 하라 담대히 하라 두려워 말며 놀라지 말라, 네가 어디로 가든지 네 하나님 여호와가 너와 함께 하시느니라, 하나님이 같이 하시기 때문에 마음을 강하게 하고, 담대히 하고, 두려워하지도 말고, 놀라지 말라"는 것입니다.

우리가 이 땅에 살면서 우리 주 예수 그리스도를 통해서 하나님이 우리 아버지가 되고 우리와 같이 계심으로 우리가 두려워하거나 놀라지 말아야 하는 것입니다. 성경에는 "뒤로 물러가면 내 마음이 저를 기뻐하지 아니하리라. 나의 의인은 믿음으로 말미암아 살리라"고 말씀한 것입니다. 강하고 담대한 자에게 하나님께서 축복의 땅에 들어가게 만들어 주시는 것입니다. 열 지파 사람들은 마음에 하나님께서 함께 하신다는 믿음과 담대함이 없었기 때문에 가나안에 들어가지 못한 것입니다.

20장 사람을 의식하는 습관으로 망한 사람

(삼상 13:11-14)"사무엘이 이르되 왕이 행하신 것이 무엇이
냐 하니 사울이 이르되 백성은 내게서 흩어지고 당신은 정한
날 안에 오지 아니하고 블레셋 사람은 믹마스에 모였음을 내가
보았으므로 이에 내가 이르기를 블레셋 사람들이 나를 치러 길
갈로 내려오겠거늘 내가 여호와께 은혜를 간구하지 못하였다
하고 부득이하여 번제를 드렸나이다 하니라. 사무엘이 사울에
게 이르되 왕이 망령되이 행하였도다. 왕이 왕의 하나님 여호
와께서 왕에게 내리신 명령을 지키지 아니하였도다. 그리하였
더라면 여호와께서 이스라엘 위에 왕의 나라를 영원히 세우셨
을 것이거늘 지금은 왕의 나라가 길지 못할 것이라."

사울은 하나님보다 사람을 의식하는 왕입니다. 사울이 왕으로
등극한지 2년째 되던 해에 이스라엘은 블레셋과 전쟁을 치르게
됩니다. 이스라엘 백성들이 왕을 요구했던 이유 중의 하나가 블
레셋의 위협에 효과적으로 대처하기 위해서였기 때문입니다. 사
울은 고향 마을인 기브아를 수도로 삼고 3천명의 상비군을 조직
하여 기습 작전을 통해서 블레셋의 주둔군을 이스라엘 영토에서
몰아내려고 하였습니다. 먼저 사울의 아들 요나단이 게바에 있
는 블레셋 사람의 수비대를 공격했습니다. 그러자 블레셋이 전
쟁을 선언하게 되었습니다. 블레셋의 수비대가 공격을 당했다는
소식을 듣고 블레셋 사람들이 가만있을 리가 없습니다.

따라서 사울은 나름대로 전면전을 대비하여, 성전을 선포하고 군사를 모으자, 온 이스라엘 사람들이 길갈로 모여 사울을 좇았습니다. 그러나 블레셋이 막강한 군사력을 동원하여 사울 왕국의 중심인 벧아웬 동편 믹마스까지 진격하여 들어오자 이스라엘 사람들은 위급함을 느끼고 몸을 숨기기에 급급했습니다. 싸울 생각은 하지 않고 굴이든 수풀이든 바위든 은밀할 곳이면 웅덩이든 피신하느라고 정신이 없었던 것입니다.

이런 상황에서 사울 왕은 길갈에서 선지자 사무엘을 기다리고 있었습니다. 아마도 사무엘과 사울은 길갈에서 제사를 드리기로 약속이 있었던 것입니다. 그러나 사무엘이 정한 기한대로 이레를 기다렸지만 사무엘이 길갈에 오지 않자 사울은 급한 마음에 제사장 없이 자신이 직접 번제를 드렸습니다. 그런데 아이러니하게도 번제를 마치자 바로 그 순간에 사무엘이 도착했습니다. 사울 왕은 사무엘에게 혼신을 다해 상황을 설명하였지만 사무엘은 사울 왕이 하나님의 명령을 지키지 않았다고 화를 내면서 "사울 왕의 나라가 길지 못할 것이며 하나님께서 마음에 맞는 사람을 구하여 백성의 지도자를 삼을 것이라"는 말을 남기고 그 자리를 떠나고 맙니다. 결국 사울은 왕이 된지 2년만에 버림을 당할 위기에 처하게 되었습니다. 여기서 우리는 사울 왕이 처한 위기와 실패의 원인을 찾아서 학습의 기회로 미래를 향해 나아가는 디딤돌로 삼았으면 합니다. 어떤 것입니까?

첫째, 준비 없이 행하는 일은 실패하기 쉽습니다. 미리 계획되

지 않은 일은 실패하게 되는 것입니다. 사울 왕이 3천 명의 상비
군만으로 게릴라식 기습작전으로 싸우려고 했지만 블레셋의 군
대가 그렇게 호락호락하지 않음을 미처 깨닫지 못했습니다. 아
무리 기습작전으로 전쟁의 우위를 점한다고 해도 전면전이 일어
나지 않을 것이라는 막연한 생각으로는 절대로 블레셋을 이길
수가 없었습니다. 블레셋의 잘 정비된 정예부대에 비하면 사울
왕의 상비군은 오합지졸에 불과했던 것입니다.

그런데 더 큰 문제는 사울 왕과 요나단이 거느리고 있는 3천
명의 상비군에게는 무기가 없었다는데 있었습니다. 22절을 보
겠습니다. "싸우는 날에 사울과 요나단과 함께한 백성의 손에
는 칼이나 창이 없고, 오직 사울과 그 아들 요나단에게만 있으니
라." 무기는 오직 사울과 요나단에게만 있었고 나머지 군인들은
무기가 없었습니다. 전쟁에 나서는 군사가 무기가 없다는 것이
말이 되는 이야기입니까? 아무리 기습 작전에 능한 군대라고 해
도 무기 없이 전쟁에 나선다는 것은 있을 수 없는 일입니다.

19절부터 보면 당시 이스라엘은 블레셋의 침공을 자주 받았
습니다. 더 쉽게 말하면 블레셋 사람들은 이스라엘은 손안에 넣
고 마음대로 다스리고 있었습니다. 그때, 블레셋 사람들은 이스
라엘 땅의 모든 대장간을 없애버렸습니다. 또 철공들을 다 잡아
갔습니다. 블레셋 사람들은 이스라엘 사람들로 하여금 철과 놋
으로 무엇을 만들거나 이를 사고 팔지 못하도록 철저히 금지시
켰던 것입니다. 그래서 이스라엘 사람들은 무기는커녕 보습이나
삽이나 도끼나 괭이 등의 농기구를 만들거나 구입하기 위해서

또는 날을 세우기 위해서 블레셋 사람들을 의지할 수밖에 없었습니다.

훈련되지 않은 군사들, 거기에 변변한 무기 하나가 없는 사람들이 블레셋과 전쟁하겠다고 나섰으니, 블레셋 사람들이 보기에 얼마나 가증스러웠겠습니까? 블레셋의 군대를 보십시오. 5절입니다. "병거가 삼만이요, 마병이 육천이요, 백성은 해변의 모래 같이 많더라"고 했습니다. 그 앞에 전혀 준비 없이 나서는 이스라엘의 군대가 어떻게 승리할 수 있겠습니까? 더욱이 암몬과의 전쟁에서 충분한 무기를 확보했을 텐데 어째서 이스라엘의 군사들이 전혀 무기가 없었는지에 대해서는 이해를 할 수 없습니다. 사울 왕은 하나님의 도움도 구하지 않았습니다. 그리고 군사도 무기도 없이 준비되지 않은 안일한 자세로 전쟁에 나섬으로 실패하게 된 것입니다.

우리가 세상을 살면서 성공한 많은 사람들의 이야기를 들으면서 우리도 그렇게 되기를 기대하고 사모합니다. 좋은 대학에 들어간 사람들을 보면서 그들처럼 좋은 대학에 들어가고 싶어 합니다. 훌륭한 사람들을 보면서 닮고 싶어 합니다. 그런데 문제는 많은 사람들이 그렇게 성공한 사람들이 오랫동안 피와 땀을 흘리면서 감내한 대가는 배우려고 하지 않는데 있다는 것입니다. 그들이 아무런 대가 없이 아무런 준비 없이 그렇게 된 것이 절대로 아닙니다. 그만큼 많은 시간을 투자하고, 물질을 투자하고, 자신을 희생하면서 이루어낸 것들입니다. 그러나 대부분의 사람들은 그렇게 준비하지 않고 한꺼번에 성공하려고 하기 때문에 계속되는 실패만 반복하는 것입니다. 하나님은 정직하신 분입니다. 땀 흘리는 수고만큼 거두게 하시는 분입니다. 그러므로 우리가 성공을 하기 위해서도 정직한 땀의 대가를 치러야 하는 것입니다.

"계획을 세우는 일에 실패한다면, 실패하기를 계획하는 것이다"라는 격언이 있습니다. 준비되지 않은 일은 곧 실패한다는 뜻입니다. 반대로 제대로 준비하고 계획하면, 그 일을 실행할 때에 적어도 다섯 배의 시간을 절약할 수 있다고 합니다. 어느 것도 대가 없이 준비 없이 쉽게 주어지는 것이 아닙니다. 대가 없이 준비 없이 얻어진 것들은 또한 쉽게 잃게 되는 법입니다. 그래서 성공하는 사람들은 철저하게 준비하는 삶을 살았던 사람들임을 알 수 있습니다. 노아가 비를 피하기 위해 120년간 방주를 지었다는 사실을 기억하시기 바랍니다. 히스기야 왕이 갑작스러운 질병으로 죽음을 선고받았을 때, 그는 하나님께 "내가 주의 앞에서 진실과 전심으로 행하며 주의 목전에서 선하게 행한 것을 추억하옵소서"라고 기도했습니다. 어찌 인간의 행위를 자랑할 수 있겠습니까만 히스기야는 자신이 닥친 위기에 자신이 평소에 하나님 앞에서 믿음으로 나아갔던 것들을 기억하고 부르짖어 결국 15년의 생명을 연장 받을 수 있었습니다.

요셉은 자기에게 닥친 모든 삶을 역경들을 성공을 위한 훈련 과정으로 여기며 살았습니다. 요셉은 부잣집 아들로 태어나 자기 혼자 아버지의 사랑을 독차지 한 채, 형들의 일을 도와주기는커녕 형들의 잘못을 아버지에게 고자질하던 비겁한 소년이었습니다. 그 아이가 애굽에 팔려가서 보디발의 집에서 종살이를 합니다. 보디발의 신임을 얻어 그 집의 모든 일을 맡았습니다. 개인 집이 아니라 국사범들을 가두는 감옥이 딸린 집입니다. 수많은 죄수들을 먹여 살리는 돈까지 모든 살림살이를 요셉이 맡았습니다. 그 기간 동안 요셉은 재무훈련을 받았습니다. 어느 날 억울하게 옥살이가 시작됩니다. 그런데 감옥에서 옥살이를 하면서 신임을 얻어 죄수들을 관리합니다. 무슨 훈련을 받았습니까? 인사관리 훈련과 정치를 배웠습니다. 요셉이 꿈 한번 잘 꿔서 애굽의 총리가 되고 출세한 것이 아닙니다. 요셉은 13년 동안 자신에게 닥친 모든 삶의 환경 가운데서 철저히 훈련받아 준비되었기 때문에 애굽의 총리가 될 수 있었던 것입니다.

온전한 신앙의 축복을 누리기 위해서도 준비하는 삶이 필요합니다. 평소에 기도를 저축하시기 바랍니다. 호흡이 건강할 때 마음하늘에 보물을 쌓으시기를 바랍니다. 하나님의 말씀으로 무장하시기 바랍니다. 진실한 믿음으로 하나님의 마음에 합한 자가 되시기를 바랍니다. 매일매일 영적인 무기를 다듬으시기를 바랍니다. 그래서 위기가 닥쳐 올 때에 다듬어 놓은 그 영적인 무기로 승리하시기를 바랍니다.

둘째, 급하게 서두르는 일도 실패하기 쉽습니다. 누구나 그렇듯이 사람들은 위기를 만나면 마음이 급해집니다. 호흡이 거칠어지고 마음이 안정되지를 않습니다. 그 순간 쉽게 화를 내고 분노하는 성격의 사람들은 대부분 넘어지게 됩니다. 그러나 그 순간에도 냉정하게 자신의 마음을 다스릴 줄 아는 사람은 그 위기를 이기고 승리할 수 있는 것입니다.

이스라엘 백성들이 왕을 요구했던 이유 중의 하나가 블레셋의 위협에 효과적으로 대처하기 위함이었습니다. 암몬과의 전쟁에서 승리한 후에 사울이 왕으로 인정된 사실만 보더라도 이스라엘 백성들의 왕에 대한 기대는 상당했던 것입니다. 사울은 이 사실을 잘 알고 있었습니다. 그러나 사울은 왕이 된지 2년이 다 되도록 특별한 업적을 남기지 못했습니다. 그래서 백성들의 기대에 어긋나지 않아야 한다는 조급함이 늘 있었던 것으로 이해됩니다. 뿐만 아니라 블레셋의 엄청난 군사력을 보고 흩어지는 백성들 사이에서 사울은 엄청난 위기 의식을 느꼈을 것입니다. 바로 이 순간에 사울은 자신의 마음을 다스리지 못함으로 실패하게 된 것입니다.

요즘 우리가 사는 세상은 초스피드 시대입니다. 모든 것이 시간과의 전쟁입니다. 남보다 빠르게 해야 합니다. 남보다 앞서서 해야 합니다. 또한 당장 눈앞에 결과가 바로바로 보여야만 직성이 풀리는 시대입니다. 그래서 기다리는 일이 무척 서툽니다. 음식도 빨리 그리고 쉽게 먹을 수 있어야 합니다. 오래 기다리는 식당은 장사가 되지 않습니다. 빨리 빨리라고 하는 말이 대한민국 사람들의 성품을 지칭하는 대명사가 된지 오래입니다. 이러한 조급증이 사회를 병들게 하고 있고 우리의 신앙도 병들게 하고 있는 것입니다.

하나님은 오래 기다리시는 분입니다. 오래 참으시는 분입니다. 그래서 지옥가야 적당한 저에게까지 하나님의 구원이 임했습니다. 이것이 하나님의 역사입니다. 우리들의 신앙도 그렇게 되기를 바랍니다. 초대 교회가 그토록 무서운 핍박을 받으면서도 놀라운 성장을 이루고 날마다 영적 부흥을 이룰 수 있었던 이유는 바로 그 하나님의 사랑을 경험했기 때문이었습니다. 초대교회 우리 믿음의 선조들은 그 믿음이 쉽게 흔들리지 않았습니다. 십자가에 매달려 죽어가면서도, 양의 탈을 뒤집어 씌어 사자 굴에 던짐을 당해도, 야간 경기장을 밝히는 횃불로 화형을 당할 때, "우리의 돌아보는 것은 보이는 것이 아니요 보이지 않는 것이니 보이는 것은 잠깐이요 보이지 않는 것은 영원함이라(고후4:18)"는 말씀을 묵상하면서 찬양하며 그 고통을 참고 죽어갔습니다.

그들의 찬양 소리를 듣던 로마의 시민들은 살갗에 소름을 견딜 수 없어서 그 자리를 떠났으며, 도대체 저들을 이렇게 당당하게 만든 그 사상, 그 종교, 그 믿음의 근거가 무엇인가를 찾다가 십자가에서 죽으시고 부활하신 예수를 만난 사람들의 점점 많아지게 되었다는 것입니다.

성경에는 참으로 많은 곳에서 인내와 오래 참음을 역설하고 있습니다. 기도를 해도 끝장을 보는 자세가 필요합니다. 응답이 올 때까지 오래 참고 인내하면서 해야 합니다. 아니 죽을 때까지 평생을 기도하며 살겠다는 각오로 기도할 수 있어야 합니다. 일만 번 기도 응답을 받았다고 하는 죠지 뮬러 목사님의 기록에 보면 하나님께 돌아오지 않는 친구를 위해 40년간 기도를 했다고 합니다. 결국 죠지 뮬러 목사님이 임종하는 순간에 회개하고 돌아왔다고 하지 않습니까? 이렇게 기도하고 이렇게 전도해야 합니다. 그런데 인스턴트 문화에 익숙해져 있는 우리들은 모든 성공을 라면을 끓여 내는 자세로 하려는 경향이 다분합니다. 신앙생활도 그렇게 합니다. 햄버거 사먹는 부담감보다도 못한 자세로 신앙생활을 하니 그 믿음이 온전하다고 할 수 있겠습니까? 하나님의 응답이 오는 도중에 포기하고 돌아서는 우리들의 기다릴 줄 모르는 신앙의 모습을 반성해야 합니다.

하나님께서 이스라엘을 애굽에서 해방시키기 위해 모세를 준비하실 때, 그의 탄생부터 시작하셨다는 사실에 귀 기울일 필요가 있습니다. 이스라엘 백성들 가운데 장성한 사람들 중에서 얼마든지 선택할 수도 있었습니다. 그러나 하나님은 아들을 낳기만 하면 모두 죽음을 당하던 힘겨운 시대에 태어나게 하시고, 바로 왕의 공주의 손에 건짐을 받아 왕궁에서 40년을 공부하게 하시고, 광야로 보내 40년 동안 철저히 낮아짐을 배우게 하신 후에 그를 부르셔서 이스라엘을 해방시키셨습니다. 아무리 급하셔도 하나님은 80년이라는 세월을 기다리시면서 한 사람을 준비하셨습니다.

갈라디아서 6장 9절에 "우리가 선을 행하되 낙심하지 말지니 피곤하지 아니하면 때가 이르매 거두리라"라고 했습니다. 당장 눈앞에 보이는 결과만을 가지고 속단하지 말고 오래 참고 인내하면서 주님의 때를 기다리며 신실하게 주님을 섬기시기 바랍니다. 반드시 좋은 날이 이를 것입니다.

셋째, 하나님께 순종하는 것이 승리의 비밀입니다. 사울이 번제를 마치자마자 기다렸다는 듯이 사무엘이 나타났습니다. 사울은 자신이 번제를 드릴 수밖에 없었던 상황을 사무엘에게 설명하고 있습니다. 이스라엘 백성들은 사울에게서 흩어지고 있는데 반해 블레셋의 군대는 믹마스에 모여들고 있었습니다. 그렇지 않아도 수적인 절대 열세에 있는데, 이보다 더 긴박한 상황은 없지 않겠습니다. 그런데다가 사무엘은 정한 날이 되었는데도 오지 않으니 사태는 점점 심각해졌다는 것입니다. 그래서 백성들의 마음을 모으고, 하나님의 은혜를 구하기 위해서 부득이하게 번제를 드렸다는 것입니다.

그러나 사무엘은 사울의 처지를 동정하거나 수긍하지 않습니다. 오히려 사무엘은 사울을 향해 망령된 사람 "어리석은 사람"이라고 엄하게 책망하고 있습니다. 그는 번제를 드림으로 흩트러지는 백성들의 마음을 수습하고 블레셋과의 전쟁에 하나님의 은혜를 구할 수 있다고 생각했습니다. 그러나 하나님이 원하신 것은 번제보다 순종이었습니다. 그가 진정으로 하나님의 은혜를 구하려면 사무엘이 도착할 때까지 기다렸어야 했습니다. 순종하는 것이 하나님의 은혜와 축복을 받는 길이기 때문입니다. 그래서 하나님이 사울에게서 원하신 것은 번제의 희생이 아니라 그의 순종이었습니다. 그의 믿음이었습니다. 하나님과 사무엘 선지자를 신뢰하고 순종함으로 하나님 앞에 합당한 사람으로 인정되기를 원했던 것입니다.

그러나 사울이 스스로 제사를 드리고 하나님의 선지자의 가르침을 받지 않음으로써 하나님의 명령을 어긴 것입니다. 어떤 상황에서도 하나님의 명령을 지키지 않는 것은 죄입니다. 어려운 상황을 이해할 수는 있어도 그것이 죄를 아니게 할 수는 없는 것입니다. 사울의 행동이 아무리 인간의 생각에 합당하고 옳게 보일지라도 하나님의 명령을 지키지 않는 것은 잘못이라는 것입니다. 이스라엘에서 왕은 자율적인 존재가 아니라 우주의 왕 되신 하나님의 명령과 율법에 순종해야하는 존재인 것입니다.

항상 말씀드리지만 참된 신앙은 하나님 앞에서 이루어지는 것입니다. 아무리 사람의 생각과 계획이 아름다울지라도 그것이 하나님의 뜻이 아니면 포기해야 합니다. 하나님께서 우리에게 진정으로 원하는 것은 우리가 하나님 앞에서 참 마음으로 행하는 것입니다. 우리가 진정으로 하나님을 섬기고 있는가를 가늠하는 척도는 그가 얼마나 많은 일을 했는가 또는 얼마나 위대한 업적을 남겼는가에 있는 것이 아니라 그가 온전히 순종하였는가 아니면 불순종하는가에 있는 것입니다. 그의 신앙이 참인가? 위선인가를 가늠하는 척도는 바로 우리가 순종하는가의 여부에 달려 있다는 것입니다.

마태복음 7장 21절에 보면 산상설교를 마치면서 "나더러 주여! 주여! 하는 자마다 천국에 다 들어갈 것이 아니요 다만 하늘에 계신 내 아버지의 뜻대로 행하는 자라야 들어가리라"고 말씀하셨습니다. 다시 말해서 하나님의 기준은 하나님의 뜻에 순종하는가 불순종하는가에 있다는 것입니다. 주의 이름으로 아무리 많은 이적과 기사와 능력을 행하였을지라도 불순종한다면 그것은 불법을 행하는 자에 불과합니다. 예수님 당시의 바리새인들의 삶은 어느 누가 보아도 거룩해 보였습니다. 그들의 언어는 지극히 정제된 거룩한 단어들로 채워져 있었습니다. 그들의 생활은 극도로 자제된 성결한 모습이었습니다.

그러나 실상 그들은 하나님의 뜻에 순종하지를 않았다는 것입니다. 유대인들이 그렇게 자랑스럽게 여기던 구제와 금식과 기도를 밥 먹듯 하였지만 그들에게는 하나님의 뜻보다 자신들의 삶을 자랑하는 것이 더 중요했던 것입니다. 자기 열심일 뿐 하나님을 향한 참된 신앙이 아닙니다. 인간의 시선을 끌기에 더 없이 좋은 모습이었지만, 그 모습이 예수님의 눈에는 위선이요, 거짓으로 밖에는 보이지 않았습니다.

미국의 성경 수집가인 '너팅'이라는 사람이 있다고 합니다. 그는 희귀한 각 나라의 옛 성경들을 골동품으로 수집합니다. 그는 그 희귀본들의 출처, 출판연대, 번역 역사 등에 대해서 자세히 알고 있지만 한 번도 읽어본 적은 없다고 합니다. 그는 골동품 장사꾼에 불과합니다. 그에게 성경은 돈으로 환산한 가치 이외에 큰 의미가 없는 것입니다. 그에게는 하나님도 성경도 자신의 부를 위한 도구일 뿐입니다. 하나님께서는 우리의 진심이 무엇인지를 알기 원하십니다. 우리들이 예배드리는 참 마음이 무엇인가? 우리들이 헌금을 드리는 참 목적이 무엇인가? 우리들이 헌신을 하는 진짜 이유가 무엇인가를 알고 싶어 하십니다. 진정으로 하나님을 위해 예배드리고 있습니까? 정말 감사해서 헌금을 드리고 있습니까? 나의 열심, 나의 헌신이 진정으로 하나님을 위한 일입니까? 아니면 자기만족을 위한 일입니까?

요한 웨슬리가 이런 간증을 했습니다. "내가 회심을 하고 중생을 체험하기 전에도 선교사였으며 예수 믿는 사람이었습니다. 나는 예수를 열심으로 믿었고 온갖 교회 일에 몰두했습니다. 그러나 그 당시에는 아들의 믿음이 아니요 종의 믿음을 가졌습니다. 종의 믿음은 억지로 하는 것입니다. 아들의 믿음은 은혜요, 축복입니다." 여러분들은 어떻습니까? 종의 믿음으로 거짓 순종, 거짓 충성, 거짓 헌신, 거짓 예배를 드리고 있지는 않습니까?

바울도 한때 예수 믿는 사람들을 잡아 가두고, 교회를 잔멸하는 것이 하나님의 뜻인 줄 알고, 생명을 걸고 그 일에 매달렸습니다. 그것이 하나님을 위하는 것인 줄 알았습니다. 그러나 다메섹에서 예수님을 만나면서 새롭게 눈을 뜨게 된 후에 그는 진정으로 하나님이 원하시는 것이 무엇인지를 깨닫게 되었습니다. 그 후로, 그는 삶의 목적을 바꾸었습니다. 자신이 자랑스럽게 여기던 것들을 배설물처럼 버리고 오직 하나님의 나라를 위해, 하나님의 복음을 위해, 하나님께서 기뻐하시는 일을 위해 생명을 걸고 참으로 행복하게 살았습니다.

영원하신 하나님을 바라보고 그분에게 목표를 두지 못할 때, 우리의 섬김과 봉사, 우리의 예배와 충성은 형식이요, 위선이요, 부득이하게 해야만 하는 힘겨운 노동으로 전락하고 말 것입니다. 열심히 충성했는데, 열심히 헌신했는데, 열심히 살았는데, 마지막 때에 외면당한다면 얼마나 억울한 일입니까? 영원하신 하나님을 바라보시기 바랍니다. 영원하신 하나님을 주인으로 붙잡으시기 바랍니다. 영원하신 하나님의 명령에 기꺼이 순종하시기 바랍니다. 이것이 위기의 순간에 승리하는 비밀입니다.

21장 태평으로 하나님을 잊어버려 망한 사람

(대하 16:12-13)"아사가 왕이 된 지 삼십구 년에 그의 발이 병들어 매우 위독했으나 병이 있을 때에 그가 여호와께 구하지 아니하고 의원들에게 구하였더라. 아사가 왕위에 있은 지 사십일 년 후에 죽어 그의 조상들과 함께 누우매"

아사왕은 처음 신앙은 좋았습니다. 오로지 하나님께만 소망을 두고 나라를 다스렸습니다. 하나님이 자신의 최고의 보물이라고 믿으면서 살았습니다. 태평성대가 지속되지 하나님을 잊어버립니다. 사람을 의식하는 왕으로 변하게 됩니다. 결국은 저주를 받게 됩니다. 앞에서 자신에게 질병이 생기는 것은 세상에서 멀어지게 하려는 하나님의 은총이라고 말했습니다. 성도는 고난이 유익 되는 것입니다. 아사는 유다에서 제 3대 왕으로 즉위하게 되었습니다. 아사 왕은 여호와를 섬기는 신앙부흥을 적극적으로 추진한 임금님이었습니다.

그는 먼저 그 온 전국에 다 사람을 보내어서 이방제단과 산당을 없이하고 주상을 회피하며 아세라신을 다 찍어 없앴습니다. 그 나라 전체 우상과 사신을 섬기는 큰집이 없도록 그렇게 만들었습니다. 그 뿐 아니라 온 전국에 임금이 직접 동행해서 하나님 여호와를 구하며 율법과 하나님의 계명을 지키고 행하도록 강조를 했습니다. 그와 함께 국방을 튼튼히 해서 헐어진 성벽들을 다시 재건하고 또 새롭고 튼튼한 성벽들을 쌓았었습니다. 이렇기 때문에 아사 왕은 크게 유다 나라를 부흥케 하고 하나님께서도 아사 왕의 일에 만족하게 여기셔서 주님께서 축복을 주고 은총을 주었습니다. 바로 그때였었습니다.

에티오피아의 대왕 세라가 백만 대군을 거느리고 병거 삼백 승을 가지고서 유다를 침략해 들어왔었습니다. 이래서 아사 왕은 군대를 거느리고 이 에티오피아 세라의 백만 대군을 맞이하여 싸우러 나갈 때 도저히 인간적인 계산으로서는 싸워서 이길 승산이 없었습니다. 그래서 그는 그 에티오피아의 백만 대군 앞에서 소리를 높여 하나님께 외쳐 기도하기 시작한 것입니다.

역대하 14장 11절에 보면 그의 기도가 기록돼 있습니다. "여호와께 부르짖어 가로되 여호와여 강한 자와 약한 자 사이에는 주밖에 도와줄 이가 없사오니 우리 하나님 여호와여 우리를 도우소서 우리가 주를 의지하오니 주의 이름을 의탁하옵고 이 많은 무리를 치러 왔나이다 여호와여 주는 우리 하나님이시오니 원컨대 사람으로 주를 이기지 못하게 하옵소서" 이와 같이 간절히 부르짖어 기도한 결과 하나님께서 그 기도를 들으시고 주께서 에티오피아의 군대를 치셨습니다. 하나님이 친히 에티오피아의 백만 대군을 치니, 아사 왕의 군대가 추격하여 한사람도 고향으로 살아서 돌아가지 못하게 다 진멸하고 병거 삼백 승을 파괴했습니다.

대 승리를 얻어서 그 전리품은 산을 쌓아 놓은 것처럼 그렇게 많았습니다. 이래서 대 승전을 하여 영광을 돌리고 나팔 불고 북 치고 춤추며 그들은 유다로 돌아왔습니다. 온 국민이 함께 모여서 하나님께 감격하고 감사하여 무려 소 700마리와 양 7천 마리를 가지고서 여호와 하나님께 거대한 제사를 드렸었습니다. 그리고 전 국민이 합쳐서 진심으로 여호와를 찾기로 일대 결단을 내리고 누구든지 여호와를 경외하지 않은 사람은 죽이기로 작정했습니다. 어느 정도 아사 왕이 결심하고 여호와를 섬기기로 적정했던지 그 어머니 태후가 이날 이후에 아세라 상을 만들었습니다.

그러자 그 어머니 태후의 위를 폐하고 아세라 상을 찍어서 기드론 시냇가에 가서 물에 떠내려 보냈었습니다. 아사왕이 이와 같이 하니까 하나님께서 하늘 문을 여시고 축복을 해주셔서 그 나라가 태평성대하고 국민들이 잘 살고 하는 일마다 잘 되었었습니다. 그래서 무려 20년 동안 어떠한 이웃나라도 감히 유다를 넘나보지 못하고 20년 태평성쇠를 누렸습니다. 여기에 문제가 있는 것입니다. 20년 동안 아무 일이 없이 나라가 부강하고 태평 성쇠하니 그만 아사가 신앙이 시들해버리고 만 것입니다. 20년이 지나고 난 다음에 그 북방인 이스라엘 왕 바아사가 군대를 가지고서 유다를 침략합니다. 이제는 옛날에 에티오피아의 군대에 비교하면 아무 것도 아닌데도 불구하고 마음속에 두려움이 들어와서 여호와께 부르짖거나 기도하지 않습니다. 아사는 곧장 뛰어가서 성전에 있는 금과 은, 왕궁에 있는 금, 은을 취하여 가지고서 이것을 아람 왕에게 보내서 아람 왕 벤하닷의 군대를 고용했습니다.

그래서 이스라엘을 치기 위해서 이스라엘이 그 벤하닷과 싸운다고 해서 유다 치는 것을 그치고 만 것입니다. 그러자 그 나라에 선지자가 와서 왕을 꾸짖었습니다. "왕이여, 어떻게 그렇게 망령한 일을 하느냐 20년 전에 에티오피아의 백만 대군이 왔을 때 당신이 군대가 많아서 이겼느냐 무장이 많아서 이겼느냐, 여호와를 의지했기 때문에 여호와께서 돌봐주셔서 이겼지 않느냐. 그런데 이제 와서 어찌하여 망령되게 성전의 금과 은, 왕궁의 근과 은을 취하여서 믿지 아니하는 저 아람 왕을 돈주고 사서 이스라엘을 치게 해서 이 난국을 모면하려고 하느냐" 그러자 아사는 대노해서 이 선지자를 잡아 가지고서 옥에 가두고 백성들 중에 몇 사람을 학대했습니다.

그런 일이 있고 난 다음에 3년 후에 아사의 발에 병이 났는데 이 병이 굉장히 심했습니다. 아마 요사이 제가 추측 건데 발에서 생긴 당뇨병 후유증인가 봅니다. 백방으로 의사를 불러서 치료해도 낫지를 않았습니다. 그리고 난 다음 2년 후에 아사는 쓸쓸히 죽었습니다. 성경은 그 상황을 역대하 16장 12절에 기록해 놓았습니다. "아사가 왕이 된 지 삼십 구 년에 그 발이 병들어 심히 중하나 병이 있을 때에 저가 여호와께 구하지 아니하고 의원들에게 구하였더라" 이 정도로 신앙이 그만 타락해버리고 만 것입니다. 성경은 그에게 정죄해서 말하기를 발에 병이 났었을 때 여호와를 찾지 아니하고 의원만 찾다가 그는 죽어버리고 말았다고 말한 것입니다.

첫째, 하나님을 찾지 않았다. 아사 왕의 신앙이 타락했던 이유는 20년 태평세월에 하나님을 찾지 않았다는 것입니다. 이것이 우리들의 신앙생활에 중대한 문제인 것입니다. 우리는 하나님께 늘 축복을 간구합니다. 주님이여 평안을 주시옵소서. 마음의 평안, 가정의 평안, 생활의 평안, 그리고 부귀영화를 주시옵소서. 이런 기도를 간구합니다. 그러나 실상은 하나님께서 하늘 문을 열고 축복을 부어줍니다. 그래서 가내가 평안하고 생활에 부요하게 되면 사람들은 의례히 하나님을 찾지 아니하고 멀리하다가 떠나버리고 마는 것입니다.

이스라엘 백성이 광야를 지나서 젖과 꿀이 흐르는 가나안땅에 들어가서 태평성세하게 잘 살 때 그들은 여호와를 버리고 이방신을 따라가 버리고 만 것입니다. 이것이 옛날이나 오늘이나 우리가 떨어질 가장 무서운 함정인 것입니다. 사람이 괴롭고 고통스러울 때 하나님을 저버리지 않습니다. 평안하고 좋은 환경에서 사람들은 하나님을 버리고 세상으로 흘러 들어가게 되는 것입니다. 이렇기 때문에 우리에게 다가오는 고난은 신앙의 밥이라는 것을 알게 되시기를 주의 이름으로 축원합니다. 밥을 먹지 아니하고 건강을 유지할 수 없는 것처럼 신앙에는 종종 고난의 밥을 먹고 괴로움의 물을 마셔야 사람들이 회개하고 깨어지고 하나님을 찾아서 그래서 신앙이 튼튼해진다는 것을 알아야 되는 것입니다.

이렇기 때문에 반드시 우리 예수 믿는 신앙생활 가운데 우리의 환경에 다가오는 고난이 우리에게 늘 손해만 나는 것이 아닙니다. 이러므로 하나님께서는 한편으로 우리에게 은총과 축복을 주시면서 참으로 사랑하는 자녀는 한편으로 고난과 괴로움을 허락하여 주시므로 말미암아, 이 고난과 괴로움을 통하여 자기가 깨어지고 하나님께서 부르짖어 하나님을 찾도록 만들어주시는 것입니다. 육신의 환경의 평안은 하나님을 찾을 필요를 느끼지 않습니다. 그렇기 때문에 예수님께서도 현실적인 생활 가운데 등 따스하고 배부르고 아무런 고난도 체험하지 않은 사람에게는 화가 있다고 말했습니다.

누가복음 6장 24절로 26절에 보면 "그러나 화 있을찐저 너희 부유한 자여 너희는 너희 위로를 이미 받았도다. 화 있을찐저 너 이제 배부른 자여 너희는 주리리로다. 화 있을찐저 너희 이제 웃는 자여 너희가 애통하며 울리로다. 모든 사람이 너희를 칭찬하면 화가 있도다 저희 조상들이 거짓 선지자들에게 이와 같이 하였느니라" 여기에서 예수님께서는 지금 벌써 부유하고 지금 벌써 배부르고 지금 좋다고 웃고 지금 모든 사람들이 다 와서 칭찬을 받고 그래서 현실에 만족하는 사람에게는 화가 있도다. 왜? 이런 사람은 현실은 만족하고 집착해서 그만 아사 왕처럼 20년 태평세월에 하나님을 잃어버리고, 기도를 쉬어 버리고, 영적으로 죽어버린 이런 위험 속에 떨어질 수밖에 없기 때문인 것입니다.

이러므로 오늘날 우리의 환경 가운데 비오는 날 있고, 바람 부는 날 있고, 추운 날 다가오게 됩니다. 그래서 슬픔이 다가올 때 반드시 하나님께서 우리를 버렸기 때문에 우리가 이런 고난당한다고 생각해서는 안 됩니다. 하나님께서는 자기의 사랑하는 자를 불러서 채찍하고 징계하는 것입니다. 이렇기 때문에 우리의 생활 가운데 반드시 좋은 일만 계속 다가오면 안 되는 것입니다.

성경에는 영혼이 잘됨같이 범사에 잘되며 강건하라고 말했는데 영혼이 잘되려면 우리에게 햇빛 비치는 날만 있어서는 안 됩니다. 평안한 날만 있어서는 안 되는 것입니다. 영혼이 잘되기 위해서는 비오는 날이 있어야 되는 것입니다.

바람 부는 날이 있어야 되는 것입니다. 그리고 시험과 환난이 다가와서 우리가 눈물 흘리며 금식하며 주님께 몸부림치며 부르짖어 기도하는 이러한 날이 우리에게 있어야 되는 것입니다. 고난은 우리들을 멸하기 위해서 오는 것이 아니라 우리들의 삶의 밥이 되는 것입니다. 이렇기 때문에 아사 왕이 타락한 이유는 20년 동안 너무 태평세월을 지나는 동안에 그만 그들은 아침에 늦게 일어나며 저녁에 늦게까지 안락을 취하고, 그리고 이 세상에 취해서 너무 세상만 즐기다가 신앙을 잃어버리고 만 것입니다.

둘째, 인간적인 방법을 사용했다. 아사 왕이 타락한 이유는 문제에 부딪쳤을 때 인간적인 방법을 사용했습니다. 하나님을 향한 신앙을 잃어버리므로 기도를 쉬어 버렸기 때문에 이제 문제가 오니까 하나님의 신령한 믿음의 방법을 취하지 아니하고 인간적인 욕심의 방법을 취하였습니다. 갑자기 유다 왕이 쳐들어오니까 하나님 앞에 나와서 부르짖어 기도할 것을 잊어버리고 허둥지둥하여서 자기의 명철을 이용했었습니다. 인간의 수단으로서는 내 힘으로 유다를 지킬 수가 없었기 때문에 이웃인 아람 왕 벤하닷에게 성전에 있는 하나님의 헌금도 가리지 아니하고, 왕국에 있는 헌금도 가리지 아니하고, 이것을 취하다가 벤하닷에게 주어서 "당신의 아버지와 우리의 아버지가 서로 한 동맹을 하고 화친한 것처럼 당신과 나도 화친하자. 그러므로 이 은, 금을 드릴 테니 이걸 받아서 이스라엘의 병정을 쳐다오. 그래서 군대가 철수하게 해다오." 이렇게 인간적인 간청을 하게 되는 것입니다. 그럴 때 선지자 하나니가 와서 엄격하게 꾸짖었습니다.

역대하 16장 7절로 9절에 보면 "때에 선견자 하나니가 유다 왕 아사에게 나아와서 이르되 왕이 아람 왕을 의지하고 왕의 하나님 여호와를 의지하지 아니한 고로 아람 왕의 군대가 왕의 손에서 벗어났나이다. 구스 사람과 룹 사람의 군대가 크지 아니하며 말과 병거가 심히 많지 아니하더이까? 그러나 왕이 여호와를 의지한 고로 여호와께서 왕의 손에 붙이셨나이다. 여호와의 눈은 온 땅을 두루 감찰하사 전심으로 자기에게 향하는 자를 위하여 능력을 베푸시나니 이 일은 왕이 망령되이 행하였은즉 이후부터는 왕에게 전쟁이 있으리이다"

이와 같이 하나님께서는 아사 왕이 신앙이 타락해서 문제를 당하였을 때 하나님께 기도하고 하나님께 의지하지 아니하고 인간적인 수단과 방법을 쓴 것에 대해서 엄히 경고한 것입니다. 우리 예수 믿는 사람들은 세상 사람과 다릅니다. 우리는 흑암의 권세에서 건져내어 하나님의 사랑의 하늘나라로 옮겨졌습니다. 성경에 예수께서 말씀하기를 "사람이 떡으로만 살 것이 아니요 하나님의 입으로 나오는 모든 말씀으로 살 것이라"고 하였었습니다. 성경에 말씀하기를 "나의 의는 믿음으로 말미암아 살리라 뒤로 물러가면 내 마음이 저를 기뻐하지 아니하리라"고 말씀한 것입니다. 이렇기 때문에 우리는 세상 사람과 다릅니다.

세상 사람들이 생각하는 그런 지혜와 지식이나 경험을 따라서 살아서는 안 됩니다. 그런 것을 참작은 할지 몰라도 우리가 최후의 문제의 결단을 내릴 때는 하나님께 나아와서 말씀과 성령으로 인도를 받아야 합니다. 말씀을 따라 살아야 되고 우리는 하나님의 입으로 나오는 말씀과 함께 믿음으로 살아야 되는 것입니다. 오늘날 세상 속에 우리가 파묻혀 사니까 우리의 환경에는 역사적인 변천, 그리고 국가 제도적인 변천 경제적인 흐름과 변천 이런 것이 우리에게 심각한 영향력을 미칩니다. 우리의 사고에 영향력을 안 미치는 것이 아닙니다. 그러나 이런 것에 빠져 들어가서 그만 이 세상과 이 세상이 가는 그런 길로 생각해서는 안 되는 것입니다.

우리들은 매일같이 성경을 읽고 매일같이 기도하고 성령의 인도를 받아서 말씀으로 살고 믿음으로 사는 결단에 이를 줄 알아야 되는 것입니다. 여기에는 쉽지 않습니다. 말씀으로 살고 믿음으로 살면 자신의 가장 가까운 사람들까지라도 비난하고 조소하고 손가락질하는 것은 당연한 것입니다. 이러한 비난과 조소를 두려워하지 말고 단호하게 하나님의 말씀 위에 서서 결단을 내려야 되는 것입니다.

성경은 이와 같은 하나님의 교훈을 주고 있습니다. 잠언서 3장 5절로 7절에 보면 "너희 마음을 다하여 여호와를 의뢰하고 네 명철을 의지하지 말라 너는 범사에 그를 인정하라 그리하면 네 길을 지도하시리라 스스로 지혜롭게 여기지 말찌어다. 여호와를 경외하며 악을 떠날찌어다" 이것이 우리 믿는 사람하고 믿지 않는 사람과 삶을 살아가는 다른 방향인 것입니다. 안 믿는 사람이야 자기를 의지하고 자기 명철과 지혜와 지식을 의지하지, 그리고 자기 스스로 지혜롭게 결정해서 나갑니다. 그러나 믿는 사람은 그렇지 않습니다. 우리는 하나님의 지혜와 하나님의 지식과 판단력과 명철을 가지고서 살아야 되는 것입니다.

내 마음대로 하지 말고 범사에 여호와를 인정하고 그 발 앞에 엎드려 기도하고 여호와께서 우리들의 마음속에 말씀하도록 해야 되는 것입니다. 우리는 하나님과 인생을 동업합니다. 성경은 말씀하기를 "돈을 탐하지 말고 있는 바를 족한 줄 알아라. 내가 네게 말하노니 과연 내가 너희를 떠나지 아니하고 과연 내가 너희를 버리지 아니하리라"고 말씀한 것입니다. 이러므로 우리는 하나님과 함께 인생을 동업하는 사람들인 것입니다. 이러므로 자신의 생활 가운데 여러 가지 어려운 문제가 다가오더라도, 아사와 같이 그만 황망히 미처 하나님께 기도하고 의지하지도 아니하고, 인간의 수단과 방법을 취하여 인간적인 일로써 문제를 해결하면 오늘날도 하나님은 그 사람을 미워하십니다. 하나님은 슬퍼하십니다. 그러한 사람을 하나님께서는 떠나고 저버리고 마는 것입니다.

셋째, 하나님의 음성을 듣지 않았다. 아사 왕이 타락한 것은 아사 왕이 하나님의 말씀을 듣지 않았기 때문에 그는 타락했습니다. 역대하 16장 10절에 보면 아사가 노하여 선견자를 옥에 가두었으니 그는 그 말에 크게 노하였음이라 그때 아사가 또 몇 백성을 학대했다고 말하고 있는 것입니다. 우리가 잘못하면 하나님 성령께서 선지자 입을 통해 우리에게 말씀합니다. 혹은 기도할 때 성령이 고요하고 잠잠하게 영속에 말씀하십니다. 하나님 말씀을 읽을 때 말씀이 두 날 가진 검같이 마음 속에 들어가서 심장과 골수를 쪼개면서 말씀합니다. 교회 출석할 때 강단에서 설교하는 목사의 입을 통해서 갑자기 자신에게 마치 벌거벗은 것처럼 잘못을 드러내놓는 것입니다.

이럴 때 하나님의 말씀이 들어올 때 괴롭지마는 하나님의 말씀에 귀를 기울이고 회개할 줄 알아야 되는 것입니다. 하나님께서 우리에게 말씀할 때 언제나 좋은 것만 말하지 않습니다. 우리가 잘못된 것은 잘못되었다고 말합니다. 좋은 의사는 진실로 우리가 병들었을 때 병들었다고 가르쳐 주는 것이 좋은 의사인 것입니다. 병이 들었음에도 불구하고 "당신은 건강하다. 당신은 괜찮다. 당신은 산다."고 거짓말을 해서 그 사람으로 하여금 거짓을 믿고 준비 없이 죽어가도록 해서는 안 되는 것입니다. 이와 같이 하나님께서는 귀에 듣기 좋은 소리만 하지 않습니다.

잘못된 것은 예리하게 하나님께서 우리 심령에 말씀의 금을 넣어서 찢을 건 찢고 수술할 건 수술하는 것입니다. 아프기 때문에 그러므로 사람들은 하나님 말씀을 듣지 않으려고 말씀의 귀를 막고 등을 돌릴 때가 있는 것입니다. 바로 아사 왕이 기회가 있었는데 그는 기회를 저버린 사람인 것입니다. 왜냐하면 선견자가 와서 아사 왕을 꾸짖을 때 아사 왕은 만일 다윗과 같은 사람이었다면 보좌에서 내려와서 무릎을 꿇고 통곡하고 자복하고 "하나님이여 내가 범죄 하였나이다"라고 했으면 하나님께서 그를 복구해 주었을 것입니다. 하나님께서 꾸짖을 때는 버리려고 꾸짖지 않습니다. 죄악에서 돌이키려고 꾸짖는 것입니다. 아예 버린 사람은 하나님께서 절대로 꾸짖지 않습니다. 꾸짖음이 있을 때는 아직 버림받지 않았다는 증거인 것입니다. 그러나 꾸짖음이 있을 때 이를 듣기가 괴로워서 하나님을 저버리면 그는 하나님께 저버림을 받습니다. 하나님 말씀을 왜 우리가 늘 듣고 보고 읽어야 되냐면 말씀이 마음에 들어오면 우리의 생활 속에 회개가 되는 것입니다. 말씀 안 읽고는 마음에 회개 안 됩니다. 그만 세상에 먼지 묻고 티끌 묻고 세상에 취하는데 자기 스스로가 아니요? 자기 얼굴에 때가 묻은 것 자기 스스로 모릅니다.

거울을 들여다봐야 아는 것처럼, 말씀의 거울을 들여다볼 때 자기의 잘못된 것이 드러나기 때문에 항상 회개하여 새사람이 될 수 있는 것입니다. 우리들은 한번 믿었다고 해서 완성되지 않습니다. 우리는 매일같이 우리의 두루마기를 빨아야 됩니다. 매일같이 회개하여 거룩함에 이르도록 해야 되는 것입니다. 이러기 위해서는 말씀의 거울을 들여다보고 말씀으로 내 자신을 살펴보아야 되는 것입니다. 또 말씀을 듣거나 읽지 아니하고 마음속에 믿음이 생겨나요? 어림없습니다. 믿음은 들음에서 나며 들음은 그리스도의 말씀으로 말미암습니다.

말씀 없이 인간적으로 아무리 믿습니다. 하며 고함쳐도 그런 믿음은 헛 믿음인 것입니다. 밥을 먹지 않고 나는 기운이 있습니다. 나는 기운이 있습니다. 하고 외쳐본들 그에게 기운이 있을 리가 만무한 것입니다. 이와 같이 하나님의 말씀은 영의 양식이 되는 것입니다. 말씀을 먹지 아니하고 영의 양식을 취하지 아니하고 신앙의 힘을 얻은 사람 없습니다. 그렇기 때문에 말씀을 꼭 귀를 기울이고 그것을 받아들이면 신앙에 힘이 생기고 하나님 앞에 가까이 나갈 수 있는 자리에 들어서게 되는 것입니다. 이러므로 우리는 끊임없이 말씀을 듣고 읽음으로 우리의 영적인 양식을 받아들여서 영혼이 영양실조에 걸리는 일이 없어야 됩니다.

또 우리가 말씀에 귀를 기울이고 말씀을 읽어야 우리의 생활이 헌신 할 수 있는 것입니다. 우리가 이 세상에 자꾸 취합니다. 세상의 세속이 와서 우리를 자꾸 점령합니다. 이런 생활 가운데서 우리 자신을 끊임없이 주님 가까이 또 더 가까이, 또 더 가까이 성령의 인도함을 받기 위해서는 말씀을 읽어야 되는 것입니다. 왜? 말씀은 흡입력이 있어서 우리들의 심령을 부여잡아서 예수 그리스도 안으로 끌어들이는 위대한 힘을 가지고 있는 것입니다.

이렇기 때문에 말씀을 읽어서 그 말씀에 붙잡히어서 하나님의 깊은 은혜 속에 들어가야 되는 것입니다. 또 말씀이 들어와야 은혜의 기쁨이 우리 마음속에 생겨나는 것입니다. 사람이 이 세상에 살면서 마음에 기쁨이 없으면 삶에 동기가 사라지고 마는 것입니다. 마음이 기뻐야 되는 것입니다. 예수 믿고 기뻐야지 예수 믿고 기쁘지 않고 슬퍼하면 그 사람은 예수 잘못 믿은 것입니다. 예수 믿는 사람의 상표는 기쁨입니다. 너희가 항상 기뻐하라. 내가 다시 말하노니 기뻐하라고 성경은 말했습니다. 그러나 우리가 기뻐할 수 없는 슬픈 일이 종종 다가오는 것입니다.

이러할 때 우리가 말씀을 읽고 기도해서 다시 은혜의 파도가 우리 마음속에 오면 은혜의 파도가 슬픈 것을 다 밀어내버리고 마음속에 기쁨을 심어 주는 것입니다. 은혜의 파도 이것 없이 이 세상 슬픔을 물리치고 마음속에 들어오도록 기쁨을 복구해주는 이는 없는 것입니다. 은혜는 말씀을 통해서 마음속에 다가오는 것입니다. 이렇기 때문에 우리는 말씀을 듣고 마음에 은혜를 받아서 그래서 슬픔이 다 씻겨나가고 기쁨이 넘쳐 나서 그래서 언제나 기쁨을 재생시켜야 됩니다. 예수 믿어서 한번 기뻤다고 해서 계속 기쁘지는 않습니다. 계속 세상에서 우리 기쁨을 죽이려고 하는 마귀의 그 역사가 끊임없이 독을 품어서 오는 것입니다.

이것을 계속 은혜로써 씻어내야지 인간의 힘으로 씻어내 지지 않습니다. 은혜는 하나님 말씀을 읽고 듣고 기도할 때 마음속에 채워지는 것입니다. 그래서 우리가 말씀을 통하여 회개하고 믿음을 얻고 더욱 헌신해야 합니다. 말씀과 성령의 은혜가 마음속에 넘쳐나면 그 은혜로 우리가 타락하지 아니하고 믿음 속에 굳세게 설 수 있는 것입니다.

넷째, 아사 왕은 기도를 하지 않았습니다. 그가 발에 병이 들어서 병이 점점 심해졌습니다. 그런데 그가 의사들을 불러서 열심히 치료했습니다. 성경에 의사에게 치료받지 말란 말은 없습니다. 왜? 건강한 자에겐 의원이 쓸데없고 병든 자에게는 쓸데 있다고 성경은 말했습니다. 그래서 성경에는 의원이 쓸데없단

말 안 했습니다. 우리 사람이 병들면 의원으로부터 치료받을 수 있는 것은 최대한도로 받아야 되는 것입니다. 그러나 성경은 말하기를 의원에게만 의지하라고 말하지 않았습니다. 우리가 병든 자에게는 의원이 쓸 데 있지마는 먼저 의원을 찾지말고 하나님께 기도하여 의원에게 치료를 받으라고 하시면 의원을 찾아야 합니다. 하나님의 인도를 받으라는 말입니다.

"믿음의 기도는 병든 자를 구원하리니 주께서 저를 일으키시리라 무슨 죄를 범하였을지라도 사하심을 얻으리라 그러므로 너희 죄를 서로 구하며 병 낫기를 위하여 기도하라"고 명령하고 있는 것입니다. 그런데 아사는 발에 병이 들어 병이 점점 심해지는데 의원에게만 의지하고 하나님께 기도하지 않았습니다. 역대하 16장 12절의 말씀대로 "아사가 왕이 된지 삼십구 년에 그 발이 병들어 심히 중하나 병이 있을 때 저가 여호와께 구하지 아니하고 의원들에게 구하였더라." 이것이 그가 죽은 이유인 것입니다. 그가 의원들에게 치료받은 것이 나쁜 것이 아닙니다. 아사가 하나님께 기도를 하지 않았기 때문에 그는 죽고 만 것입니다.

성령으로 시작했다가 육체로 마치는 이유는 평안에 빠져 하나님을 찾지 않는 것입니다. 자신에게 질병이 생기는 것은 세상에서 멀어지게 하려는 하나님의 은총이라고 말했습니다. 성도는 고난이 유익 되는 것입니다. 또 문제 부딪쳐 믿음으로 해결치 않고 인간의 방법을 쓰는 것입니다. 그리고 하나님의 말씀을 멀리하고 기도하지 않는 것입니다. 그러므로 성령으로 시작했다가 육체로 마치는 아사와 같은 비극적인 상황 속에 떨어지는 것입니다.

5부 보물을 말씀대로 하늘에 쌓는 비결

22장 보물을 말씀대로 하늘에 쌓는 비결

> (빌 3:8)"또한 모든 것을 해로 여김은 내 주 그리스도
> 예수를 아는 지식이 가장 고상하기 때문이라 내가 그를
> 위하여 모든 것을 잃어버리고 배설물로 여김은 그리스도
> 를 얻고"

영원히 고갈되지 아니하는 보물 그것은 무엇이라고 생각하십
니까? 라고 질문하신다면 바로 예수님이십니다."라고 말하고 싶
습니다. 예수를 믿고 성령으로 거듭나지 않는 사람들에게 있어서
보물이란 소중하고 귀한 것을 말합니다. 돈이나 값나가는 다이아
몬드나 금 덩어리를 소중하고 귀한 것으로 여긴다면 그것들이 보
물이 될 것입니다.

필자는 영원하시고 권능이신 하나님에 대해 깨닫는데 25년 이
란 세월을 투자하고도 완벽하게 깨닫지 못했다고 생각합니다. 영
원한 진리를 깨닫다가 보니까, 필자가 변했다는 것을 몸과 마음
으로 체험하게 되었습니다. 성도들이 영육의 고통을 당하는 상태
를 진단하여 치유하여 살아계신 하나님의 성전 된 성도로 바꾸는
데 쉬워졌다는 것을 깨닫게 됩니다. 그 보물로 목회를 어려움 없
이 감당하고 있습니다. 우주를 창조하신 창조주 하나님만이 영원
하십니다. 영원하신 하나님에 대한 진리를 깨닫는 것은 성령으로

거듭난 성도들의 일입니다.

필자가 보물이라고 생각하는 것이 진리를 깨달아 하나님께서 저를 통하여 나타나셔서 영육으로 고통당하는 목회자와 성도들을 치유하시는 것이었기 때문이라고 생각합니다. 하나님께서 저를 통하여 뜻을 이루시는 것이라고 믿고 몸과 마음을 온전하게 투자했기 때문입니다. 25년이 지난 지금 저를 통하여 일하시는 것입니다. 깨닫고 보니 사람의 일생은 보물을 찾아 떠나는 여행이라고 생각합니다. 보물이란? 모든 생을 바쳐도 아깝지 않는 "가치 있는 일"입니다. 사람마다 보물을 보는 눈은 다릅니다.

필자와 같이 영혼의 보물을 찾는 사람은 마음 안에 예수님과 성령과 진리로 채워서 보물을 삼으려 합니다. 필자는 저의 온몸 안에 예수님께서 채워져서 날마다 감사하며 살고 있습니다. 예수님은 영원하게 고갈되지 않는 생명수이시기 때문입니다.

인생은 보물을 찾아 나서는 행로라고 할 수가 있습니다. 모든 사람들이 자신이 귀하게 여기는 보물을 찾아 기나긴 인생길을 걸어가는 것입니다. 모든 사람들이 보물을 찾아 갑니다. 출애굽기에 보면 애굽 사람들에게 고역을 당하는 이스라엘 사람들을 하나님께서 모세를 통하여 "내가 내려가서 그들을 애굽인의 손에서 건져내고 그들을 그 땅에서 인도하여 아름답고 광대한 땅, 젖과 꿀이 흐르는 땅 곧 가나안 족속, 헷 족속, 아모리 족속, 브리스 족속, 히위 족속, 여부스 족속의 지방에 데려가려 하노라."(출 3:8). 하는 말씀을 듣고 애굽에서 430년 동안 살던 모든 것을 정리하고 아름답고 광대한 땅, 젖과 꿀이 흐르는 땅 곧 가나안땅을 향하여 떠나갑니다. 이렇게 인생은 보물을 찾아 떠나가는 행로와 같은 것입니다. 이스라엘이 430년 체류기간 중 애굽에서의 야곱 후손은 '그릇된 신을 숭배하는 애굽 땅에서 오래 살았기 때문에' 하나님의 능력이 실제로 얼마나 위대한지 잊어버렸기 때문에 광야를 걸으면서 하나님의 살아계심을 실제로 체험해야 했던 것입니다. 우리들도 이와 같은 광야를 걸으면서 성령의 인도를 받으면서 세상에서 찌들은 오물을 완전하게 제거해야 온전하게 하나님의 축복 속에서 살아갈 수 있습니다.

어릴 적에 보물섬이라는 만화는 정말 흥미진진한 것이었습니다. 매주 마다 이어지는 만화는 마음을 얼마나 졸이게 했는지 모릅니다. 그 만화에는 굉장한 반전과 스릴이 있어서 재미있게 보았던 기억이 있습니다. 지금도 보면 그때 그 마음으로 돌아갈까 라는 생각을 합니다. 왜 그렇게 그 만화를 마음을 졸이면서 봤을까? 그게 실화도 아니고 다 가상의 세계거든요. 그런데도 다음 주에는 어떻게 될까 기다리는 시간이 멀기만 했습니다. 상상의 세계에서는 저도 보물을 찾는 사람들의 일원이 되어 함께 하고 싶었습니다. 그 만화에는 모든 사람들이 눈이 돌아가는 보물이라는 주제가 있었습니다. 누군가 숨겨놓은 보물을 찾아가는 것입니다. 지도를 갖고 말입니다. 오로지 사람들의 마음에는 딱 하나가 자리하고 있었습니다. 보물입니다.

금과 각종 보석들이 가득한 상자입니다. 그 보물을 먹을 수가 있습니까? 마실 수가 있습니까? 그 보물은 곧 이 세상의 영광과 힘을 말하는 것입니다. 그 보물만 있으면 육체의 정욕과 탐심을 원 없이 즐길 수 있는 것입니다.

그러므로 타락한 인간들의 보물이 무엇입니까? 자신의 정욕과 탐심을 성취하는 것입니다. 타락한 인간의 보물은 곧 자신을 우상 하나님으로 만드는 것입니다. 그래서 타락한 인간은 한 평생을 자신을 우러러보고 사는 것입니다. 그런데 말입니다. 타락한 인간은 그 육체의 정욕과 탐심을 성취하고 자신을 하나님으로 만드는 것을 보물로 여기고 그것을 마음에 두고 한 평생을 사는데 과연 그것이 보물이겠습니까? 그것은 보물이 아니라 배설물인 것입니다. 바울은 빌립보서 3장에서 "그러나 무엇이든지 내게 유익하던 것을 내가 그리스도를 위하여 다 해로 여길뿐더러 또한 모든 것을 해로 여김은 내 주 그리스도 예수를 아는 지식이 가장 고상하기 때문이라 내가 그를 위하여 모든 것을 잃어버리고 배설물로 여김은 그리스도를 얻고 그 안에서 발견되려 함이다." 말씀합니다. 예수 그리스도의 십자가를 만나기 전에 나에게 유익하다고 여기던 그 보물이 십자가를 만나 회개하고 거듭나자 자신에게 해가 되었다는 것을 알게 된 것입니다. 바울은 그리스도를 만나기 전에 보물로 여기는 것이 이제는 배설물같이 되었다고 증언하는 것입니다. 이 시대의 교회 안에서 얼마나 많은 성도들이 그 육체로는 하나님을 예배하고 섬기는 척하며 그 마음과 영으로는 자신의 정욕과 탐심을 숭배하는 자들이 많겠느냐는 겁니다.

예수님은 두 주인을 섬기는 자들이라고 하셨습니다. "한 사람이 두 주인을 섬기지 못할 것이니 혹 이를 미워하고 저를 사랑하거나 혹 이를 중히 여기고 저를 경히 여김이라 너희가 하나님과 재물을 겸하여 섬기지 못하느니라." 겉으로는 하나님의 자녀인 것처럼 믿음의 옷을 입고 있지만 그 속사람은 자기 자신을 우러러보며 자신을 보물로 삼아 섬기는 것입니다. 믿음은 속사람이 십자가를 만나 회개하고 온몸이 달라지지 않으면 다 가짜입니다. 겉이 종교적인 열심과 행위로 정말 그럴듯한 진짜 같이 보여도 하나님은 그 마음의 중심을 보시고 판단하십니다.

내가 죽고 내 안에 십자가의 주님이 살지 않으면 내가 믿음이라고 붙들고 의지하는 것들은 다 소용없는 것입니다. 정말 십자가를 만나 회개하였고 거듭났는지 내 마음과 삶의 주인이 예수님으로 바뀌었는지를 반드시 심판대 앞에 가기 전에 확인해야 하는 겁니다. 사람은 그 육체의 정욕과 탐심을 십자가에 못을 박지 않으면 그 마음의 주인은 언제나 자신이고 그 보물은 언제나 자신을 섬기는 자아숭배인 것입니다. 자신을 위해 사는 사람들은 그 보물을 이 세상에 쌓아 두는 것입니다. 그러나 하늘에 보물을 쌓아 두는 사람들은 십자가에 자신을 부인하며 하나님의 말씀에 순종하는 좁은 길을 가는 것입니다.

사람의 마음은 자신의 보물을 두는 곳입니다. 하나님의 심판대 앞에서 자기 마음에 있는 보물을 꺼내어 하나님 앞에 내놓는 것입니다. 과연 이 시간 하나님의 심판대 앞에 선다면 내 마음에서 나오는 보물은 무엇일까요? 내 죄를 대속하신 십자가의 주님을 보물로 내놓는다면 하나님께 칭찬을 받고 하나님 나라를 상속받게 될 것입니다. 그러나 내 보물은 예수님이라고 생각하였지만 정작 보물로 자신을 내놓는다면 하나님의 심판을 받고 영원히 고통을 받는 지옥에 들어가는 것입니다. 심판대 앞에서는 아무 것도 바꿀 수가 없습니다. 그러니 우리는 이 세상에 있을 때 스스로 내 믿음을 시험하고 확증해야 하는 것입니다.

예수님은 정말 그 마음의 보물이 십자가에서 죄를 대속해주신 주님인지는 그 삶이 말한다고 하신 것입니다. 먼저 하나님의 나라와 그 의를 구하라고 하신 것입니다. 먼저 자신을 위해 살던 삶을 십자가에 못을 박고 죽어 없어지는 것입니다.

지금 여러분의 삶은 먼저 하나님의 나라와 그 의를 구하는 것입니까? 무슨 일을 만나면 예수님이라면 어떻게 하셨을까 기도합니까? 사람들은 먼저 하나님의 나라와 그 의를 구하라는 예수님의 말씀을 심각하게 받아들이지 않습니다. 그것은 마치 보물을 찾겠다고 길을 떠난 사람들이 보물지도를 보지 않고 중요하게 생각하지 않는 것과 같습니다. 어떻게 그 넓은 바다와 수많은 섬에서 보물이 있는 곳을 지도를 보지 않고 찾아내겠습니까?

그런데 많은 성도들은 마음과 다하고 목숨을 다하고 뜻을 다하여 하나님을 사랑하고 네 이웃을 사랑하라는 말씀을 마음에 새기지 않습니다. 마음을 다 해보려고 하지도 않는 것입니다. 말씀이 그렇다는 것으로 끝나는 것입니다.

많은 성도들은 두 주인을 섬기면서 소망을 이룰 수 있을 것이라고 생각하는 것입니다. 예수님은 하나님 아버지의 뜻대로 순종하지 않으면 천국에 들어가지 못한다고 말씀하셨습니다. 예수님의 말씀은 구원을 이루어가는 지도인 것입니다.

예수님의 말씀을 무시하고 어떻게 구원을 이루어가겠습니까?

사람들이 천국에 가겠다고 하면서 영원한 생명과 구원에 대해 말씀하시는 예수님의 말씀을 그 마음으로 받아들이지 않는 것은 여전히 자기 자신을 보물로 숭배하고 있다는 증거인 것입니다. 십자가에서 내 죄를 대속하고 구원해주신 예수님이 내 마음의 주인과 보물이 될 때 우리는 비로소 주님을 위해 살 수 있는 것입니다. 하나님의 나라와 그 의를 먼저 구하는 십자가의 믿음이 나오는 것입니다. 나는 정말 구원을 받았는지 늘 자신을 돌아보며 믿어야 합니다. 십자가의 은혜를 믿는 그 믿음은 그렇게 만만하게 아닙니다. 예수님은 믿음 있는 자를 보겠느냐고 하셨습니다. 그런데 사람들은 예수님이 말씀하시는 믿음이 아닌 자기가 멋대로 만들어낸 믿음을 갖고 구원을 받을 것이라고 착각하는 것입니다.

우리는 나를 위해 십자가에 달리신 그 주님을 보물로 믿어야 합니다. 그래야 우리는 이 세상을 이길 수 있는 것입니다. 이 세상의 것들이 지금 당장은 보물 같아도 사실은 배설물에 지나지 않는 것입니다. 사람들은 예수님의 말씀을 그대로 믿고 순종하는 그 십자가가 가치 없는 배설물처럼 여기지만 사실은 그 십자가의 믿음이 진짜 보물인 것입니다.

생명의 삶에 나온 간증입니다. 한 목사님이 간질로 고통 당하다가 세상을 떠났습니다. 간질을 할 때 옆에서 누가 조치를 했더라면 살았을 텐데 사모님은 심장 판막 수술로 병원에 입원해 있었습니다. 자녀는 지적 장애를 갖고 있었습니다. 이 세상에서는 최악의 상황인 것입니다. 그러나 그들은 절망하지 않았습니다. 하나님을 원망하지도 않았습니다. 그 고난 속에서 하나님을 깊이

만남으로 도리어 다른 사람을 위로하는 삶을 산 것입니다. 이 세상에서 남들이 부러워하는 보물은 하나도 없었지만 그러나 예수 그리스도라는 진짜 보물을 마음에 품고 하나님을 우러러보며 믿음으로 산 것입니다. 오로지 자신의 온몸 안에 예수님을 쌓으면서 예수님께만 소망을 두며 살아가신 것입니다. 하나님 나라는 그렇게 예수님만 믿는 믿음으로 사는 자들의 것입니다.

사람들은 성도라는 말을 쉽게 하지만 이 세상에 있는 썩어질 보물에 환장해서 이 땅에 보물을 쌓아 두고 그것을 의지하는 자들이 얼마나 많습니까? 이 세상의 썩어질 영광에 마음을 빼앗긴 사람들이 먼저 하나님의 나라와 그의 구합니까? 예수님이라면 어떻게 하셨을까 기도하겠습니까? 마음과 목숨과 뜻을 다하여 하나님을 사랑하겠습니까? 자신을 위해 하나님을 이용할 뿐인 것입니다. 인생은 한 번뿐이고 우리는 잠시 왔다 심판대로 가는 겁니다. 이 세상의 그 짧은 삶으로 영원한 세계가 결정되는 것입니다. 그럼에도 성도들은 믿음으로 한 번 살아보려고 애쓰는 사람은 별로 없습니다. 내 마음의 주인은 누구인지, 내 보물은 무엇인지, 나는 정말 제대로 믿음의 길을 가고 있는지 돌아보시고 십자가에 나를 부인하고 주님의 말씀에 그대로 순종하는 그 십자가의 은혜와 믿음으로 구원을 이루어가는 우리 모두가 되려면 어찌해야 합니까?

첫째, 세상 것들을 배설물로 여겨야 합니다. 십자가가 있어야 부활이라는 재창조의 역사가 펼쳐집니다. 십자가는 현재 자신이 죽는 것입니다. 현재의 고통이 미래의 영광을 보게 합니다. 실패는 끝이 아닙니다. 과거의 실패는 미래를 여는 힘이 됩니다. 지금 손에 쥔 것을 놓아야 더 좋은 것을 얻는 기회가 오는 것입니다. 너무 오래 쥐고 있다가 많은 것을 잊어버릴 수 있습니다. 미래를 보는 눈이 열리면 당장 얻는 것에 목매달지 않는 것입니다. 상실 이후에 찾아오는 획득의 기쁨을 배우게 됩니다. 잃은 것은 결코 잃은 것이 아닙니다. 틀림없습니다. 비워야 채워지기 때문입니다.

그리스도인은 얻는 것보다 잃는 것에 무게를 두는 것이 더 좋습니다. 얻으려면 잃을 줄 알아야 합니다. 더 좋은 것을 얻고자 한다면 더 많은 것을 잃어버릴 용기가 있어야 합니다. 상실을 두려워하지 않아야 합니다. 모든 것을 다 얻고자 하는 것은 과욕입니다. 집착은 위험합니다. 과욕으로 충혈 된 눈은 당장 내 손에서 빠져나가는 것만 계산합니다. 마이너스를 상실로만 본다면 가치 있는 것은 놓쳐버릴 가능성이 크게 될 것입니다. 덧셈과 뺄셈을 제대로 배우지 못하면 삶은 불행해집니다.

분명한 원리가 있습니다. 세상은 모든 것을 허용하지 않습니다. 내가 원하는 모든 것을 얻으려고 하는 건 어리석은 일입니다. 세상에서 성공하고 복된 인생을 살아가는 사람의 특징이 있습니다. 그들은 하나에만 집중합니다. 하나를 얻기 위해 다른 모든 것을 포기합니다. 무서울 정도로 하나에만 꽂혀 살아갑니다. 하나만 얻고 모든 것을 잃어도 좋다는 태도입니다. 사도 바울이 그랬습니다. "또한 모든 것을 해로 여김은 내 주 그리스도 예수를 아는 지식이 가장 고상하기 때문이라 내가 그를 위하여 모든 것을 잃어버리고 배설물로 여김은 그리스도를 얻고."(빌 3:8). 쟁취와

획득에만 눈독 들인 삶에서 벗어나려면 인간의 노력으로는 어렵습니다. 성령으로 그리스도로 충만할 때만 가능한 일입니다.

모든 것을 다 붙들려고 한 사람은 모든 걸 잃을 수 있습니다. 소중한 것은 한 사람에게 하나만 제공됩니다. 하나님의 뜻입니다. 문제는 그 하나가 무엇인가에 따라 인생의 질이 결정된다는 것입니다. 선택해야 합니다. 버릴 것이 무엇인지, 얻고자 하는 것은 무엇인지. 선명해야 합니다. 오직 하나, 모든 것을 다 잃어도 빼앗길 수 없는 그 하나를 발견하고 달음질하는 인생은 행복합니다. 그 하나는 곳 예수님으로 자신의 온몸을 채우는 것입니다.

둘째, 성령으로 온몸을 정화해야 합니다. 성령으로 세례를 받으면 자신에게 가장 귀한 것이 무엇인지 깨닫게 됩니다. 성령세례에 대하여는 **"성령의 불세례에 숨은 비밀"**과 **"성령의 불 받을 때 느낌체험"**을 읽어보시면 됩니다. 자신에게 제일 중요한 보물을 알고 예수님을 주인으로 모시려고 하면 자신의 무의식에 잠재하여 있던 영적이고 정신적이고 상처와 스트레스로 형성된 문제들이 예수님을 온몸에 쌓지 못하게 방해합니다. 이러한 것들은 말씀을 안다고 해결이 되지 못합니다. 교회예배당에서 예배드리고 기도하며 산다고 해결되지 못합니다. 성령으로 세례를 받고 성령 안에서 오래 기도해야 정화가 됩니다. 이렇게 온몸을 정화해야 보물이신 예수님께서 온전하게 지배하시고 주인으로 역사하실 수가 있습니다. 반드시 성령으로 정화해야 가능합니다.

우리가 무의식을 성령으로 정화하지 않으면 예수님께서 온전하게 보물로 쌓이지 못합니다. 예수님께서 온전하게 주인이 되지 않으면 세상 신들이 방해하여 우상을 숭배하게 할 수가 있기 때문입니다. 이스라엘이 430년 체류기간 중 애굽에서의 야곱 후손은 '그릇된 신을 숭배하는 애굽 땅에서 오래 살았기 때문에' 우상을 숭배하는 버릇을 끊지 못했습니다.

이스라엘을 왜 70년 바벨론 포로로 끌려가게 하셨습니까? 우상을 숭배했기 때문입니다. 남 유다가 망하기 직전 활동했던 예레미야 선지자는 그들의 죄를 지적하면서, 우상숭배에 대하여 여러 차례 경고하였습니다(렘 1:16-17, 5:19, 13:10, 25:6-7, 44:5-6 등). "무리가 나를 버리고 다른 신들에게 분향하며 자기 손으로 만든 것들에 절하였은즉 내가 나의 심판을 그들에게 선고하여 그들의 모든 죄악을 징계하리라 (17) 그러므로 너는 네 허리를 동이고 일어나 내가 네게 명령한 바를 다 그들에게 말하라 그들 때문에 두려워하지 말라 네가 그들 앞에서 두려움을 당하지 않게 하리라."(렘 1:16-17). 당시 유다 백성들은 우상숭배에 골몰하여, 그 섬긴 우상의 수가 그들이 거한 성읍의 수와 같을 정도였습니다(렘 2:28, 11:13). 우리가 알아야 할 것은 세상 사람이나 종교를 가진 사람이나 할 것 없이 세상을 다스리는 신이 있다는 것을 믿고 섬기고 있습니다. 그래서 다수의 절이 높은 산에 있고, 무당들이 높은 산에 가서 높은 산에 있는 귀신을 접신 받으려고 손이 발이 되도록 비는 것입니다. 세상 신에게 잘 보여야 되기 때문에 종교가 생긴 것이고, 우상이 생긴 것입니다. 선민이라고 자부하던 이스라엘 유다 사람들도 하나님께서 눈에 보이지 않으니 보이는 우상을 만들어 숭배한 것입니다. 우리는 하나님께서 예수님을 믿고 성령으로 거듭난 나 자신이 최고의 보물이라고 생각하신다는 것을 믿어야 합니다. 자신이 온전하게 성전이 되는 일에 보물을 투자하면 하나님께서 반드시 값아 주신다는 믿음이 중요합니다. 이유는 자신이 온전하게 하나님의 성전이 되는데 물질을 투자했기 때문에 하나님께서 기뻐하시고 값아 주시는 것입니다.

셋째, 예수님을 최고의 보물로 믿어야 합니다. 사람들은 누구나 세상을 살면서 가장 귀한 것으로 여기는 자신만의 보물들이 있을 것입니다. 우리 기독교인들에게도 예수를 믿으면서 가장 귀하게 여기는 자신들만의 보물이 있습니다. 바로 기독교인들에게는 예수님만이 가장 귀하고 귀한 보물인 것입니다(고후4:7-11). "우리가 이 보배를 질그릇에 가졌으니 이는 심히 큰 능력은 하나님께 있고 우리에게 있지 아니함을 알게 하려 함이라 (8) 우리가 사방으로 우겨쌈을 당하여도 싸이지 아니하며 답답한 일을 당하여도 낙심하지 아니하며 (9) 박해를 받아도 버린바 되지 아니하며 거꾸러뜨림을 당하여도 망하지 아니하고 (10) 우리가 항상 예수의 죽음을 몸에 짊어짐은 예수의 생명이 또한 우리 몸에 나타나게 하려 함이라 (11) 우리 살아 있는 자가 항상 예수를 위하여 죽음에 넘겨짐은 예수의 생명이 또한 우리 죽을 육체에 나타나게 하려 함이라." "똥개 눈에는 똥만 보인다"고 합니다. 안타깝게도 오늘날 우리 기독교인들 중에는 예수님만이 보물이어야 함에도 불구하고, 실상은 세상에 있는 것들을 보물이라고 생각하는 사람들이 많이 있습니다. 이러한 것을 일컬어 "네 보물이 있는 그곳에는 네 마음도 있느니라"고 말하는 것입니다.

우리들의 믿음은 어디에 최고의 가치를 두는가에 따라서 믿음이 달라질 수 있습니다. 예수를 그리스도로 믿는 기독교인들은 모든 최고의 가치를 예수님에게 두어야 하며, 또한 예수님을 최고의 보물로 여기는 그리스도인들은 최고의 가치를 성경말씀에 두어야 합니다. 예수를 그리스도로 믿는 기독교인들 중에서 최고의 가치를 예수님에 두는 사람들은 또한 이 땅이 아닌 천국에 최고의 가치를 두고 인생을 살아가야 합니다(고전13:13, 고후 4:16-17). 예수를 그리스도로 믿는 기독교인들 중에서 최고의 가치를 예수님에 두는 사람들은 물질도 자기를 위하여 이 땅에 쌓는 것이 아니고. 주인이신 예수님을 최고의 보물로 여기기 때문에 예수님을 주인되게 온몸에 쌓아서 예수님께서 주인이 되심으로 예수님이 모든 것을 공급하며 삶을 이끌어 가는 것입니다.

넷째, 예수님께서 자신의 삶을 살아간다는 것을 믿고 체험해야 합니다. 내가 주인으로 사는 것이 아니고 예수님께서 자신의 주인으로 채워지면 다 된다는 믿음이 중요합니다. 예수님이 주인 되는 삶을 살지 않고는 진정한 성도가 아닙니다(빌 2:11). "사람이 마음으로 믿어 의에 이르고 입으로 시인하여 구원에 이르느니라(롬10:10)" 말씀하셨습니다. 바울은 예수님을 주인으로 모시고 그분이 내 주인이라고 크게 불러야 한다고 말합니다(롬10:13). 예수님을 찾고 부르니까, 최고의 보물이신 예수님께서 자신의 온몸을 지배하시며 주인으로 살아가시는 것입니다.

　예수님이 주인이 되는 삶은 손해가 아니라 엄청난 축복입니다. 예수님이 주인 되면 모든 것에서 자유하게 됩니다. 예수님의 권능으로 살아갑니다. 죄로부터 자유하게 됩니다. 세상의 모든 중독으로부터 자유하게 됩니다. 염려, 근심, 걱정으로부터 자유하게 됩니다. 질병으로부터 자유하게 됩니다. 미래에 대한두려움으로부터 자유하게 됩니다. 예수님이 주인 되면 어떤 상황에서도 오뚝이처럼 일어나게 됩니다. "우리가 사방으로 우겨쌈을 당하여도 싸이지 아니하며 답답한 일을 당하여도 낙심하지 아니하며 박해를 받아도 버린바 되지 아니하며 거꾸러뜨림을 당하여도 망하지 아니하고 우리가 항상 예수의 죽음을 몸에 짊어짐은 예수의 생명이 또한 우리 몸에 나타나게 하려 함이라."(고후 4:8-10).

　현대인들은 마치 지구가 우주의 중심이라고 외치며 살았던 중세시대의 어리석은 자들과 같습니다. 지구는 우주의 중심이 아닙니다. 지구는 한낱 태양 주위를 도는 작은 행성일 뿐입니다. 마찬가지로 온 우주의 중심은 내가 아니라 예수님이시고 나는 그저 예수님의 종에 불과합니다. 세상의 타락한 문화는 우리에게 말합니다. "네가 세상에 중심에서라." "네가 주도적인 인생을 살라." "네가 네 마음대로 살지 않는다면 죽는 날에 후회할 것이다." "너를 행복하게 하라." 이것은 바로 에덴동산에서 사탄이 하와에게 유혹한 것과 같은 말입니다. 우리는 우리 자신을 높이라고 창조된 것이 아니라 우리의 주인이신 예수님을 주인으로 모시고 높이라고 창조된 피조물입니다. 우리는 나를 높이지 말고 우리 주인이신 예수님을 높여야 합니다. 자기를 사랑하고 자기를 높이는 것은 말세의 표징 중에 하나입니다. 자신은 진정 예수를 주인으로 모시고 삽니까? 그렇다면 나를 위한 삶을 내려놓고 주인을 위해 사시기를 바랍니다. 예수님을 최고의 보물로 여기는 것은 예수님을 주인으로 모시는 것으로 시작되는 것입니다.

예수님이 나의 주인 되심의 삶을 어떻게 하면 살 수 있을까요? 입으로 고백하고 믿음으로 선포하는 일이 우선되어야 합니다. 바울은 (롬 10:9)에서 "네가 만일 네 입으로 예수를 주로 시인하며 또 하나님께서 그를 죽은 자 가운데서 살리신 것을 네 마음에 믿으면 구원을 받으리라." 고 정확하게 말씀했습니다. 우리의 입으로 예수님을 나의 주인으로 시인하고 마음으로 믿어야 구원을 받는다는 것입니다. 예수님을 최고의 보물로 여기고 온몸을 지배하게 하고 주인으로 채워야 합니다. 이는 성령으로 되는 것입니다. 너무 어렵게 생각하지 마시고 단순하게 이렇게 한 번 해 보시기 바랍니다. "예수님이 나를 성전 삼으시고 내 안에 오심을 감사합니다. 내 안에 계신 주님이 나의 주인이십니다. 예수님이 나의 왕이십니다. 예수님의 나의 생명이십니다. 예수님이 나의 전부이심을 감사합니다. 오늘도 예수님이 나의 주인이심을 인정하며 살겠습니다." 이렇게 매일 기도하고 입으로 고백하면 주님이 들으시고 주님이 내 안에서 성령으로 역사하십니다. 주님이 내 안에서 나를 통치하시며 나의 주인이 되셔서 나를 이끌어 가십니다. 예수님을 최고의 보물로 여겨서 예수님이 주인이 되시면 세상 삶에서 필요한 모든 것을 예수님께서 공급하시고 채워주십니다.

23장 인생은 보물을 찾아 떠나는 여행이다.

(창12:1-3)"여호와께서 아브람에게 이르시되 너는 너의 고향과 친척과 아버지의 집을 떠나 내가 네게 보여 줄 땅으로 가라. 내가 너로 큰 민족을 이루고 네게 복을 주어 네 이름을 창대하게 하리니 너는 복의 근원이 될지라."

하나님은 이렇게 말씀하십니다. 인생은 각자 추구하는 보물을 찾아 떠나는 여행이라고 말씀하십니다. 오늘 본문에 나오는 아브라함은 사람이 말한 것이 아니라 하나님께서 직접 하신 말씀을 들었습니다. "여호와께서 아브람에게 이르시되 너는 너의 고향과 친척과 아버지의 집을 떠나 내가 네게 보여 줄 땅으로 가라 내가 너로 큰 민족을 이루고 네게 복을 주어 네 이름을 창대하게 하리니 너는 복이 될지라. 너를 축복하는 자에게는 내가 복을 내리고 너를 저주하는 자에게는 내가 저주하리니 땅의 모든 족속이 너로 말미암아 복을 얻을 것이라"(창12:1-3). 하나님이 직접 갈대아 우르에서 아브라함을 택해서 불렀었습니다. 하나님이 주권으로 아브라함을 택하여 부르실 때 아브라함은 믿음으로 부르심을 받았을 때 순종하여 장래의 유업으로 받을 땅에 나아갈 때 갈 바를 알지 못하고 나갔습니다. 하나님의 말씀을 믿고 순종하고 하나님께서 지시한 땅으로 출발했습니다. 그렇게 하나님의 주권에 복종한 아브라함에게는 하나님이 무엇을 해주셨습니까? 하나님은 너로 큰 민족을 이루게 해주겠다는 것입니다.

우리 개인적으로는 우리가 주님의 주권을 믿고 온전하게 순종하고 따라가면 가문이 팽창할 것이라는 것입니다. 자식들이 잘될 것이라는 것입니다. 큰 민족을 이루게 하고 가나안 땅을 주시고 샘물을 주시고 보물을 주시겠다고 하는 것입니다. 땅이라는 것은 재물입니다. 내가 너의 가문을 창대케 하고 너에게 재물을 주고 그 다음에는 형통의 복을 약속한 것입니다. "모든 일에 축복을 받을 것이라." "마음에 평안과 육신의 건강과 생활의 안정, 형통을 주실 것이라. 보물을 주실 것이라." 하나님의 주권을 인정하고 하나님의 다스림에 순종하면 하나님께서는 가문을 축복해 주시고 우리의 재물을 축복해 주시고 보물을 소유하게 하시고 우리에게 마음에 참 행복을 가져올 수 있게 해서 영혼이 잘됨같이 범사에 잘되며 강건하고 생명을 얻되 풍성하게 얻게 해주시는 것입니다. 이렇게 인생은 보물을 찾아 떠나는 여행인 것입니다. 아브라함은 하나님께서 "너의 고향과 친척과 아버지의 집을 떠나 내가 네게 보여 줄 땅으로 가라 내가 너로 큰 민족을 이루고 네게 복을 주어 네 이름을 창대하게 하리니 너는 복이 될지라. 너를 축복하는 자에게는 내가 복을 내리고 너를 저주하는 자에게는 내가 저주하리니 땅의 모든 족속이 너로 말미암아 복을 얻을 것이라." 말씀을 믿고 순종하고 고향과 친척과 아버지 집을 떠납니다.

우리가 알아야 할 것은 하나님의 말씀을 듣고 순종하고 고향과 친척과 아버지 집을 떠났다고 하더라도 하나님의 주권에 온전하게 순종할 때만 하나님께서 예비한 보물이 자기 것이 됩니다. 그러나 불순종할 때 화를 당하기도 합니다. 사는 길과 죽는 길이 딱 분리되어 있는 것입니다. 신명기 11장 26절로 28절을 읽어 보십시다. "내가 오늘 복과 저주를 너희 앞에 두나니 (27) 너희가 만일 내가 오늘 너희에게 명하는 너희의 하나님 여호와의 명령을 들으면 복이 될 것이요 (28) 너희가 만일 내가 오늘 너희에게 명령하는 도에서 돌이켜 떠나 너희의 하나님 여호와의 명령을 듣지 아니하고 본래 알지 못하던 다른 신들을 따르면 저주를 받으리라" 아주 분명하지 않습니까? 복과 저주가 분명합니다. 주권자, 유일한 주권자인 하나님을 온전하게 믿고 의지하고 따라가면 보물을 받고 하나님을 등지고 돈을 신으로 섬기든지 권력을 신으로 섬기든지 우상을 섬기면 저주를 받겠다고 하는 것입니다. 이 세상에는 복이 넘치는 곳도 있고 저주가 넘치는 곳도 있는 것입니다. 아브라함을 보고 너는 복이 되겠다고 한 것입니다. 복을 받기만 하는 것이 아니라 복이 되어서 네가 가는 곳마다 "너는 복덩어리다." 들에 가면 들판에 복이 오고, 집에 오면 집에 복이 오고, 짐승을 기르면 짐승들이 복을 받고, 복덩어리가 되겠다는 것입니다. 이는 아브라함이 하나님의 말씀을 온전하게 순종할 때 이루어지는 것입니다. 그런데 아브라함은 하나님의 말씀을 온전하게 믿지 못하여 자기 마음대로 했다가 고난을 당합니다. 아브라함은 자신의 고향을 떠나올 때 많은 것을 챙겨서 가지고 족하를 데리고 이고 지고 가나안 땅으로 왔습니다. 하나님께서 지시하신 것은 고향과 친척과 아버지 집을 떠나는 것이었는데 사실 그것이 참 힘듭니다. 물론 75년 동안이나 살아온 고향친척을 완전히 떠난다는 것은 쉽지 않은 일입니다. 하나님께 순종한다고 떠나기는 했는데 떠나올 때 친척들과 종들을 데리고 그리고 모아놓은 재산도 나눠주고 오기가 아까워서 전부 꾸러미를 만들어 걸머지고 고향친척을 떠났습니다. 아마 하늘에서는 하나님께서 내려다보시고 있을 때 곁에 있던 천사장이 "하나님, 저 사람이 누굽니까?"라고 물었을 것입니다. 그러면 하나님은 "아브라함이 나의 명령을 따라 고향 친척 있는 곳을 떠나서 내가 지시한 땅으로 가는 길이다"라고 대답하셨을 것입니다. 그러자 천사장은 "어~ 안 그런 것 같은데요? 자세히 보니 온갖 일가친척들이 다 따라오고 조카도 따라오고 기르던 소와 양 온갖 짐승들도 다 이끌고 종들까지 모두 데리고 일대 군단이 걸어가는데요?"하고 말했을 것입니다. 그러면 하나님께서는 웃으시면서 "내가 보기에도 그렇구나! 그러나 앞으로 시련과 연단을 톡톡히 당하고 나면 저런 것들은 다 떨어져 나갈 것이다. 두고 봐라!"라고 말씀하셨을 것입니다.

아브라함은 당장 떠나 하나님께서 지시한 곳으로 가면 복이 마구 떨어질 줄 기대했습니다. 그렇게 가나안에 왔는데 그가 처음으로 만난 것은 기근이었습니다. 비가 오지 않아서 땅이 전부 바짝 말랐습니다. 초목과 곤충이 다 타죽고 농사지을 곳도 없었습니다. 그러니 아브라함을 따라온 친척들이 모두 불평으로 고함을 치고 종들도 야반도주를 하고 엉망진창이 되었습니다. 이에 아브라함은 도저히 견디지 못하고 마음에 꾀를 내기를 '하나님이 하라는 데로만 했다가는 큰일 나겠다. 그저 적당히 믿어야지 100% 믿었다가는 신세 망치겠다. 지금 이런 기근이 가나안에는 왔어도 애굽 땅에는 물이 풍부하고 농사도 잘되고 사람들이 많이 와서 사니 우리 애굽으로 살러 가자'하며 이제 하나님께서 지시도 하지 않은 곳으로 자기 마음대로 갑니다.

아브라함은 오랜 세월동안 사라와 같이 살았으나 자식은 없었습니다. 아내 사라는 아브라함 자신이 보기에도 너무나 절세미인이었습니다. 아브라함은 긴 세월동안 살아오면서 인생에 별 재미는 없었으나 아름다운 자기 부인의 얼굴 쳐다보는 재미로 살았을 것입니다. 우리가 보기에는 미스코리아 정도는 아니어도 아마 마음에 감탄할 정도로 예뻤던 것 같습니다. 그렇기에 아브라함이 애굽으로 내려갈 때 그 아내에게 "애굽으로 가면 당신은 이제 내 아내가 아닌 여동생 행세를 해주시오"라고 부탁을 한 것입니다.

애굽에 도착하니 원래 새로운 사람이 오면 많은 이들이 호기심을 가지지만 이번에는 그야말로 대단합니다. 아브라함의 예상대로 사람들마다 아브라함의 여동생을 구경한다고 떼를 지어서 모여오니 아브라함이 기가 턱 막힙니다. 설상가상으로 애굽의 바로까지 그 소식을 들었습니다. 그는 결국 바로에게 아내 사라를 빼앗기고 그저 양과 소와 노비와 암수 나귀와 약대를 얻어 바로의 궁에서 나왔습니다. 그때 비로소 아브라함이 "하나님! 살려 주십시오! 이 길만이 제가 살 길이라고 꾀를 내었는데 그 꾀가 잘못되었음을 알았습니다."라고 손이 발이 되도록 기도를 많이 했을 것입니다. 그러자 하나님께서 바로와 바로의 집에 큰 재앙을 내리셨고 다시 아브라함을 불러들여 아내 사라를 돌려보냈습니다.

그 뿐만이 아닙니다. 고향을 떠날 때 함께 데리고 떠났던 조카 롯과도 결국에는 헤어져야 하는 상황에 처하게 됩니다. 하나님은 아브라함에게 온전한 믿음으로 사는 법을 가르쳐 주었습니다. 갈대아 우르를 떠날 때부터 하나님의 말씀만을 의지하고 믿음으로 살았으면 괜찮았을 것인데 그는 자기의 계획과 지혜를 따라 꾀를 내어 애굽으로 내려갔고 조카 롯에게도 짐승들도 많이 나눠 주었고 자기 인간의 수단과 방법으로 잘 살려다가 실패를 많이 했습니다. 성경은 "나의 의인은 믿음으로 말미암아 살리라"고 말씀합니다. 오늘날 우리도 이 세상의 길을 떠나 하나님의 말씀에 순종하여 따라 나왔으면 믿음으로 살아야 됩니다. 물론 믿음으로 사는 것은 쉽지 않기 때문에 시련과 연단이라는 훈련을 통해 깨닫고 배우는 것입니다.

하나님은 아브라함이 완전해질 때까지 기다리시면서 훈련을 하십니다. "아브람이 롯에게 이르되 우리는 한 친족이라 나나 너나 내 목자나 네 목자나 서로 다투게 하지 말자 (9) 네 앞에 온 땅이 있지 아니하냐 나를 떠나가라 네가 좌하면 나는 우하고 네가 우하면 나는 좌하리라 (10) 이에 롯이 눈을 들어 요단 지역을 바라본즉 소알까지 온 땅에 물이 넉넉하니 여호와께서 소돔과 고모라를 멸하시기 전이었으므로 여호와의 동산 같고 애굽 땅과 같았더라 (11) 그러므로 롯이 요단 온 지역을 택하고 동으로 옮기니 그들이 서로 떠난지라 (12) 아브람은 가나안 땅에 거주하였고 롯은 그 지역의 도시들에 머무르며 그 장막을 옮겨 소돔까지 이르렀더라 (13) 소돔 사람은 여호와 앞에 악하며 큰 죄인이었더라 (14) 롯이 아브람을 떠난 후에 여호와께서 아브람에게 이르시되 너는 눈을 들어 너 있는 곳에서 북쪽과 남쪽 그리고 동쪽과 서쪽을 바라보라 (15) 보이는 땅을 내가 너와 네 자손에게 주리니 영원히 이르리라 (16) 내가 네 자손이 땅의 티끌 같게 하리니 사람이 땅의 티끌을 능히 셀 수 있을진대 네 자손도 세리라 (17) 너는 일어나 그 땅을 종과 횡으로 두루 다녀 보라 내가 그것을 네게 주리라 (18) 이에 아브람이 장막을 옮겨 헤브론에 있는 마므레 상수리 수풀에 이르러 거주하며 거기서 여호와를 위하여 제단을 쌓았더라."(창 13:8-18). 아브라함도 시련과 연단을 통하여 완전한 하나님의 사람으로 태어나는 것입니다. 완전하다는 것은 완전하신 하나님으로 다시 때어난 것을 말합니다. "아브람이 구십구 세 때에 여호와께서 아브람에게 나타나서 그에게 이르시되 나는 전능한 하나님이라 너는 내 앞에서 행하여 완전하라 (2) 내가 내 언약을 나와 너 사이에 두어 너를 크게 번성하게 하리라 하시니 (3) 아브람이 엎드렸더니 하나님이 또 그에게 말씀하여 이르시되 (4) 보라 내 언약이 너와 함께 있으니 너는 여러 민족의 아버지가 될지라"(창 17:1-4). 아브라함이 하나님의 말씀을 듣고 고향과 친척과 아버지 집을 떠나왔을 지라도 하나님의 수준에 맞도록 완전하지 않으면 보물을 소유할 수가 없는 것입니다. 완전해졌을 때 하나님께서 예배한 보물을 소유할 수가 있는 것입니다. 하나님께서는 아브라함이 완전해질 때까지 기다리시는 것입니다.

여호수아와 갈렙을 통하여 깨달을 수가 있습니다. 하나님께서는 민수기 14장 24절에 이렇게 말씀하셨습니다. "오직 내 종 갈렙은 그 마음이 그들과 달라서 나를 온전히 좇았은즉 그의 갔던 땅으로 내가 그를 인도하여 들이리니 그 자손이 그 땅을 차지하리라"고 말씀하셨습니다. 하나님은 갈렙의 마음이 멸망했던 다른 사람과 완전히 달랐다고 말씀하신 것입니다. 그러므로 우리들도 갈렙과 같은 온전한 믿음을 받아서 멸망 받는 사람과 다른 마음의 자세를 가지면 갈렙이 하나님의 예비한 젖과 꿀이 흐르는 땅에 들어간 것처럼 우리도 젖과 꿀이 흐르는 곳으로 들어갈 수 있는 것입니다. 하나님께서 이스라엘 백성가운데 열두 두목을 택해서 가나안땅을 40일 정탐하고 오라는 것입니다. 그래서 똑같이 가데스바네아에서 출발해서 가나안 땅을 40주 40야 정탐하고 돌아왔는데 그 중에 10명의 정탐꾼이 본 관점과 갈렙과 여호수아가 본 관점이 완전히 틀렸다는 것입니다. 여기에 열 정탐꾼이 본 관점은 전적으로 하나님이 없는 부정적인 관점에서 사물을 바라본 것입니다.

민수기 13장 31절로 33절에 보면 이와 같이 기록되어 있습니다. "열 정탐꾼이 와서 모세와 백성들 앞에서 보고하기를 그와 함께 올라갔던 사람들은 라로되 우리는 능히 올라가서 그 백성을 치지 못하리라 그들은 우리보다 강하니라 하고 이스라엘 자손 앞에서 그 탐지한 땅을 악평하여 가로되 우리가 두루 다니며 탐지한 땅은 그 거민을 삼키는 땅이요 거기서 본 모든 백성은 신장이 장대한 자들이며 거기서 또 네피림 후손 아낙 자손 대장부들을 보았나니 우리는 스스로 보기에도 메뚜기 같으니 그들의 보기에도 그와 같았을 것이니라" 무서운 말로써 그 땅을 악평했습니다.

민수기 14장 1절에서 3절을 보면 이 부정적인 소식은 열병과 같이 귀를 듣는 사람의 마음에 낙심과 절망을 가져왔습니다. "온

회중이 소리를 높여 부르짖으며 밤새도록 백성이 곡하였더라. 이스라엘 자손이 다 모세와 아론을 원망하며 온 회중이 그들에게 이르되 우리가 애굽 땅에서 죽었거나 이 광야에서 죽었다면 좋았을 것을 어찌하여 여호와가 우리를 그 땅으로 인도하여 칼에 망하게 하려 하는고 우리 처자가 사로잡히리니 애굽으로 돌아가는 것이 낫지 않겠는가" 하나님 없이 인간적이고 부정적인 관점으로 사물을 본 사람들은 파괴적인 보고를 하고, 이 부정적이고 파괴적인 보고를 듣는 사람들의 마음을 물같이 낙심시켜서 그래서 완전히 부정적인 마음으로 사로잡혀 버리고 만 것입니다.

그러나 여기에 갈렙이 본 관점을 보십시다. 갈렙은 똑같이 출발하여 똑같이 40주 40야를 지났지만 갈렙은 완전히 하나님께서 함께 하신다, 하나님이 함께 하시니 문제가 되지 않는다는 긍정적인 자세로써 사물을 바라보았습니다. 민수기 13장 30절에 "갈렙이 모세 앞에서 안돈하여 가로되 우리가 곧 올라가서 그 땅을 취하자 능히 이기리라" 민수기 14장 6절로 9절에 보면 "그 땅을 탐지한 자 중 눈의 아들 여호수아와 여분네의 아들 갈렙이 그 옷을 찢고, 이스라엘 자손의 온 회중에 일러 가로되 우리가 두루 다니며 탐지한 땅은 심히 아름다운 땅이라. 여호와께서 우리를 기뻐하시면 우리를 그 땅으로 인도하여 들이시고 그 땅을 우리에게 주시리라. 이는 과연 젖과 꿀이 흐르는 땅이니라. 오직 여호와를 거역하지 말라. 또 그 땅 백성을 두려워하지 말라. 그들은 우리 밥이라. 그들의 보호자는 그들에게서 떠났고 여호와는 우리와 함께 하시느니라 그들을 두려워 말라 하나" 이와 같이 백성들을 안

심시킨 것입니다. 갈렙이 이렇게 긍정적인 보고를 할 수 있었건 것은 일은 하나님께서 하신다는 믿음이 있었기 때문입니다. 갈렙은 광야를 걸어오면서 문제가 생길 때마다 모세가 기도하면 하나님께서 해결 방법을 알려주시고, 알려주시는 대로 순종하면 해결되는 것을 보았기 때문입니다. 하나님께서 문제를 해결하도록 도와주신다는 것을 보고 믿은 것입니다. 모세가 문제가 생기면 직접 해결하는 것이 아니라, 하나님께서 알려주신 방법대로 순종하면 해결이 되는 것을 체험한 것입니다. 그래서 가나안의 문제도 하나님께서 함께 하시니 하나님께 기도하여 해결하면 된다는 믿음이 있었다는 것입니다. 갈렙은 하나님을 향한 믿음이 있었다는 것입니다. 항상 하나님을 플러스해서 생각을 하고 판단을 했다는 것입니다. 갈렙은 평소에 하나님께 기도하고 있었다는 것입니다.

갈렙은 하나님께서는 빛이시라 그 가운데 어두움이 없다는 것을 믿었습니다. 빛을 가지고서 긍정적이고 적극적이며 창조적이고 소망을 가지고 사물을 바라보는 사람에게는 주께서 흑암 가운데 빛이 일어나도록 해 주신다는 믿음이 있었다는 것입니다. 그러나 예수를 믿으면서도 어떠한 처지에 있던지 비관적으로 바라보고 언제나 부정적인 관점을 가지고서 사물을 바라보고 "나는 못한다." "나는 안 된다." "나는 못산다." "나는 할 수 없다." 모든 것이 끝장이 났다고 말하는 사람은 주님께서 자신에게 배당하신 보물을 보류하시는 것입니다. 주께서 그러한 사람하고는 절대로 서로 손을 잡고 일하여 주실 수가 없는 것입니다. 아무리 어려워도 하나님께 기도하면 지혜를 주시고, 주신 지혜대로 순종하면 해결이 된다는 사람하고 함께 하십니다.

예수님을 믿고 성령으로 거듭났다고 할지라도 수없이 많은 사람들이 위대한 일을 성취하지 못한 것은 현재의 안위를 떠나서 하나님께서 지시하는 새로운 세계를 향해서 모험을 하고 뛰어 들어가지 못하기 때문에 위대한 일을 성취하지 못합니다. 인간의 자를 가지고 인생을 사는 사람은 위대한 모험적인 일을 할 수가 없는 것입니다. 우리 예수 믿는 사람들은 우리의 생애 속에 인간의 자만 가지고 사는 것이 아닙니다. 우리에게는 하늘과 땅과 세계와 그 가운데 모든 것을 지으신 하나님의 아들 예수님께서 성령으로 같이 계시므로 하나님의 자를 가지고서 인생을 재어야 하는 것입니다. 여기 여호수아와 갈렙과 같이 간 열 정탐꾼들은 그들의 생애 속에 하나님의 척도를 갖지 않았습니다. 믿음의 자를 가져가지 아니하고 인생의 경험과 이성을 가지고서 나간 것입니다. 성경 히브리서 10장 38절에 말하기를 "나의 의인은 믿음으로 말미암아 살리라" "사람이 떡으로만 살 것이 아니요 하나님의 입으로 나오는 모든 말씀으로 살 것이니라." 했는데 믿음도 저버리고 말씀도 저버린 사람에게는 인간의 연약한 척도밖에 쥔 것이 없는 것입니다. 이러므로 민수기 13장 30절에 보면 "그들이 말하기를 그와 함께 올라갔던 사람들이 가로되 우리는 능히 올라가서 그 백성을 치지 못하리라 그들은 우리보다 강하니라" 우리 스스로를 가지고서 우리의 주위와 환경을 재면 우리는 보잘 것 없는 존재이기 때문에 언제나 억압되고 낙심하고 뒤로 물러날 수밖에 없습니다. 그러나 성경은 뭐라고 말합니까. "뒤로 물러가면 내 마음이 저를 기뻐하지 아니하니라. 나의 의인은 믿음으로 말미암아 살리라." 우리는 이성이나 인간 경험으로 살라고 하지 않으셨습니다. 저 하늘이 무너지고 이 땅이 꺼져도 일점일획도 변할 수 없는 하나님의 약속을 받아들인 사람인즉 말씀으로 우리는 살아야 되며, 하나님께서 함께 하신다는 믿음으로 살아야 되며, 우리는 성령으로 살아야만 되는 것입니다. 그래서 우리가 기도하고 하나님의 약속의 말씀을 마음속에 받았으면 그러면 우리는 하나님의 척도를 가지고 눈에는 아무 증거 안보이고 귀에는 아무 소리 안들리고 손에는 아무 것도 잡히는 것 없어도 배짱을 내어 밀고 담대하게 일어날 것을 기대하고 일어나야 할 것입니다. 그래서 환경의 두려움으로 눌리지 말고 환경을 눌려버려야 하는 것입니다. 여호수아와 갈렙이 위대한 것은 거기에 있습니다. 그와 같이 간 동료들의 비참함은 바로 두려워한 것에 있습니다.

민수기 13장 33절에 보면 "거기서 또 네피림 후손 아낙 자손 대장부들을 보았나니 우리는 스스로 보기에도 메뚜기 같으니 그들의 보기에도 그와 같았을 것이니라" 이럴 수가 어디 있습니까? 얼마나 두려움에 떨었던지 자기를 사람으로도 생각하지 아니하고 메뚜기로 생각했습니다. 그러고 난 다음 그들이 본 관점까지 설명한 다음, 저들이 우리를 보았을 때도 메뚜기처럼 보았을 것이다. 메뚜기는 끝장났지요. 사람으로도 안보고 자기를 메뚜기로 보는 그 만큼 두려움으로 벌벌 떠는 사람들, 이러한 사람들은 하나님께서 절대로 사용할 수 없습니다. 하나님께서 여호수아에게 말씀한 것은 "강하고 담대하라. 내가 다시 말하노니 강하고 담대하라. 두려워 말라고" 말씀하신 것입니다. 하나님께서 하신다는 것입니다. 하나님께서 여호수아에게 말씀한대로 순종할 때 보물을 소유하게 되는 것입니다. 하나님은 이렇게 말씀하십니다. "그러나 내 종 갈렙은 그 마음이 그들과 달라서 나를 온전히 따랐은즉 그가 갔던 땅으로 내가 그를 인도하여 들이리니 그의 자손이 그 땅을 차지하리라"(민 14:24). 갈렙은 하나님의 말씀을 온전하게 믿고 순종하여 그들의 자손까지 하나님께서 예배한 보물을 소유하게 된 것입니다.

필자는 군대를 가서 월남에 파병되어 돈을 벌어서 우리 집 가난을 청산하겠다는 각오로 19세 어린 나이에 군대에 들어간 것입니다. 그런데 군대에 들어가 얼마 있지 않아서 비보가 들렸습니다. 필자가 가려던 월남에서 군대를 철수한다는 것입니다. 월남을 갈수 없게 된 것입니다. 할 수 없이 군대생활을 하게 되었는데 세월이 흐르면 흐를수록 상관들이 저를 똑똑하다고 하는 것입니다. 상관들의 귀여움을 받으면서 군 생활을 한 것입니다. 거기서 장교 분들을 보니까, 필자도 장교가 되고 싶었습니다. 장교가 되고 싶어서 지원을 했는데 합격한 것입니다.

그렇게 하여 군 생활 23년이 시작이 된 것입니다. 군 생활을 하면 할수록 실력만 가지고 성공할 수 없다는 것입니다. 필자는 타고날 때부터 청탁을 모르고 실력만 가지고 군 생활을 하다가 보니까, 더 이상 군대에 있을 수가 없는 지경에 이르렀습니다. 그래서 명퇴를 했습니다. 기도하고 기도를 하니까, 하나님께서 목회를 해야 한다는 감동을 강하게 주셨습니다. 그리하여 군 생활을 접고 신학을 하고 목사가 된 것입니다. 목사가 되어 교회를 개척했는데 마음대로 성장이 되지 않았습니다. 밤을 새우면서 기도하고 기도하기를 많은 날을 했습니다. 드디어 하나님의 응답이 왔습니다. 2000년도 11월로 기억이 납니다. 제가 하도 힘이 들러서 새벽에 사모 외에 아무도 오지 않은 새벽기도 시간에 하나님에게 기도를 드렸습니다. 하나님 어떻게 해야 합니까? 어떻게 해야 합니까? 하고 물어보니까, 소리가 들리는 음성으로 뚜렷하게 앞으로는 영성이다. 21세기에는 영성이다. 영성! 영성! 영성! 이라는 것입니다. 그래서 성령하나님께서 말씀하시는 대로 성령의 인도를 받으면서 영성을 개발하고 따르면서 지금까지 온 것입니다. 결과 성령하나님을 따르면서 영원한 진리를 깨닫다가 보니까, 필자가 변했다는 것을 몸과 마음으로 체험하게 되었습니다. 성도들이 영육의 고통을 당하는 상태를 진단하여 치유하여 살아계신 하나님의 성전 된 성도로 바꾸는데 쉬워졌다는 것을 깨닫게 됩니다. 그 보물로 목회를 어려움 없이 감당하고 있습니다.

필자가 보물이라고 생각하는 것이 진리를 깨달아 하나님께서 저를 통하여 나타나셔서 영육으로 고통당하는 목회자와 성도들을 치유하시는 것이었기 때문이라고 생각합니다. 하나님께서 필자를 통하여 뜻을 이루시는 것이라고 믿고 마음을 온전하게 투자했기 때문입니다. 25년이 지난 지금 성령하나님께서 저를 통하여 일하시는 것입니다. 성령으로 깨닫고 보니 사람의 일생은 보물을 찾아 떠나는 여행이라고 말할 수가 있다는 것입니다. 여러분 성령으로 보물을 찾는 여행에 시간과 노력을 사용하기를 바랍니다.

24장 깨닫고 보면 최고의 보물은 이것이다.

(고전 3:16-17)"너희는 너희가 하나님의 성전인 것과 하나님의 성령이 너희 안에 계시는 것을 알지 못하느냐 (17) 누구든지 하나님의 성전을 더럽히면 하나님이 그 사람을 멸하시리라 하나님의 성전은 거룩하니 너희도 그러하니라."

하나님께서 최고의 보물로 여기는 것이 무엇인가하고 질문한 다면 분명하게 예수님을 믿고 성령으로 거듭난 성도 한 사람 한 사람이라고 대답하실 것입니다. 당신은 무엇을 보물이라고 합니까? 아니, 무엇을 보물로 여기고 있습니까? 우리에게 있어서 보물이란 소중하고 귀한 것을 말합니다. 돈이나 값나가는 다이아몬드나 금 덩어리를 소중하고 귀한 것으로 여긴다면 그것들이 보물이 될 것입니다. 마13:44절에서 예수님은 "천국은 마치 밭에 감추인 보화와 같으니 사람이 이를 발견한 후 숨겨 두고 기뻐하며 돌아가서 자기의 소유를 다 팔아 그 밭을 사느니라." 말씀하셨습니다.

영원히 고갈되지 아니하는 보물 그것은 무엇이라고 생각하십니까? 라고 질문하신다면 바로 예수님이십니다."라고 말하고 싶습니다. 예수님이 지금 어디에 거하고 계십니까? 바로 자신의 온몸에 주인 되어 계십니다. 필자가 보물에 대하여 글을 쓰다가 성령하나님께 하문했더니 보물은 바로 자기 자신이 제일 중요한 보물이라고 감동하셨습니다. 자신이 있어야 자신이 제일로 여기는 보물도 필요가 있는 것입니다.

그래서 성령으로 깨닫고 보면 자기 자신의 온몸이 최고로 중요한 보물입니다. 어리석은 사람은 한평생 보물이 자기 안에 있어도 그 보물을 알아보지 못하고 밖에 있는 보물을 찾아 일생을 허비합니다. 슬기롭고 지혜로운 자는 자기 속에 보물을 알고 밖에 있는 보물을 찾아 인생을 낭비하지 않습니다. 자기 자신이 보물이라는 것을 깨달아야 자신을 돌보는 일이 최고라고 생각하면서 자신의 부가가치를 높이는 일에 전념할 것입니다.

자신의 부가가치를 높이려면 머리를 쓰고 땀을 흘리고 노력해야 합니다. 자신이 애를 쓰고 땀을 흘리는 그 곳에 보물이 숨어 있다는 것입니다. 예수님을 믿고 성령으로 세례 받고 거듭난 인간은 누구나 자기 온몸에 엄청난 능력을 소유하고 있습니다. 자신의 능력을 제대로 발휘하여 적재적소에 사용해야 합니다. 보물은 어디 먼 데 있는 것이 아닙니다. 자기가 몸과 마음을 다 바쳐 머리를 쓰고 땀을 흘리는 그 곳에 보물이 숨겨져 있습니다. 자신을 최고의 보물로 여기라는 것입니다. 하지만 이런 사실을 알지 못하고 멀리 있는 헛된 보물만 찾아 자신의 인생을 낭비하는 사람은 결국 자기가 지니고 있는 보물을 잃어버리게 됩니다.

귀중한 보물을 찾기 위해서는 피와 땀과 눈물을 흘려야 합니다. 필자도 나 자신이 최고의 보물이라는 것을 깨닫기 까지 수많은 세월이 걸렸습니다. 아니 지금 70을 바라보는 시점에야 깨달은 것입니다. 필자가 깨달은 결론은 자신이 애를 쓰는 땀 속에는 빛나는 보물이 숨겨져 있다는 것입니다. 모든 것은 자신이 만드는 것이라는 것입니다. 자기 신뢰가 없으면, 스스로 만들어가야 하는 인생에서 수동적으로 행동할 수밖에 없습니다. 자신감을 가지고 자기가 최고의 보물이라는 것을 깨닫고 믿어야 합니다. 우리가 겪는 긴장과 스트레스는 대부분 자신을 믿지 못하는 데서 생깁니다. 자신이 결정하고도 제대로 한 것인지, 선택한 일을 잘 해결할 수 있는 것인지 확신을 갖지 못하고 노심초사하는 것입니다. 이것은 결국 자신을 믿지 못하기 때문입니다.

우리 인간은 성령 안에서 마음과 정신의 지배 아래 생존해 나아가는 존재입니다. 모든 것은 자신의 마음먹기에 달려 있습니다. 긍정적이고 적극적인 사고방식은 성공을 가져 오고, 부정적이고 소극적인 사고방식은 실패를 가져 오게 됩니다. 성령하나님께서 그렇게 역사하시기 때문입니다. 아니 자신의 뇌가 그렇게 상황을 만들어가기 때문입니다. 긍정적인 사람은 위기에서도 기회를 엿보지만, 부정적인 사람은 자신에게 좋은 기회라도 위기라고 생각합니다. 인생을 살아가면서 우리에게 닥쳐오는 어려운 상황에서도 자신이 현명한 결정을 내릴 수 있다면 잘 헤쳐 나갈 수 있습니다. 불안하고 흔들려도, 시도하지 않고 후회하는 것보다는 낫습니다. 때로는 힘들어도 자신을 믿고 끝까지 간다면 언젠가는 성공하게 될 것입니다. 스스로 자신을 신뢰하고 확신으로 가득 찬 사람은 지혜로운 사람입니다. 내가 나를 신뢰할 수 없다면 이 세상 어느 누구도 나를 신뢰하지 않을 것입니다. 말보다는 행동을 앞세워야 자신을 최고의 보물로 만들 수가 있습니다. 백 마디의 말보다는 하나의 행동이 더 설득력이 있고 가치를 지닙니다. 사람들 중에는 말로 모든 것을 다 하려는 이들이 많습니다. 이런 사람들은 큰 소리만 뻥뻥 쳐 대지만 아무런 성과를 거두지 못합니다.

그러다 보니 주위 사람으로부터 신뢰를 얻을 수 없습니다. 하지만 묵묵하게 행동으로 실천하는 사람은 반듯하게 성과물을 내놓게 됩니다. 행동하는 사람은 가족과 주변 모든 사람이 인정하고 존경을 받게 됩니다. 자신이 실천하지 못하는 것은 아예 말하지 않는 것이 현명한 것입니다. 그러면 말만 앞세우는 형편없는 사람이라는 비난은 받지 않게 되는 것입니다. 자신이 꼭 할 수 있는 것에 대해서만 말하되, 가능하면 그런 말도 하지 않는 것이 좋습니다. 그냥 조용하게 행동으로 실천하는 것이 자신을 인정받을 수 있는 좋은 덕목입니다. 남에게 인정받고 싶다면, 말보다 행동으로 옮겨야 합니다. 그리고 사람들에게 결과물을 내놓아야 합니다.

자신이 하는 일을 즐겁게 하시기를 바랍니다. 일이 그저 살아남기 위한 것이라고 생각해서는 안 됩니다. 일에는 보다 큰 의미가 있어야 합니다. 자신이나 이웃이나 세상을 위해 일한다고 하는 자세가 필요합니다. 그러면 일에 임하는 태도가 달라집니다. 다 큰 이상을 위해 일한다고 생각하면, 일은 즐거워지고 마구 힘이 솟게 됩니다. 그러면 일에 집중하게 되며 자신이 최고의 보물이 되고 성공할 가능성이 높습니다. 일에 대한 성취감과 보람도 매우 커지게 됩니다. 일에 끌려다니지 말고 일을 이끌어 나가야 합니다. 자신을 위해 일을 하되, 그 일의 결과가 다른 사람에게도 돌아갈 수 있어야 됩니다. 무엇보다도 제일 값진 보물은 자기 자신이라는 믿음이 중요합니다.

우리가 예수님을 믿었습니다. 왜 예수님을 믿었습니까? 자기 자신의 영혼의 구원을 위하여 예수를 믿은 것입니다. 예수님을 믿고 시간을 투자하면서 예배당에 가서 예배를 드립니다. 필요하면 철야기도도 합니다. 새벽기도로 합니다. 성령치유 집회도 참석합니다. 이러다가 성령으로 세례를 받게 됩니다. 이 모든 예배활동이 누구를 위한 것입니까? 자신을 위한 것입니다. 물론 예수님을 위한 것이라고 하는 분들도 있을 것입니다. 이는 전적으로 오버한 것입니다. 자신을 위해서 예수를 믿고 성령으로 세례도 받고 기도도 하고 예배도 드리는 것입니다. 깨닫지 못했을 지라도 자기 자신을 보물로 만들기 위해서 그렇게 하는 것입니다. 고로 자신이 최고로 여겨야 하는 보물은 바로 자기 자신인 것입니다. 보물은 먼곳에 있는 것이 아니고 자기 자신입니다.

바울 사도는 고린도교회 성도들에게 "너희는 하나님의 성전"이라고 말씀하셨습니다. 그리스도인은 하나님의 성전(聖殿)이라는 말씀입니다. 구약시대에는 예루살렘의 솔로몬 성전을 하나님 성전이라고 했고 오늘날은 교회를 하나님 성전이라고 합니다. 하나님 성전은 형태에 따라 두 종류로 나누어집니다. 하나는 성전 건물이요 다른 하나는 성도의 몸입니다. 성도의 몸이 어떻게 하나님 성전이 되느냐? 하나님께서 성령으로 성도의 마음에 들어와 계시기 때문입니다. 성도는 하나님 성전이 되는 것입니다.

최고의 보물이 된 것입니다.

하나님께서 성령으로 성도의 마음에 주인으로 들어와 계시기 때문에 성도는 하나님 성전입니다. 성전의 가장 오래된 이름은 성막(聖幕)과 회막(會幕)입니다. 광야시대와 사사시대를 거쳐 예루살렘에 솔로몬 성전이 건축되기 전까지는 하나님의 임재를 상징하는 법궤(法櫃)를 천막(天幕)에 안치했습니다. 그래서 성막과 회막이라고 한 것입니다. 구약시대 하나님 성전은 하나님께서 하나님 백성과 만나시는 장소이며 하나님 백성이 하나님께 예배드리는 거룩한 처소입니다. 구약시대에는 제사라는 의식을 통해 하나님께서 인간과 만나셨고(출애굽기 25:22, 29:42) 인간은 제사라는 의식을 통해 하나님께 나아갔습니다. 구약시대에 인간이 하나님께 나아가는 데는 많은 제약이 있었습니다.

이방인이나 신체에 흠이 있는 사람은 하나님 성전에 출입할 수 없었습니다. 또 성전은 이방인의 뜰, 여자의 뜰, 이스라엘의 뜰, 성소, 지성소로 엄격하게 구분돼 사람에 따라 들어갈 수 있는 구역이 정해져 있었습니다. 이방인이 이방인의 뜰의 경계를 넘어가면 돌에 맞아 죽었습니다. 여자는 여자의 뜰의 경계를 넘어갈 수 없고 남자는 이스라엘의 뜰에서 더 들어갈 수 없습니다. 그리고 성소와 지성소에는 제사장만 출입했습니다.

그런데 성전의 출입을 규제하는 이 모든 규례와 제도가 성전의 주인이신 예수님에 의해 개혁되었습니다. 이것을 성전의 영적발전(靈的發展)이라고 합니다. 구약시대에는 제사장이 성전에 거주하며 짐승을 잡아 피를 흘려 제사를 드렸는데 이런 제사제도는 참된 성전이 오실 때까지 한시적으로 드리는 제사였습니다. 참된 성전은 무엇이냐? 예수님입니다. 구약시대의 성전과 제사에 관한 모든 의식과 율법은 오실 메시아이신 예수님의 사역을 상징하는데 예수님께서 성전과 제사에 관한 모든 율법을 완전히 이루시고 성취하셨습니다.

구약시대의 제사장과(하나님과 인간의 중재 혹은 중보자), 속죄의 제물과(하나님 어린양), 하나님의 성전(예수님 자신이 하나님이시기 때문에)을 상징하는 예수님께서 인간의 죗값으로 십자가에 못 박혀 죽으심으로 율법과 제사에 관한 규례가 완전히 성취된 것입니다. 예수를 믿는 성도가 하나님의 성전이 된 것입니다. 자신의 온몸이 최고의 보물이 된 것입니다.

그리고 예수님께서 십자가에 못 박혀 돌아가실 때 하나님과 인간 사이를 가로막고 있던 지성소의 휘장이 위로부터 아래까지 찢어져 인간이 자유롭게 하나님 앞에 나아갈 수 있도록 길이 열렸습니다(마27:51, 히10:19-20). 그래서 예수를 믿는 사람은 살아계신 하나님의 성전이 되었음으로 자유롭게 하나님 앞에 나아가 기도하고 예배를 드리는 것입니다. 그리고 십자가에 못 박혀 돌아가시고 3일 만에 부활하신 예수님께서 오순절에 성령으로 강림하셔서 성도의 마음에 들어와 계시기 때문에 그리스도인은 하나님 성전이 되는 것입니다. 부활하신 예수님께서 오순절에 성령으로 강림하셔서 그리스도인의 온몸과 마음속에 주인으로 들어와 계시기 때문에 그리스도인은 하나님 성전이 되었다는 것을 기억하시기 바랍니다. 그래서 최고의 보물이 자신의 온몸인 것입니다. 이중요한 하나님의 성전을 더럽히면 하나님 심판을 받습니다. 본문 3:17,에 "누구든지 하나님의 성전을 더럽히면 하나님이 그 사람을 멸하시리라, 하나님의 성전은 거룩하니 너희도 그러하니라" 말씀하고 있습니다. 하나님 성전을 더럽히면 하나님께서 그 사람을 멸하신다는 말씀입니다. 성전을 더럽히지 말라는 말씀이 무슨 뜻이냐? 성전을 더럽히는 행위는 살인, 간음, 강도와 같은 범죄를 의미하기도 합니다.

중요한 것은 자신의 무의식에 잠재하여 있던 영적이고 정신적이고 상처와 스트레스로 형성된 문제들이 예수님을 온몸에 쌓지 못하게 방해합니다. 이러한 것들은 말씀을 안다고 해결이 되지 못합니다. 교회예배당에서 예배드리고 기도하며 산다고 해결되지 못합니다. 성령으로 세례를 받고 성령 안에서 오래 기도해야 정화가 됩니다. 이렇게 온몸을 정화해야 보물이신 예수님께서 온전하게 지배하시고 주인으로 역사하실 수가 있습니다. 반드시 성령으로 정화해야 가능합니다.

우리가 무의식을 성령으로 정화하지 않으면 예수님께서 온전하게 보물로 쌓이지 못합니다. 예수님께서 온전하게 주인이 되지 않으면 세상 신들이 방해하여 우상을 숭배하게 할 수가 있기 때문입니다. 이스라엘이 430년 체류기간 중 애굽에서의 야곱 후손은 '그릇된 신을 숭배하는 애굽 땅에서 오래 살았기 때문에' 우상을 숭배하는 버릇을 끊지 못했습니다.

이스라엘을 왜 70년 바벨론 포로로 끌려가게 하셨습니까? 우상을 숭배했기 때문입니다. 남 유다가 망하기 직전 활동했던 예레미야 선지자는 그들의 죄를 지적하면서, 우상숭배에 대하여 여러 차례 경고하였습니다(렘 1:16-17, 5:19, 13:10, 25:6-7, 44:5-6 등). "무리가 나를 버리고 다른 신들에게 분향하며 자기 손으로 만든 것들에 절하였은즉 내가 나의 심판을 그들에게 선고하여 그들의 모든 죄악을 징계하리라 (17) 그러므로 너는 네 허리를 동이고 일어나 내가 네게 명령한 바를 다 그들에게 말하라 그들 때문에 두려워하지 말라 네가 그들 앞에서 두려움을 당하지 않게 하리라."(렘 1:16-17). 당시 유다 백성들은 우상숭배에 골몰하여, 그 섬긴 우상의 수가 그들이 거한 성읍의 수와 같을 정도였습니다(렘 2:28, 11:13). 우리가 알아야 할 것은 세상 사람이나 종교를 가진 사람이나 할 것 없이 세상을 다스리는 신이 있다는 것을 믿고 섬기고 있습니다. 그래서 다수의 절이 높은 산에 있고, 무당들이 높은 산에 가서 높은 산에 있는 귀신을 접신 받으려고 손이 발이 되도록 비는 것입니다. 세상 신에게 잘 보여야 되기 때문에 종교가 생긴 것이고, 우상이 생긴 것입니다. 선민이라고 자부하던 이스라엘 유다 사람들도 하나님께서 눈에 보이지 않으니 보이는 우상을 만들어 숭배한 것입니다. 살아계신 하나님의 성전이 되어야 합니다. 자신이 온전하게 성전이 되는 일에 보물을 투자하면 하나님께서 반드시 값아 주신다는 믿음이 중요합니다. 이유는 자신이 온전하게 하나님의 성전이 되는데 물질을 투자했기 때문에 하나님께서 기뻐하시고 값아 주시는 것입니다.

다른 면으로는 고린도전서 본문의 앞부분을 읽어보면 바울 사도는 교회를 분열시키는 것을 성전을 더럽히는 행위로 말씀하셨습니다. 교회를 분열시키고 편을 나누는 것이 교회를 더럽히는 행위가 되는 것입니다. 교회에 왜 분열과 파당이 생기느냐? 두 가지 경우가 있습니다. 먼저 교회 안에 인간을 따라 파당이 생기는 경우가 있습니다(고전3:1-9). 고린도 교회는 바울 사도를 지지하는 파와 아볼로 파로 나누어져 있었습니다. 교회에서 인간의 뜻에 따라 파벌이 조성되고 나누어지는 것은 하나님 성전을 더럽히는 행위가 됩니다. 교회가 목사파, 장로파, 경상도파, 전라도파로 나눠지면 어떻게 되겠습니까? 그리고 교회에서 정치적인 문제로 파벌이 생기거나 나누어지면 안 됩니다. 그리스도인의 정치적 신념에 따라 어떤 정당을 지지하거나 반대할 수 있지만 교회가 분열되면 안 됩니다. 지연이나, 혈연이나, 학연이나, 어떤 이유로도 교회에 분열과 파당이 생기면 안 됩니다. 그리스도인은 예수님의 지체입니다. 교회에서 파벌을 조성하여 나누는 것은 예수님의 몸을 찢고 나누는 범죄가 된다는 것을 명심하셔야 합니다.

바울 사도는 "하나님 성전은 거룩하니 너희도 거룩하라."고 말씀하셨습니다. 거룩으로 번역된 말은 다르다, 구별된다는 뜻을 가지고 있습니다. 그리스도인은 세상 사람과 달라야 하고 교회는 세상과 달라야 한다는 뜻입니다. 성도는 성도답고 교회는 교회다워야 합니다. 교회에서 파당을 만드는 것은 하나님 성전을 더럽히는 행위가 되고 하나님 성전을 더럽히면 하나님의 심판을 받는다는 것을 기억하시기 바랍니다.

교회 성전은 하나님을 섬기고 복음을 전파하기 위해 존재한다는 말씀입니다. 자신의 온몸이 최고로 중요한 보물이라는 것입니다. 그러나 안타깝게도 오늘날 많은 교회가 교회 본연의 사명을 망각하고 엉뚱한 일로 시간과 물질을 낭비하고 있습니다. 예수님을 믿고 거듭난 자신의 온몸인 성전의 존재 목적은 하나님께 예배드리고 복음을 전파하는 데에 있습니다. 구제나 봉사나 사회활동으로 하나님께 드리는 예배를 소홀히 하는 것은 본말이 전도된 잘못된 교회입니다. 어떤 논리나 명분으로도 교회에서 예배보다 중요한 일은 없습니다. 인간은 하나님을 주인으로 모시고 살도록 하나님 형상대로 지음을 받았습니다. 그렇기 때문에 교회의 사명 중에 예배보다 중요한 사명은 없습니다.

교회의 두 번째 사명은 복음전파의 사명입니다. 교회는 복음을 전파해서 많은 영혼을 구원해야 합니다. 자선이나 구제나 사회정의를 구현하는 것도 교회의 사명에 속하지만 우선순위에서 그런 일들은 예배와 복음전파 다음입니다. 그리고 사회를 개혁하고 사회정의를 구현하기 위해서도 복음을 전파해야 합니다. 왜냐하면 복음이 전파돼서 영혼이 구원받고 새로운 피조물로 거듭나야 사회가 개혁되고 정의가 세워질 수 있기 때문입니다. 그리스도인이 어떤 자세로 하나님을 섬기고 복음을 전파해야 할까요? 하나님 일과 복음전파를 가장 중요하고 긴급한 사명으로 인식하고 열심히 최선을 다해야 합니다. 그리스도인은 본말이 전도된 인생관을 가지면 안 됩니다. 인생에서 하나님을 섬기고 천국과 영생을 준비하는 일보다 중요한 일은 없습니다. 그리스도인은 하나님 성전입니다. 성전은 하나님을 주인으로 모시고 복음을 전파하기 위해 존재한다고 말씀드렸습니다. 그리스도인은 하나님의 성전이므로 하나님을 주인으로 모시고 복음을 전파하는 일에 최선을 다해야 합니다. 그리스도인이 하나님을 영화롭게 하고 하나님의 거룩한 성전이 되려면 어떻게 해야 하느냐? 마음과 생각이 깨끗하고 거룩해야 합니다. 마음과 생각이 깨끗하고 거룩해야 거룩하고 의로운 행실을 낳기 때문입니다. 마음에 어리석은 생각을 품고 있는 사람은 어리석음이 행동으로 나타나고 불의한 인간은 불의함이 행동으로 나타납니다. 반면에 깨끗하고 거룩한 생각을 품고 있는 사람은 깨끗하고 거룩한 삶을 살아갑니다. 그리스도인의 마음과 생각이 깨끗하고 거룩해야 거룩한 사람이 되고 하나님의 거룩한 성전이 되는 것입니다. 하나님의 최고의 보물이 되는 것입니다.

성도는 말이 지혜롭고 신중해야 합니다. 그리스도인이 가장 많이 범하는 죄가 무엇이냐? 말과 입술로 범하는 죄입니다. 하나님께서는 하나님을 찬양하고, 하나님께 감사하라고 입을 주셨으며, 복음을 전하고, 이웃과 형제에게 사랑과 격려와 따뜻한 위로의 말을 하라고 입을 주셨습니다. 그런데 그 입으로 저주하고 모함하고 거짓말을 하면 어떻게 되겠습니까? 그리스도인의 입에서 모함과 저주와 거짓말이 나오는 것은 그리스도인의 마음이 시기와 죄악 된 생각으로 가득 차 있기 때문입니다. 야고보 사도는 "혀는 쉬지 아니하는 악이요, 죽이는 독이 가득한 것이라, 이것으로 우리가 주 아버지를 찬송하고 또 이것으로 하나님의 형상대로 지음을 받은 사람을 저주하나니 한 입에서 찬송과 저주가 나온다….”고 말씀하셨습니다(약3:8-10). 그리스도인은 “하나님! 내 마음과 내 입술에 파수꾼을 세워주셔서 마음과 입술로 범죄하지 않고 실수하지 않도록 지켜달라”고 기도해야 합니다.

다음으로 그리스도인의 행실이 지혜롭고 거룩해야 하나님과 교회를 영화롭게 합니다. 영화(榮華)가 무엇이냐? 귀하게 되어서 몸이 세상에 드러나고 이름이 빛나는 것을 영화라고 합니다. 그리스도인은 하나님과 교회를 영화롭게 해야 합니다. 그리스도인은 옷차림도 품위가 있어야 합니다. 다른 날은 몰라도 주일날 교회에 나오실 때는 깨끗한 옷을 입고 오시기 바랍니다. 옷차림이나 유행도 때와 장소를 가릴 줄 알아야 합니다. 유행을 따른다고 품위가 있는 것은 아닙니다. 사람은 나이에 따른 아름다움이 있습니다. 어린아이가 귀엽고 사랑스러운 것은 지혜로움과 완숙함이 아니라 미완의 순수함 때문입니다. 또한 청년의 아름다움은 젊고 씩씩한 기상이지 어린아이의 미숙함이나 교활함이 아닙니다. 반면에 나이가 든 사람은 중년의 중후한 아름다움이 있고 노년에 속한 사람에게는 인생의 원로와 연장자로서 세월이 주는 아름다움이 있습니다. 나이가 든 것을 숨기려고 하지 말고 나이가 주는 아름다움을 계발하시기 바랍니다. 중년의 중후함과 인생의 황혼이 주는 아름다움은 인생의 깊이와 인생의 무게가 한껏 실린 세월이 주는 아름다움입니다. 그리스도인은 천국의 영생복락을 믿고 소망하는 사람답게 살아야 합니다. 자신이 믿는 신앙과 모순되는 삶을 살면 안 됩니다. 마음이 깨끗하고 행실이 아름답고 거룩해야 하나님과 교회를 영화롭게 한다는 것을 기억하시기 바랍니다.

말씀을 맺겠습니다. 하나님께서 최고의 보물로 여기는 것이 무엇인가하고 질문한다면 분명하게 예수님을 믿고 성령으로 거듭난 성도 한 사람 한사람이라고 대답하실 것입니다. 하나님께서 성령으로 그리스도인의 마음에 주인으로 들어와 계시기 때문에 그리스도인은 하나님 성전입니다. 깨닫고 보면 예수님을 믿고 성령으로 거듭난 자신의 온몸이 최고의 보물인 것입니다. 자신의 온몸을 최고의 보물로 알고 관리해야 합니다. 그리스도인은 성전답게 최고의 보물답게 깨끗하고 거룩해야 합니다. 구약시대에 하나님 성전을 더럽히면 돌로 쳐서 죽이거나(레위기 15:31) 그 사회 공동체로부터 추방을 당했습니다(민수기 19:20). 하나님 성전이 된 성도 여러분의 행실이 하나님을 욕되게 하면 하나님의 심판을 받는다는 것을 기억하시기 바랍니다.

살아계신 하나님의 성전은 바로 예수님을 믿은 자신입니다. 하나님의 성전인 자신의 존재 목적은 하나님 주인으로 모시고 복음을 전파하는 데 있습니다. 하나님을 주인으로 모시고 복음을 전파하는 일보다 중요한 일은 없다는 것을 기억하시기 바랍니다. 마음이 깨끗하고 행실이 거룩해야 하나님을 영화롭게 해야 합니다. 그리스도인은 마음과 생각이 깨끗하고 말과 행실이 진실하고 거룩해야 합니다. 성도 여러분은 거룩한 하나님의 성전입니다. 하나님의 최고의 보물입니다. 거룩한 하나님 성전답게 빛과 진리 가운데 행하시기를 주님의 이름으로 축원합니다.

25장 하나님의 성전 되는 일에 보물을 쌓아라.

(고전 3:16)"너희는 너희가 하나님의 성전인 것과 하
나님의 성령이 너희 안에 계시는 것을 알지 못하느냐"

자신이 걸어 다니는 성전이 되는 일에 보물을 쌓아야 합니다. 자신이 걸어 다니는 성전이 되는 것은 지금 천국을 만끽하며 누리려는 성도들의 필수입니다. 하나님의 나라 천국이 자신과 같이 동행하기 때문에 자동으로 천국이 되기 때문입니다. 하나님은 크리스천들이 걸어 다니는 성전의식을 가지고 믿음생활 하기를 소원하십니다. 이유는 지금 천국을 만끽하며 누려야 하기 때문입니다. 하나님께서 마음 안에 주인으로 계시기 때문입니다. 걸어 다니는 성전의식을 가지고 살아야 성전에 계신 하나님의 권능으로 기적을 체험하면서 살아갈 수가 있습니다.

따라서 천국을 만끽하고 누리면서 살아갈 수가 있습니다. 하나님은 보이는 예배당에 계시지 않습니다. 성도 한 사람, 한 사람의 마음 안에 주인으로 임재 하여 계십니다. 성전을 견고하게 세운다는 것은 자신 안에 주인으로 계시는 하나님께서 전 인격을 지배하는 것입니다. 크리스천들이 바르게 알아야 할 것이 있습니다. 교회예배당을 세우려고 교회에 다닌다고 한다면 잘못 이해한 것입니다. 교회예배당에 출석하는 것은 먼저 자신을 성전으로 가꾸기 위해서 출석하는 것입니다. 자신의 전인격이 성전(교회)으로 가꾸기 위하여 예배당의 예배에 빠짐없이 출석해

야 합니다. 크리스천은 예배당을 통하여 자신을 성전으로 가꿀 수가 있기 때문입니다. 예배당에서 목사님의 설교를 들으면서 영을 깨우고 선배들의 신앙지도를 받으면서 영이 자라 전인격이 성전으로 가꾸어지기 때문입니다. 자신의 전인격을 성전으로 가꾸기 위하여 예배당을 건축해야 합니다. 전인격을 성전으로 가꾸어야 전인적인 복을 받습니다. 하나님의 뜻은 자신이 먼저 잘되는 것입니다. 자신이 잘되어야 전도가 가능합니다.

하나님은 "너희가 하나님의 성전인 것과 하나님의 성령이 너희 안에 거하시는 것을 알지 못하느뇨"(고전 3:16). 성경은 '하나님의 성전,' 즉 '하나님이 거하시는 성전'이 예수를 주인으로 영접한 사람의 몸이라고 말씀합니다. 우리는 달력 등에 실린 삽화에서 예수님이 문밖에서 노크하고 계신 그림을 본적이 있습니다(계 3:20). 우리의 마음 문밖에 서 계신 예수님을 우리의 마음 안에 모셔 들입시다. 무너져 내린 전인격을 말씀과 성령으로 치유하여 성전을 다시 건축해야 합니다. 하나님께서 오늘 우리에게 이렇게 명하십니다. '내가 거할 성소를 너희 마음 안에 지으라.' 수천 년 전 이 땅에 세워졌던 성전은 우리 마음 안에 건축되어야 할 성전의 표상입니다. 하나님의 지도하심을 따라서 성도의 전인격이 성전으로 완성되고 예수 그리스도의 거룩한 피가 우리의 전인격인 성전에 뿌려져야 합니다.

첫째, 성령으로 전인격을 청소하고 정리하라. 집안을 다스리려면 마음 안에 계신 성령하나님께서 주인으로 좌정하고 계셔야 합니다. 세상에서도 집안을 다스리려면 집안을 청소하고 정리해야 되는 것처럼 마음을 성령으로 청소하고 하나님께서 다스려야 되는 것입니다. 말씀과 성령으로 정신적으로 미움, 분노, 시기, 질투, 교만, 탐욕 같은 쓰레기더미의 원인을 찾아내고 양심의 고통스런 죄책을 다 회개하고 성령의 역사로 씻어야 마음을 다스릴 수가 있는 것입니다. 마음에 세상과 스트레스로 들어온 쓰레기가 잔뜩 쌓여있고 마음이 안정되지 못하고 불완전하게 흩어져서 정신을 차릴 수 없는데 다스려집니까?

마가복음 7장 21절로 23절에 "속에서 곧 사람의 마음에서 나오는 것은 악한 생각 곧 음란과 도둑질과 살인과 간음과 탐욕과 악독과 속임과 음탕과 질투와 비방과 교만과 우매함이니 이 모든 악한 것이 다 속에서 나와서 사람을 더럽게 하느니라" 우리 속에는 세상을 살아오면서 들어온 쓰레기더미가 있습니다. 너나 할 것 없이 우리 가슴을 활짝 펴고 진리의 말씀과 성령으로 충만한 가운데 자신 안을 들여다보면 쓰레기더미가 다 있어요. 남에게만 쓰레기더미가 있다고 손가락질하지 말 것은 내 속에 쓰레기더미가 있는 것입니다. 그러므로 이것을 찾아서 청산해야 돼요. 쓰레기더미를 어떻게 청산합니까? 우리가 성령 안에서 온몸으로 기도하면 성령의 역사를 통해서 청산할 수 있는 것입니다. 온몸으로 기도할 때 성령께서 귀신들을 몰아내시는 것입니다.

우리의 전인격인 성전에 하나님을 주인으로 모시고, 성령으로 마음을 정리정돈 하고 여유가 생겨서 마음속이 행복하면 환경이 행복한 환경으로 변화되는 것입니다. 먼저 버려야 할 사소한 생각으로는, 불행하다는 마음과 마음의 고통, 슬픔, 상처 등 주로 부정적인 것들을 다 밀어내야 합니다. 화, 불안, 분노, 비난 등 부정적인 감정들도 지금 당장 버리고 망설이고, 걱정하고, 불신하고, 갈등하고, 조급증, 적대감 등의 행동을 과감하게 성령의 역사를 통하여 정화해야 합니다. 성령으로 충만하면 마음속의 쓰레기가 밀려서 나가는 것입니다. 마음이 세상 것으로부터 해방되면 행복하게 된다는 것입니다. 우리가 영혼의 만족을 누리면서 성공적이고 행복한 삶을 살기 위해서는 무엇보다 먼저 우리의 생각과 감정과 행동 가운데 부정적이고 소극적인 쓰레기더미를 예수님의 보혈과 성령의 역사로 씻어내고 우리 마음을 십자가 구속의 은혜로 채워야 하는 것입니다.

둘째, 하나님을 주인으로 모시고 살아라. 하나님께서 마음 안에 주인으로 계시니 우리는 천국의 삶을 사는 것입니다. 우리는 모두 다 영원한 천국의 꿈을 갖고 사는 것입니다. 꿈이 없는 백성은 망한다고 말한 것입니다. 작은 꿈, 큰 꿈, 살아있는 사람은 다 마음에 꿈을 갖고 있는 것입니다. 그런데 희망찬 꿈을 갖고 살아야지 꿈이 언제나 비관적이고 절망적이면 절대 행복하지 않습니다. 마음 안에 주인으로 계시는 예수님을 쳐다보고 용서와 의의 꿈을 언제나 꿀 수 있고 거룩하고 성령 충만한 꿈을 꿀 수 있고 치료받고 건강한 꿈을 꿀 수가 있고 아브라함의 복과 형통을 얻을 꿈을 꿀 수 있고 부활 영생 천국의 꿈을 꿀 수가 있습니다. 꿈은 꿈이니까요. 그래서 내 영혼이 잘됨같이 범사에 잘되며 강건하고 생명을 얻되 넘치게 얻는 꿈을 꾸고 나아가면 그 꿈이 우리들을 그 세계로 이끌어 가는 것입니다. 자신이 꿈을 이루는 것이 아닙니다. 절대로 그것은 오해하지 마십시오. 꿈을 가슴에 품고 있으면 성령께서 꿈을 이끌어 가는 것입니다. 그렇기 때문에 꿈을 갖는다는 것은 그렇게 중요한 것입니다. 믿음의 주요 또 온전케 하시는 예수를 바라보라고 성경에 말한 것입니다. 예수를 바라보고 나아가면 그 꿈이 우리를 예수께로 이끌어 주는 것입니다.

그래서 "누구든지 그리스도 안에 있으면 새로운 피조물이라 이전 것은 지나갔으니 보라 새것이 되었도다." 이전의 죄악된 삶, 부패한 삶, 병든 삶, 패배와 실패, 낭패, 가난, 저주의 삶. 죽음의 고통의 삶이 다 사라지고 새로운 삶, 영혼이 잘됨같이 범사에 잘되며 강건하고 생명을 얻되 넘치게 얻는 삶으로 변화되는 것입니다. 그것은 내가 노력하고 힘쓰고 애써서 되는 것이 아니라, 꿈이 그 세계로 이끌어 가는 것입니다. 우리가 마음 안에 예수님을 주인으로 모시면 성령이 오셔서 그 꿈대로 변화시켜 주는 것입니다.

셋째, 사람들에게 은혜를 입는 삶. 하나님께서 함께 하시고, 걸어 다니는 성전의식을 가지고 살아가는 성도는 주변 사람들 앞에서 은혜를 받고 사는 것입니다. 하나님께서 함께 하시는 증표가 어디를 가든지 주변 사람들에게 은혜를 받고 주는 것입니다. 하나님께서 살아계시기 때문입니다. 그래서 우리는 자녀들이나 배우자나 교우들을 위하여 기도할 때에 주변 사람들을 통하여 은혜를 입는 자가 되도록 기도해야 합니다. 또한 주변 사람에게 은혜를 끼치는 자가 되라고 기도해야 합니다. 이방 나라에 포로가 된 느헤미야는 이렇게 기도합니다. "종들의 기도를 들으시고 오늘 종이 형통하여 이 사람들 앞에서 은혜를 입게 하옵소서(느1:11)" 기도의 응답은 형통이고 이 형통의 구체적인 표현은 아닥사스다 왕에게서 은혜를 받는 것입니다.

느헤미야의 기도의 구체적 내용은 포로생활을 하던 자신의 삶을 청산하고 돌아가는 것입니다. 그에게는 자신의 조국 예루살렘의 운명을 안타까워하는 마음이 있었습니다. 우리는 오늘 먼저 한 가지 결론을 내립니다. 걸어 다니는 성전으로 사는 성도가 기도하여 하나님의 응답을 받게 되는 구체적인 일은 바로 사람들에게서 은혜를 받은 것입니다. 걸어 다니는 성전으로 사는 성도는 일상생활 속에서 사람들과 함께 잘 사는 것입니다. 사람들 속에서 하나님과 교통하며 살아가는 것입니다. 명절이 되어 우리가 만나는 가족 간에도 은혜를 받게 되는 것입니다. 걸어 다니는 성전이 되어 사람들과의 관계 속에서 하나님이 주시는 은혜를 사람들에게 전이시키는 성도가 되기를 바랍니다.

느헤미야는 이방 나라에서 아닥다스 왕에게 은혜를 입습니다. 아닥사스다 왕은 하나님께 기도하고 있는 느헤미야의 상관입니다. 느헤미야는 하나님의 백성입니다. 하나님의 백성에게 역사하시는 하나님의 은혜의 수단은 페르시아 제국의 왕입니다. 그리고 페르시아의 종교는 조로아스터교입니다. 이 조로아스터교의 신자인 아닥다스 왕이 하나님의 손에 이끌려서 하나님의 일을 하고 있습니다. 하나님이 예수 믿는 사람을 구원하신다는 사실은 분명하지만, 하나님이 이 예수 믿는 사람들만을 제한적으로 사랑하는 특정한 사랑이 아닌 것을 깨달아야 합니다. 하나님은 세상을 이처럼 사랑하셔서 독생자를 주실 때에 불교신자를 사랑하시고 이교신자들도 사랑하셨습니다. 모두 예수를 믿고 돌아오기를 기다리십니다. 하나님은 사람을 귀하게 여기시고 사람을 통하여 일하십니다.

하나님의 사랑은 하나님의 백성과 자녀라고 하는 울타리를 뛰어넘는 우주적 사랑이시고, 하나님은 모든 인간에게 대한 기본적인 사랑을 베푸십니다. 그래서 하나님이 위대하신 것입니다. 우리의 왜곡된 신앙이 하나님을 협소하게 한 것입니다. 우리가 기도할 때에 구체적으로 기도해야 합니다. 느헤미야의 기도가 위대했던 것은 구체적으로 기도했기 때문입니다. "하나님! 제게 은혜를 베풀어 주셔서 아닥사스다 왕과 페르시아 통치자들에게 역사해주셔서 제게 은혜를 베풀어 주십시오"라고 기도합니다. 하나님께서 느헤미야와 함께하시기 때문에 기도에 응답하시는 것입니다. 우리는 하나님께 우리의 병을 고쳐주시고 건강하게 해달라고 기도하면서 구체적으로 기도하지 않습니다. 기도자의 형통은 바로 나와 가까이 있는 사람을 통해서 주시는 은혜의 역사입니다. 하나님은 사람을 통하여 일을 하십니다.

그러므로 자신이 하는 기도를 통하여 역사하시는 것입니다. 기도할 때 성령님이 역사하시고 하늘의 천사들이 동원됩니다.

자신이 병들어 기도할 때 질병을 치유할 수 있는 사람을 천사를 통하여 만나게 하십니다. 기도는 영의 활동입니다. 기도할 때 성령으로 충만할 수 있습니다. 성령으로 충만해야 하나님의 손을 움직일 수가 있는 것입니다. 하나님의 손을 잘 움직이도록 기도하는 성도가 걸어 다니는 성전의식으로 사는 성도입니다.

느헤미야가 아닥사스다 왕을 만날 때에 그 옆에 왕후가 옆에 있었습니다. 페르시아제국의 왕후들은 공식적인 자리에 잘 나타나지 않는다고 합니다. 그런데 이 왕후가 느헤미야와 자신의 왕이 수산 궁에서 연회를 베풀 때 나타났다고 하는 것은 둘 중의 하나로 보입니다. 하나는 이 자리가 공식적인 자리가 아닌 사적인 자리이거나 아니면 왕후가 관례를 깨고 느헤미야를 도우려고 왕을 설득하고자 나왔다는 것입니다. 왕후가 느헤미야와 왕의 사이에서 가교역할을 했습니다.

그러면 이 느헤미야는 아닥사스다 왕 뿐 아니라, 그의 왕후의 도움까지도 받았다는 이야기입니다. 자기 주변에 있는 사람을 하나님이 내게 은혜를 베푸는 통로로 삼는 자가 복이 있습니다. 하나님은 내 옆의 가까이 있는 사람을 통해서 은혜를 베풀어 주시고 기도자의 형통을 베풀어 주십니다. 우리는 가까이 있는 사람들과 관계를 잘 맺어야 합니다. 하나님은 가까이 있는 사람을 통하여 당신의 문제를 해결하여 주십니다.

당신의 가까운 곳에 하나님의 형통의 복을 가진 사람이 있습니다. 우리는 빈부귀천, 남녀노유를 따지지 말고 귀한 하나님의 은혜의 통로라고 생각하며 관계를 맺어야 합니다. 제가 지금까지 하나님에게 기도하여 문제를 해결한 것은 가까이 있는 사람을 통하여 문제를 해결했습니다. 절대로 하나님은 생판 모르는 사람을 통하여 당신의 문제를 해결하는 경우는 극히 드물다는 것을 이해하시기 바랍니다.

느헤미야는 왕 앞에 나갈 때 수심이 가득했습니다. 왕정시대에 왕 앞에 나갈 때 수심이 가득한 사람은 모략을 꾸며 심지어 자객이 될 수도 있는 상황이 될 수 있다는 이유로 왕 앞에서 수심이 있는 얼굴은 금했습니다. 그러나 일상적인 관례를 벗어난 느헤미야의 수심을 보고도 아닥사스다 왕은 걱정합니다.

이때 느헤미야는 "왕이시여 내가 소식을 들었는데 내 조국 이스라엘이 다 망하고 예루살렘의 성문이 무너지고 불탔다고 합니다. 이 궁에서 왕에게 은총을 입었지만 나 혼자 호위호식을 할 수 있겠습니까?" 느헤미야의 이야기를 듣고 아닥사스다 왕은 이렇게 이야기 합니다.

"네게 어떻게 해주면 되겠느냐?" 그때부터 느헤미야는 2장에 나오는 일련의 프로젝트를 브리핑하기 시작합니다. "저를 예루살렘으로 떠나게 하시고 조서를 주셔서 제가 페르시아의 영토를 지날 때 마다 그 지역의 총독들로부터 보호받게 해주십시오. 또 성벽과 성읍을 건축할 때 필요한 자재들을 얻도록 도움을 베풀어 주시길 원합니다." 느헤미야서를 읽어보시면 느헤미야는 철저하게 예루살렘 성벽을 재건할 계획을 가지고 왕이 물어 볼 때에 주저하지 않고 대답하게 됩니다. 왕은 느헤미야의 요구를 다 들어줍니다. 하나님이 주변의 사람들을 통해서 자신의 문제를 해결토록 허락해주실 때 "내가 네게 무엇해 주길 원하느냐"라고 물으실 때 우리는 대답을 준비해야 합니다. 우리도 걸어 다니는 성전의식으로 자신 안에 계신 하나님께 느헤미야처럼 구체적으로 기도하여 하나님의 응답을 받으시기를 바랍니다.

넷째, 말씀과 성령으로 전인격을 성전으로 가꾸어야 한다. 성도는 전인격이 성전이 되도록 말씀과 성령으로 가꾸어야 영혼의 만족으로 행복합니다. 크리스천의 모든 권능은 마음 안에 주인으로 계시는 예수님에게서 흘러나오는 것입니다. 우리는 늘 깨어서 마음 안에 세상 것들이 들어와 집을 짓지 못하도록 말씀을 묵상하고 성령으로 기도하면서 전인격이 성전 되도록 자신을 정화시켜야 합니다. 아하스가 죽은 후, 그의 아들 히스기야가 왕이 되었습니다. 히스기야는 지난 세월 교만했던 이스라엘과 유다 왕들과는 달리 다윗이 한 모든 것을 그대로 본받아 행한 올바른 왕이었습니다.

그는 25세의 젊은 나이에 왕이 되었지만 하나님의 마음을 알았기 때문에 하나님이 보시기에 옳게 행함으로 닫혀있던 성전 문을 열고 수리했습니다. 그리고 제사장들과 레위 사람들을 모으고 자신을 성결케 하고 성전을 성결케 하여 더러운 것을 없애도록 지시했습니다. 이것이 바로 성전 정화 사건입니다.

필자도 하나님 앞에 무릎 꿇고 기도할 때마다 내 마음에 예수님이 주인으로 들어 오셔서 순결한 자녀라고 여겨주시기를 생각하면서 성령으로 기도합니다. 분명하게 보이는 건물이 성전이 아닙니다. 예수 믿는 내가 성전입니다. 마음 안에 하나님께서 좌정하고 계시기 때문입니다. 자신은 걸어 다니는 성전입니다. 성전은 하나님을 만나는 곳이고 하나님의 기쁨이 되는 곳이기 때문입니다. 그러니 내가 교회를 오면 교회가 성전입니다. 내가 가정에 가면 가정이 성전입니다. 우리가 일터에 나가면 그곳이 성전입니다. 자신이 성전이기 때문입니다. 거기서 주님과 동행하며 주님의 기쁨이 되어야 하기 때문입니다. 항상 주님과 동행의식을 가져야 합니다. 그런데 그 성전이 인간의 욕망으로, 돈 때문에 타락하고 말았습니다. 예수님은 그 성전에 들어가셔서 모든 것을 뒤집어 엎으셨습니다. 예수님이 성전이시기 때문입니다. 돈이 기준이고 인간의 욕망이 기준인 곳은 이미 성전이 아니기 때문입니다. 주일은 영과 진리로 예배를 드리며 우리의 전인격인 성전을 청소하는 날입니다. 성전인 우리의 전인격에 주님이 주인으로 거하실만하실까? 우리의 마음은 깨끗할까? 그렇지 못하면 성령의 임재 가운데 주님의 보혈에 의지하여 고백하며 청소해야합니다, 그리고 말씀과 성령으로 충만하게 채워야 합니다. 그래야 다시 주님과 통할 수 있습니다.

주님과 통해야 지금 천국을 만끽하며 누릴 수가 있는 것입니다. 절대로 천국의 주인은 예수님이시기 때문입니다. 예수님 안에 천국이 있습니다. 예수님을 주인으로 모신 사람이 천국이 되는 것입니다. 그렇기 때문에 걸어 다니는 성전의식은 참으로 중요한 것입니다. 걸어 다니는 성전이 되니 지금 천국을 만끽하며 누리는 것입니다.

26장 하나님의 영광을 위하여 보물을 사용하라.

(약 5:1-6)"들으라 부한 자들아 너희에게 임할 고생으로 말미암아 울고 통곡하라. 너희 재물은 썩었고 너희 옷은 좀먹었으며, 너희 금과 은은 녹이 슬었으니 이 녹이 너희에게 증거가 되며 불 같이 너희 살을 먹으리라. 너희가 말세에 재물을 쌓았도다. 보라 너희 밭에서 추수한 품꾼에게 주지 아니한 삯이 소리 지르며 그 추수한 자의 우는 소리가 만군의 주의 귀에 들렸느니라. 너희가 땅에서 사치하고 방종하여 살륙의 날에 너희 마음을 살찌게 하였도다. 너희는 의인을 정죄하고 죽였으나 그는 너희에게 대항하지 아니하였느니라."

하나님은 자신과 가정과 예배당에 하나님의 나라를 건설하는 일에 보물을 사용하라고 말씀하십니다. 예수를 믿고 성령으로 거듭난 성도들은 하나님께서 주신 보물을 바르게 사용해야 합니다. 먼저 질문을 하나 드리겠습니다. 마음속으로 대답을 해 보시기 바랍니다. "재물은 축복의 수단일까요? 저주의 수단일까요?" 위대한 성자 어거스틴은 이렇게 대답했습니다. "재물은 그 자체로는 축복도 저주도 아니다. 그것은 마치 한 자루의 칼과 같은 것이다" 한 자루의 칼은 그 자체로만은 좋은 것인지 나쁜 것인지 판단할 수 없습니다. 다만 그 칼을 사용하는 사람이 누구인가에 따라서 달라집니다. 만약 그 칼을 강도가 사용한다면 그것은 사람에게 나쁜 도구가 됩니다. 하지만 그 칼을 의사가 환자를 수술하는데 사용하면 그것은 매우 좋은 도구가 됩니다.

따라서 재물은 축복인가? 저주인가? 하는 것은 재물을 어떻게 모으고 어떤 사람이 어디서 사용하느냐에 따라서 달라집니다. 재물이란 사용하는 사람에게 따라서 축복의 도구가 될 수도 있고, 저주의 수단이 될 수도 있습니다. 하나님은 오늘 본문을 통하여 그리스도인의 올바른 재물관(물질관)에 대하여 사도 야고보를 통하여 말씀하고 계십니다.

첫째, 주님은 재물을 모으는 방법에 대하여 말씀하십니다. 본문 야고보서 5장 4절 말씀입니다. "보라 너희 밭에 추수하는 품꾼에게 주지 아니한 삯이 소리를 지르며 추수한 자의 우는 소리가 만군의 주의 귀에 들렸느니라." 당시 많은 부자들이 품꾼을 고용하여 일을 시킨 후에 약속한 임금을 주지 않고 불의한 일을 많이 행했습니다. 품꾼들은 하루하루 일해서 먹고 사는 가난한 사람들입니다. 그날그날 임금을 받지 않으면 생활에 큰 어려움을 받는 사람들입니다.

요즘 우리나라도 경기 침체로 새벽 4시에 인력시장에 가서 기다려도 일할 곳이 없다고 합니다. 노동자들이 하루 일해서 생활하는 형편에 그날 임금을 받지 못했을 때 얼마나 실망이 크겠습니까! 그래서 본문에 '품꾼들의 울음소리가 하나님의 귀에 들렸다'고 했습니다. 하루 종일 땀 흘려 일을 했는데 한 푼도 받지 못했을 때의 서러움을 생각해 보십시오. 빈손으로 집에 갈 때의 심정을 생각해 보십시오.

자식들이 맛있는 것을 기다리고 있는데 빈손으로 들어갈 것을 생각해 보십시오. 너무너무 원통하고 분하고 속상한 나머지 통곡할 수밖에 없는 상황입니다. 필자도 한 때 인력시장에 갔다가 일을 하지 못하고 돌아올 때 마음이 괴로웠습니다. 요즘 우리나라도 평생 몸담고 청춘을 바쳐 일한 회사에서 퇴직금 한 푼 못 받고 강제로 퇴직을 당하는 사람도 있습니다. 또 회사에서 일하다가 몸을 다쳐서 더 이상 일을 할 수도 없고, 보상도 못 받고 생계가 막막한 사람도 있습니다. 이런 사람들을 생각하면 얼마나 억울하겠습니까! 그래서 노동자들이 임금을 달라고 애원하면 부자들은 한 술 더 떠서 법적으로 하자고 합니다.

그래서 본문 야고보서 5장 6절 말씀에 이렇게 기록합니다. "너희가 옳은 자를 정죄하였도다. 또 죽였도다. 그는 너희에게 대항하지 아니하였느니라." 품꾼들은 아무런 대항도 못했습니다. 그것은 마치 계란으로 바위를 치는 것과 같았기 때문입니다. 당시 부자들은 모든 판사들을 돈으로 매수 해 놓은 상태였기 때문에 판사들의 판결이 공정할 수가 없었습니다. 결국 유전무죄요, 무전유죄라는 말입니다.

하나님은 신명기 24장 14-15절에서 말씀하십니다. "곤궁하고 빈궁한 품꾼은 너희 형제든지 네 땅 성문 안에 우거하는 객이든지 그를 학대하지 말며 그 품삯을 당일에 주고 해진 후까지 끌지 말라 이는 그가 빈궁하므로 마음에 품삯을 사모함이라 두렵건대 그가 너를 여호와께 호소하면 죄가 네게로 돌아갈까 하노라" 그리스도인들은 정당한 방법으로 재물을 모아야 합니다. 품삯을 줄 것은 바르게 정확하게 주어야 합니다. 빚은 갚아야 합니다. 남의 눈에 피눈물 흘리게 하고 부자 되면 안 됩니다. 우리말에 '꿩 잡는 것이 매라'는 말이 있습니다. 또 '모로 가도 서울만 가면 된다.'는 말이 있습니다. 그리고 '성공한 쿠데타는 죄가 아니다'는 말이 있습니다. 과연 그렇습니까?

세상 사람은 몰라도 우리 그리스도인들은 정당한 방법과 절차를 무시하면 안 됩니다. 세상 사람들은 결과를 중요시 하지만, 그리스도인은 과정을 더 중요하게 생각해야 합니다. 왜냐하면 최종적인 심판은 하나님만이 아시기 때문입니다. 바르게 물질을 벌어들이고 하나님의 나라 확장에 사용해야 합니다.

둘째, 주님은 우리가 재물을 어떻게 사용하기를 원하십니까?
본문야고보서 5장 2-3절 말씀입니다. "너희 재물은 썩었고 너희 옷은 좀 먹었으며 너희 금과 은은 녹이 슬었으니 이 녹이 너희에게 증거가 되며 불같이 너희 살을 먹으리라 너희가 말세에 재물을 쌓았도다" 주님은 우리가 정당한 방법으로 얻은 재물을 그냥 쌓아 두지 않기를 원하십니다. 저는 크리스천들이 정당한 방법으로 돈을 많이 벌어야 한다고 생각합니다. 보물을 온몸이 성전되는 일에 쌓으면 된다고 믿습니다. 우리 성도들이 부자 되기를 진심으로 축원합니다. 우리교회도 한 달에 십일조를 100만원 500만원 1000만원 아니 그 이상으로 많이 드리는 부자 성도들이 많아지기를 소원합니다. 미국의 록펠러 같은 거부가 배출되기를 축원합니다. 불신자들에게 돈을 왜 **빼앗깁니까**? 악한 사람들이 돈을 벌도록 내버려 둡니까? 성도들이 불신자에게 왜 사기를 당합니까? 원인이 무엇인가 성령의 임재가운데 찾아서 해결해야 합니다. 저는 욕심 때문에 사기를 당한다고 말합니다. 할 수만 있으면 예수를 믿는 성도가 부자가 되어야 합니다. 성도가 돈을 많이 벌어야 합니다. 그러나 하나님이 진정으로 원하는 것이 있습니다. 그것은 재물을 세상에 쌓아두지 말라는 말씀입니다. 재물이 쌓이면 좀이 먹고, 녹이 슬고, 부패하고 타락합니다. 세상에 재물은 쌓아두면 저주의 도구가 되지만, 성전에 쌓아서 잘 사용하면 축복의 도구가 됩니다. 이스라엘에 가면 갈릴리 호수가 있는데 거기는 물이 맑고 깨끗하며 많은 어족들이 잘 살고 있습니다. 그러나 사해바다는 염분이 많고 물이 좋지 않아서 어족들이 살 수가 없는 곳입니다.

그 이유는 무엇일까요? 갈릴리 호수는 요단강 물을 받아들여 아낌없이 밑으로 내려 보냅니다. 그러나 사해 바다는 물을 받기만 하지 내어 보내지 않습니다. 그러니 결국 그 물이 썩고 부패하여 생명이 살 수 없는 것입니다. 세상 사람들은 '돈은 개처럼 벌어서 정승같이 써야 한다.'고 말합니다. 그러나 믿는 사람들은 '돈을 정승처럼 벌어서 정승처럼 써야' 합니다. 자신의 전인격이 하나님의 성전되는데 하나님의 영광을 위하여 하나님의 나라를 건설하는 일에 보물을 사용해야 합니다.

그러면 주님이 원하시는 곳은 어디입니까? 성도가 재물을 사용할 때 주의해야 할 내용이 있습니다. 본문 야고보서 5장 1절과 5절 말씀입니다. "들으라! 부한 자들아 너희에게 임할 고생을 인하여 울고 통곡하라", "너희가 땅에서 사치하고 연락하여 도살의 날에 너희 마음을 살지게 하였도다." 우리는 재물을 사용할 때 주님께서 심판 날에 물으실 것을 기억하고 써야 합니다. 우선적으로 자신과 가정이 온전하게 하나님의 성전, 천국을 만드는 일에 보물을 사용해야 합니다. 감리교 창시자 요한 웨슬리는 우리가 천국에 가면 하나님이 세 가지를 묻는다고 했습니다.

너의 시간을 어디에 사용했나?

너의 재물을 어디에 사용했나?

너의 자녀를 어떻게 양육했나?

우리는 심판 날에 주님이 물으실 것을 알고 재물을 정당하고 바르게 사용해야 합니다. 따라서 우리는 재물을 사치하고 즐기고 타락하고 부패한 곳에 쓰면 안 됩니다. 특별히 아무리 돈이 많아도 마음을 살찌게 하지 말아야 합니다. 영혼의 건강을 위하여 보물을 사용해야 합니다. 요즘 비만이 얼마나 사회적 이슈입니까? 살을 빼기 위해 살과의 전쟁을 선포한 사람들이 많습니다. 우리 동네 '우면산 공원'에 가 보세요! 건강을 위하여 운동하시는 분들이 많습니다. 참 보기 좋습니다. 특별히 살과의 전쟁을 치르시는 분들이 많습니다. 육신의 살도 빼야 하지만 더 중요한 것은 마음속의 탐욕의 살을 빼야 합니다. 돈이 아무리 많은 부자라도 마음이 가난해야 합니다. 마음이 가난해야 주님 앞에 책망 듣지 않습니다. 그러므로 성도는 하나님이 주신 재물을 잘 사용해야 합니다. 호흡이 건강할 때 자신과 가정이 하나님의 성전되는 일에 보물을 사용해야 합니다.

1) 하나님은 우리가 가족을 돌아보는데 보물을 사용하기를 원하십니다. 디모데전서 5장 8절 말씀에 "누구든지 자기 친족 특히 자기 가족을 돌아보지 아니하면 믿음을 배반한 자요 불신자보다 더 악한 자니라"고 했습니다. 자기 가족을 돌아보는 것이 믿는 사람의 마땅한 도리입니다. 그러므로 돈이 있으면 부모님을 잘 섬기시기 바랍니다. 부모님은 평생 덜먹고 덜 입고 덜 쓰고 자식을 위하여 평생을 사신 분들입니다.

유대인들은 '고르반'제도를 악용해서 부모님께 드릴 것을 하나님께 다 드렸다고 하면서 부모 공경을 법적으로 외면했습니다. 법을 악용하면 안 됩니다. 보이는 부모를 공경할 줄 모르는 사람은 보이지 않는 하나님 아버지를 잘 섬길 수 없습니다. 또한 자녀들과 부부를 위하여 잘 사용하시기 바랍니다. 그것이 우리 하나님께서 기뻐하시는 재물 사용 방법입니다.

2) 하나님은 가난한 이웃과 선한 일을 위하여 보물을 사용하기를 원하십니다. 복음을 전도하는 일에 보물을 사용해야 합니다. 성경에 나오는 거지 나사로가 부자의 집에서 떨어지는 부스러기만 먹었어도 죽지 않습니다. 그런데 그 부자는 밥상에서 떨어지는 부스러기조차 주지 않았습니다. 그렇게 살던 부자가 들어간 곳은 지옥 불구덩입니다.

우리도 마찬가지입니다. 우리가 지금 먹는 음식 쓰레기가 얼마나 되는지 아십니까? 그것만 줄여도 북한에 굶는 아이들을 먹일 수 있고, 아프리카 난민들을 살릴 수 있습니다. 할 수만 있으면 십일조는 하나님께, 십의 이조는 가난한 이웃과 선한 일을 위하여 쓰면 하나님께 귀하게 쓰임 받을 것입니다. 자신의 재물을 어디에 사용하고 있습니까? 가난한 이웃과 선한 일을 위하여 얼마나 사용하고 계십니까?

재물은 축복도 저주도 아닙니다. 다만 우리가 어떻게 모으고 사용하느냐에 따라서 달라집니다. 하나님은 우리가 정당한 방법으로 재물을 모으기를 원하십니다. 열심히 땀 흘려 얻은 재물을 자신의 온몸이 살아계신 하나님의 성전이 되는 일에 사용하라는 것입니다. 가족과 가난한 이웃과 선한 일을 위하여 사용하라는 것입니다. 그것이 우리가 보물을 하늘에 쌓는 것입니다.

셋째, 보물을 하늘나라 건설하는 일에 쌓아두라. 보물을 하늘에 쌓아두라는 말씀은 보물을 하늘에 보관하고 하나님 뜻대로 사용하라는 의미입니다. 하늘은 자신의 마음입니다. 자신의 마음이 온전하게 하나님의 나라가 되는데 보물을 사용해야 합니다. 자신이 온전하게 하나님의 나라가 되는 일은 참으로 중요한 것입니다. 보물은 하나님의 소유이니 개인들의 사유재산처럼 보관하지 말고 하나님께 돌려드려서 하나님의 목적에 합당하게 사용하라는 의미입니다. 무엇보다도 기독교인들은 물질과 돈에 관한 건강한 윤리의식을 가져야 합니다.

1) 먼저 물질을 무조건 죄악시 하지 말아야 합니다. 현대사회에 물질은 건강한 사회발전과 생명을 유지하는 필수적은 도구입니다. 물질과 돈을 무조건 죄악시해서는 안 됩니다. 그러나 사

람은 물질과 돈을 과도하게 소유하게 되면 교만하고 오만하고 무례하고 죄를 짓고 타락하게 됩니다. 오히려 돈이 없으면 겸손합니다. 오히려 돈이 없으면 절제합니다.

그러나 사람들은 물질과 부를 죄악의 도구로 사용합니다. 그리고 죄짓고 회개하고, 회개하고, 또 죄짓고, 죄짓고, 회개하고 또 죄를 짓습니다. 죄의 문제를 해결하는 일이 바로 성경입니다. 죄의 문제를 해결하신 분이 바로 예수님이십니다. 죄의 문제를 해결하도록 돕는 분이 성령님이십니다. 물질과 돈은 사회에 꼭 필요한 피와 같은 존재이므로 하나님의 목적에 합당하게 사용해야 건강한 나라, 건강한 사회를 이룩할 수 있습니다.

2) 물질을 우상화해서는 안 됩니다. 하나님보다 물질을 더 사랑한다면 돈과 물질이 우상입니다. 하나님은 사람들에게 재물 얻을 능력을 주셨다고 했습니다. 온유한 자는 땅을 기업으로 얻을 것이요 겸손한 자가 하나님의 기업을 유업으로 받게 됩니다. 그런데 하나님보다 돈과 물질을 쫓아 가면 물질만능주의 맘몬이즘(mammonism)에 빠지게 됩니다. 맘몬이즘(mammonism)은 물질만능주의(物質萬能主義) 배금주의(拜金主義)를 말합니다. 사람이 돈을 따라가면 안되고 돈이 자신을 찾아오는 성도가 되시기를 축원합니다.

3) 물질이 목적이 되어서는 안 됩니다. 돈과 물질은 생활의 수단이요 도구입니다. 인간관계를 원활하게 하고, 사회적인 관계를 융통성 있게 하고, 국가의 산업발전과 미래 생명발전의 도구입니다. 그런데 최근 외국자본유치를 위해 일부경제자유

구역에 카지노 도박장과 게임장을 유치하는 것은 바람직하지 않습니다.

강원 랜드에 얼마나 많은 사람들이 도박으로 가정과 직장이 파괴되었습니까? 카지노 도박이나 사행성 오락에 한 번 발을 들여놓으면 빠져나오지 못합니다. 결국 파산하고 맙니다. 물질을 잘못 사용하면 사행과 음란과 도박으로 사회를 소돔과 고모라처럼 타락과 부패의 도시로 만들어 버릴 것입니다.

4) 네 보물이 있는 곳에 네 마음도 있습니다. 보물과 마음을 따로 생각할 수 없습니다. 부자가 그냥 부자가 되지 않습니다. 얼마나 마음의 수고를 해서 돈을 모았겠습니까? 마음이 굳지 않고 흙이나 자갈처럼 듬성듬성하다면 물이 고이지 않습니다. 돈이 모이지 않습니다. 강하고 모질고 굳세야 모입니다. 그래서 성경은 "부자는 천국에 들어가기가 어려우니라. 약대가 바늘귀로 들어가는 것이 부자가 하나님의 나라에 들어가는 것보다 쉬우니라"(마 19:23-24)고 했습니다.

어떤 사람이 금광을 개발하여 많은 금을 채굴해 고향으로 돌아오다가 배를 타게 되었습니다. 그런데 항해도중 배가 파선하자 많은 사람들은 저기 소유물들을 버리고 생명만 유지하려고 배를 탈출했습니다. 그러나 금광을 개발한 사람은 어떻게 금을 채굴했는데 하면서 가지고 있던 금 자루를 허리에 매고 바다 속으로 뛰어들었습니다. 결국 그 사람은 금과 함께 바다 속으로 가라앉아 생명까지도 잃어버렸습니다. 이 사람은 금을 생명처럼 귀하게 여겼던 것입니다. 예수님을 생명으로 여기시기 바랍니다.

오늘 우리는 보물에 대한 새로운 개념을 생각해 보아야 합니다. 무엇보다도 땅에 있는 보물들, 희귀한 보석들, 흔해 보이나 값어치 있는 보물들, 양식과 곡물, 물질과 돈 이런 것들을 하늘에 보관하는 방법이 없을까요? 자신의 온몸이 하나님의 나라가 되는 하나님의 뜻과 목적에 합당하게 사용하는 것입니다.

자신의 전인격이 하나님의 성전이 되는 일에 전도와 선교로 생명을 살리는 일에 풍성하게 사용하는 것입니다. 또 사랑과 생명을 가르치는 교육하는 일, 즉 병원과 학교를 설립하는 일에 풍성하게 사용하는 것입니다. 또 사람을 변화시키는 일, 즉 성령으로 세례 받고 거듭나고 중생하는 일을 하는 예배당을 통해 풍성한 물질을 사용해야 건강한 사회를 이루게 됩니다.

오늘 우리는 보물이 무엇인가를 다시 생각해보아야 합니다. 돈이나 물질보다 더 귀한 보물은 무엇일까요? 바로 사랑과 생명과 공의입니다. 사랑과 생명과 공의는 하나님이 주신 보배요 보물입니다. 땅에 버려서는 안 됩니다. 하나님에게서 내려온 것들을 하나님의 보물처럼 보관하고 마음의 중심을 하늘에 두고 살아가야 합니다. 자신의 온몸을 살아계신 하나님의 성전이 되고 하나님의 나라가 온전하게 되는 일에 보물을 사용해야 합니다. 하나님의 은혜로운 선물이 보배로운 보물입니다. 하나님의 자녀가 된 권세, 예수 그리스도의 이름으로 구원받고 영생 얻은 것은 이 세상의 값진 보배보다 더 소중한 보배요 보물입니다.

이 하나님이 주신 보물에 눈이 떠야 소경이 되지 않습니다.

물질에 눈이 어두우면 온 몸이 어두워집니다. 물질에 욕망이 생기면 육체가 세상과 물질의 노예가 됩니다. 권력에 눈이 멀면 권력의 노예가 됩니다. 물질에 귀를 기울이면 하나님의 말씀이 들리지 않고 성령의 음성이 들리지 않고, 양심의 소리가 들리지 않습니다. 귀머거리가 되고 맙니다. 고집쟁이, 교만하고, 오만하고, 탐욕스런 사람은 바로 귀를 막아버렸기 때문입니다.

부자와 나사로의 비유를 잘 생각해야 합니다. 부자는 하나님이 주신 물질로 자색 옷과 고운 베옷을 입고 날마다 호화로운 잔치를 베풀었습니다. 그러나 하나님의 선물을 얻지 못한 나사로는 거지가 되어 부자의 대문 앞에 누워서 부자의 상에서 떨어지는 것이라도 먹고 싶었지만 개들이 와서 먹어버렸습니다. 개만도 못한 인생을 살았으나 죽어서 아브라함의 품에 들어갔습니다. 나사로는 거지지만 하나님을 바르게 깨닫고 자신을 살아계신 하나님의 성전을 만들었기 때문입니다.

그러나 하나님의 뜻대로 살지 못한 부자는 불이 활활 타오르는 음부에 빠지고 말았습니다. 하나님을 알지 못하고 하나님의 뜻대로 물질을 사용하지 못하고 구제하지 못하고 선교하지 못하고 자신의 안락을 위해 살다가 음부인 인생고철장으로 떨어졌습니다.

예수님은 제자들에게 "삼가 모든 탐심을 물리치라 사람의 생명이 소유의 넉넉함에 있지 않으니라"고 어리석은 부자의 비유를 말씀하셨습니다. 한 부자가 "그 밭에 소출이 풍성하여 곡식을 쌓아 둘 곳이 없으니 어찌 할꼬 곡간을 더 크게 짓고 모든 곡식과 물건을 쌓아두리라."고 했습니다. 그리고 부자는 자찬하기를 "내 영혼아! 내가 여러 해 동안 쓸 물건을 많이 쌓아두었으니 평안히 먹고 마시고 즐거워하자!"고 했으나, 하나님은 "어리석은 자여 오늘 밤에 네 영혼을 도로 찾으리라. 그러면 네가 예비한 것이 누구의 것이 되겠느냐?"고 책망했습니다. 하나님이 부자의 소유물을 "리콜"하겠다고 하신 것입니다. 자기를 위하여 재물을 땅에 쌓아두고 살아계신 하나님을 알지 못하고 하나님께 대하여 부요치 못하고 인색한 자에 대한 경종인 것입니다.

보물은 예수님입니다. 보물은 마음입니다. 보물이 있는 곳에 마음도 함께 있습니다. 물질과 돈은 반드시 필요합니다. 그러나 물질과 돈에 종이 되어서는 안 됩니다. 물질과 돈을 하나님의 목적과 뜻에 합당하게 사용하는 것이 바로 보물을 하늘에 쌓아두는 일입니다.

보물을 자신을 살아계신 하나님의 성전 만드는 일! 전도하고 선교하는 일! 교육하고, 영적 정신적 육체적인 질병을 고치는 일! 내면의 상처를 치유하는 일! 자신의 전인격을 예수님의 인격으로 바꾸는 일! 주변의 어려운 사람을 도와서 인성을 변화시키는 일! 병든 사회와 세상의 빛과 소금의 역할을 하는 교회예배당을 위해 보물을 사용하는 일이 바로 온몸과 마음에 보물을 쌓는 일입니다. 우리는 호흡이 건강할 때 보물을 마음에 쌓아야 합니다. 숨을 쉬고 있어도 건강하지 못하면 하나님의 뜻을 이루어 드릴 수가 없습니다. 호흡이 건강할 때 실천해야 합니다. 보물을 자신과 이웃을 하나님의 나라 만드는 일에 사용해야 합니다.

이 책을 통해 예수님이 땅끝까지 전파 되기를 소원합니다.
(출판으로 인한 이익금은 문서선교와 개척교회 선교에 사용합니다.)

보물을 어떤 곳에 쌓을까요?

발 행 일 | 2023. 6. 8 초판 1쇄 발행

지 은 이 | 강요셉

펴 낸 이 | 강무신

편집담당 | 강무신

디 자 인 | 강요셉

교정담당 | 강무신

펴 낸 곳 | 도서출판 성령

신고번호 | 제22-3134호(2007.5.25)

등록번호 | 114-90-70539

주   소 | 서울 서초구 방배천로 2길 53(방배동)

전   화 | 02)3474-0675/ 3472-0191

E-mail | kangms113@hanmail.net

유   통 | 하늘유통. 031)947-7777

ISBN | 978-89-97999-90-3 부가기호 | 03230

가   격 | 16,000원